市制町村制 及 関係法令
【昭和4年初版】

市町村雑誌社 編輯

地方自治法研究
復刊大系〔第二八一巻〕

市制町村制 及 関係法令

〔昭和四年初版〕

日本立法資料全集 別巻 1091

信山社

市制町村制及關係法令

市制町村制及關係法令

目次

市制

町村制

關係法令

參照

目次終

市制

市制

（明治四十四年四月法律第六十八號〇大正十年四月法律第五十八號、大正十五年六月法律第七十四號、昭和四年四月法律第五十六號改正）

第一章　總則

第一款　市及其ノ區域

第一條　市ハ從來ノ區域ニ依ル

第二條　市ハ法人トス官ノ監督ヲ承ケ法令ノ範圍內ニ於テ其ノ公共事務竝從來法令又ハ慣例ニ依リ及將來法律勅令ニ依リ市ニ屬スル事務ヲ處理ス

第三條　市ノ廢置分合ヲ爲サムトスルトキハ關係アル市町村會及府縣參事會ノ意見ヲ徵シテ內務大臣之ヲ定ム

前項ノ場合ニ於テ財產アルトキハ其ノ處分ハ關係アル市町村會ノ意見ヲ徵シ府縣參事會ノ議決ヲ經テ府縣知事之ヲ定ム

第四條　市ノ境界變更ヲ爲サムトスルトキハ府縣知事ハ關係アル市町村會ノ意見ヲ徵シ府縣參事會ノ議決ヲ經內務大臣ノ許可ヲ得テ之ヲ定ム所屬未定地ヲ市ノ區域ニ編入セムトスルトキ亦同シ

前項ノ場合ニ於テ財產アルトキ其ノ處分ニ關シテハ前條第二項ノ例ニ依ル

第五條　市ノ境界ニ關スル爭論ハ府縣參事會之ヲ裁定ス其ノ裁定ニ不服アル市町村ハ行政裁判所ニ出訴スルコトヲ得
市ノ境界判明ナラザル場合ニ於テ前項ノ爭論ナキトキハ府縣知事ハ府縣參事會ノ決定ニ付スヘシ其ノ決定ニ不服アル市町村ハ行政裁判所ニ出訴スルコトヲ得
第一項ノ裁定及前項ノ決定ハ文書ヲ以テ之ヲ爲シ其ノ理由ヲ附シ之ヲ關係市町村ニ交付スヘシ
第一項ノ裁定及第二項ノ決定ニ付テハ府縣知事ヨリモ訴訟ヲ提起スルコトヲ得

第六條　勅令ヲ以テ指定スル市ノ區ハ之ヲ法人トス其ノ財產及營造物ニ關スル事務其ノ他法令ニ依リ區ニ屬スル事務ヲ處理ス
區ノ廢置分合又ハ境界變更其ノ他區ノ境界ニ關シテハ前二條ノ規定ヲ準用ス但シ第四條ノ規定ヲ準用スル場合ニ於テハ關係アル市會ノ意見ヲモ徵スヘシ

第七條　市ハ其ノ名稱ヲ變更セムトスルトキハ内務大臣ノ許可ヲ受クヘシ

第二款　市住民及其ノ權利義務

第八條　市内ニ住所ヲ有スル者ハ其ノ市住民トス
市住民ハ本法ニ從ヒ市ノ財產及營造物ヲ共用スル權利ヲ有シ市ノ負擔ヲ分任スル義務ヲ負フ

第九條　帝國臣民タル年齡二十五年以上ノ男子ニシテ二年以來市住民タル者ハ其ノ市公民トス但

シ左ノ各號ノ一ニ該當スル者ハ此ノ限ニ在ラス
一　禁治産者及準禁治産者
二　破産者ニシテ復權ヲ得サル者
三　貧困ニ因リ生活ノ爲公私ノ救助ヲ受ケ又ハ扶助ヲ受クル者
四　一定ノ住居ヲ有セサル者
五　六年ノ懲役又ハ禁錮以上ノ刑ニ處セラレタル者
六　刑法第二編第一章、第三章、第九章、第十六章乃至第二十一章、第二十五章又ハ第三十六章乃至第三十九章ニ揭クル罪ヲ犯シ六年未滿ノ懲役ノ刑ニ處セラレ其ノ執行ヲ終リ又ハ執行ヲ受クルコトナキニ至リタル後其ノ刑期ノ二倍ニ相當スル期間ヲ經過スルニ至ル迄ノ者但シ其ノ期間五年ヨリ短キトキハ五年トス
七　六年未滿ノ禁錮ノ刑ニ處セラレ又ハ前號ニ揭クル罪以外ノ罪ヲ犯シ六年未滿ノ懲役ノ刑ニ處セラレ其ノ執行ヲ終リ又ハ執行ヲ受クルコトナキニ至ル迄ノ者
市ハ前項二年ノ制限ヲ特免スルコトヲ得
第一項二年ノ期間ハ市町村ノ廢置分合又ハ境界變更ノ爲中斷セラルルコトナシ
第十條　市公民ハ市ノ選擧ニ參與シ市ノ名譽職ニ選擧セラルル權利ヲ有シ市ノ名譽職ヲ擔任スル

義務ヲ負フ

左ノ各號ノ一ニ該當セサル者ニシテ名譽職ノ當選ヲ辭シ又ハ其ノ職ヲ辭シ若ハ其ノ職務ヲ實際ニ執行セサルトキハ市ハ一年以上四年以下其ノ市公民權ヲ停止スルコトヲ得

一　疾病ニ罹リ公務ニ堪ヘサル者

二　業務ノ爲常ニ市内ニ居ルコトヲ得サル者

三　年齡六十年以上ノ者

四　官公職ノ爲市ノ公務ヲ執ルコトヲ得サル者

五　四年以上名譽職市吏員、名譽職參事會員、市會議員又ハ區會議員ノ職ニ任シ爾後同一ノ期間ヲ經過セサル者

六　其ノ他市會ノ議決ニ依リ正當ノ理由アリト認ムル者

前項ノ處分ヲ受ケタル者、其ノ處分ニ不服アルトキハ府縣參事會ニ訴願シ其ノ裁決ニ不服アルトキハ行政裁判所ニ出訴スルコトヲ得

第二項ノ處分ハ其ノ確定ニ至ル迄執行ヲ停止ス

第三項ノ裁決ニ付テハ府縣知事又ハ市長ヨリモ訴訟ヲ提起スルコトヲ得

第十一條　陸海軍人ニシテ現役中ノ者（未タ入營セサル者及歸休下士官兵ヲ除ク）及戰時若ハ事

變ニ際シ召集中ノ者ハ市ノ公務ニ參與スルコトヲ得ス兵籍ニ編入セラレタル學生生徒（勅令ヲ以テ定ムル者ヲ除ク）及志願ニ依リ國民軍ニ編入セラレタル者亦同シ

第三款　市條例及市規則

第十二條　市ハ市住民ノ權利義務又ハ市ノ事務ニ關シ市條例ヲ設クルコトヲ得

市ハ市ノ營造物ニ關シ市條例ヲ以テ規定スルモノノ外市規則ヲ設クルコトヲ得

市條例及市規則ハ一定ノ公告式ニ依リ之ヲ告示スヘシ

第二章　市會

第一款　組織及選擧

第十三條　市會議員ハ其ノ被選擧權アル者ニ就キ選擧人之ヲ選擧ス

議員ノ定數左ノ如シ

一　人口五萬未滿ノ市　三十人

二　人口五萬以上十五萬未滿ノ市　三十六人

三　人口十五萬以上二十萬未滿ノ市　四十人

四　人口二十萬以上三十萬未滿ノ市　四十四人

五　人口三十萬以上ノ市　四十八人

人口三十萬ヲ超ユル市ニ於テハ人口十萬人、人口五十萬ヲ超ユル市ニ於テハ人口二十萬ヲ加フル毎ニ議員四人ヲ增加ス
議員ノ定數ハ市條例ヲ以テ特ニ之ヲ增減スルコトヲ得
議員ノ定數ハ總選擧ヲ行フ場合ニ非サレハ之ヲ增減セス但シ著シク人口ノ增減アリタル場合ニ於テ內務大臣ノ許可ヲ得タルトキハ此ノ限ニ在ラス
第十四條　市公民ハ總テ選擧權ヲ有ス但シ公民權停止中ノ者又ハ第十一條ノ規定ニ該當スル者ハ此ノ限ニ在ラス
第十五條　削除
第十六條　市ハ市條例ヲ以テ選擧區ヲ設クルコトヲ得
選擧區ノ數及其ノ區域竝各選擧區ヨリ選出スル議員數ハ前項ノ市條例中ニ之ヲ規定スヘシ
第六條ノ市ニ於テハ區ヲ以テ選擧區トス其ノ各選擧區ヨリ選出スル議員數ハ市條例ヲ以テ之ヲ定ムヘシ
擧選人ハ住所ニ依リ所屬ノ選擧區ヲ定ム第七十六條又ハ第七十九條第二項ノ規定ニ依リ市公民タル者ニシテ市內ニ住所ヲ有セサル者ニ付テハ市長ハ本人ノ申出ニ依リ其ノ申出ナキトキハ職權ニ依リ其ノ選擧區ヲ定ムヘシ

被選擧人ハ各選擧區ニ通シテ選擧セラルルコトヲ得

第十七條　特別ノ事情アルトキハ市ハ區劃ヲ定メテ投票分會ヲ設クルコトヲ得

第十八條　選擧權ヲ有スル市公民ハ被選擧權ヲ有ス

在職ノ檢事、警察官吏及收稅官吏ハ被選擧權ヲ有セス

選擧事務ニ關係アル官吏反市ノ有給吏員ハ其ノ關係區域內ニ於テ被選擧權ヲ有セス

市ノ有給吏員、教員其ノ他ノ職員ニシテ在職中ノ者ハ其ノ市ノ市會議員ト相兼ヌルコトヲ得ス

第十九條　市會議員ハ名譽職トス

議員ノ任期ハ四年トシ總選擧ノ日ヨリ之ヲ起算ス

議員ノ定數ニ異動ヲ生シタル爲解任ヲ要スル者アルトキハ市長抽籤シテ之ヲ定ム但シ闕員アルトキハ其ノ闕員ヲ以テ之ニ充ツヘシ

前項但書ノ場合ニ於テ闕員ノ數解任ヲ要スル者ノ數ニ滿タサルトキハ其ノ不足ノ員數ニ付市長抽籤シテ解任スヘキ者ヲ定メ闕員ノ數解任ヲ要スル者ノ數ヲ超ユルトキハ解任ヲ要スル者ニ充ツヘキ闕員ハ最モ先ニ闕員ト爲リタル者ヨリ順次之ニ充テ闕員ト爲リタルトキ同シキトキハ市長抽籤シテ之ヲ定ム

議員ノ定數ニ異動ヲ生シタル爲解任ヲ要スル者アル場合ニ於テ選擧區アルトキハ第十六條ノ市條例中ニ其ノ解任ヲ要スル者ノ選擧區ヲ規定シ市長抽籤シテ之ヲ定ム但シ解任ヲ要スル者ノ選擧區ニ闕員アリタルトキハ其ノ闕員ヲ以テ之ニ充ツヘシ此ノ場合ニ於テハ前項ノ例ニ依ル

議員ノ定數ニ異動ヲ生シタル爲新ニ選擧セラレタル議員ハ總選擧ニ依リ選擧セラレタル議員ノ任期滿了ノ日迄在任ス

選擧區又ハ其ノ配當議員數ノ變更アリタル場合ニ於テ之ニ關シ必要ナル事項ハ第十六條ノ市條例中ニ之ヲ規定スヘシ

第二十條　市會議員中闕員ヲ生シタル場合ニ於テ第三十條第二項ノ規定ノ適用ヲ受ケタル得票者ニシテ當選者ト爲ラサリシ者アルトキハ直ニ選擧會ヲ開キ其ノ者ノ中ニ就キ當選者ヲ定ムヘシ此ノ場合ニ於テハ第三十三條第三項及第四項ノ規定ヲ準用ス

前項ノ適用ヲ受クル者ナク若ハ前項ノ規定ノ適用ニ依リ當選者ヲ定ムルモ仍其ノ闕員カ議員定數ノ六分ノ一ヲ超ユルニ至リタルトキ又ハ市長若ハ市會ニ於テ必要ト認ムルトキハ補闕選擧ヲ行フヘシ

第三十三條第五項及第六項ノ規定ハ補闕選擧ニ之ヲ準用ス

補闕議員ハ其ノ前任者ノ殘任期間在任ス

選擧區アル場合ニ於テハ補闕議員ハ前任者ノ選擧セラレタル選擧區ニ於テ之ヲ選擧スヘシ

第二十一條　市長ハ毎年九月十五日ノ現在ニ依リ選擧人名簿ヲ調製スヘシ但シ選擧區アルトキハ選擧區毎ニ之ヲ調製スヘシ

第六條ノ市ニ於テハ市長ハ區長ヲシテ前項ノ例ニ依リ選擧人名簿ヲ調製セシムヘシ

選擧人名簿ニハ選擧人ノ氏名、住所及生年月日等ヲ記載スヘシ

第二十一條ノ二　市長ハ十一月五日ヨリ十五日間市役所（第六條ノ市ニ於テハ區役所）又ハ其ノ指定シタル場所ニ於テ選擧人名簿ヲ關係者ノ縱覽ニ供スヘシ

市長ハ縱覽開始ノ日前三日目迄ニ縱覽ノ場所ヲ告示スヘシ

第二十一條ノ三　選擧人名簿ニ關シ關係者ニ於テ異議アルトキハ縱覽期間內ニ之ヲ市長（第六條ノ市ニ於テハ區長ヲ經テ）ニ申立ツルコトヲ得此ノ場合ニ於テハ市長ハ其ノ申立ヲ受ケタル日ヨリ十四日以內ニ之ヲ決定シ名簿ノ修正ヲ要スルトキハ直ニ之ヲ修正シ第六條ノ市ニ於テハ區長ヲシテ之ヲ修正セシムヘシ

前項ノ決定ニ不服アル者ハ府縣參事會ニ訴願シ其ノ裁決ニ不服アル者ハ行政裁判所ニ出訴スルコトヲ得

前項ノ裁決ニ付テハ府縣知事又ハ市長ヨリモ訴訟ヲ提記スルコトヲ得

第一項ノ規定ニ依リ決定ヲ爲シタルトキハ市長ハ直ニ其ノ要領ヲ告示シ第六條ノ市ニ於テハ區長ヲシテ之ヲ告示セシムヘシ同項ノ規定ニ依リ名簿ヲ修正シタルトキ亦同シ

第二十一條ノ四　選擧人名簿ハ十二月二十五日ヲ以テ確定ス

選擧人名簿ハ次年ノ十二月二十四日迄之ヲ据置クヘシ
前條第二項又ハ第三項ノ場合ニ於テ裁決確定シ又ハ判決アリタルニ依リ名簿ノ修正ヲ要スルトキハ市長ハ直ニ之ヲ修正シ第六條ノ市ニ於テハ區長ヲシテ之ヲ修正セシムヘシ
前項ノ規定ニ依リ名簿ヲ修正シタルトキハ市長ハ直ニ其ノ要領ヲ告示シ第六條ノ市ニ於テハ區長ヲシテ之ヲ告示セシムヘシ
投票分會ヲ設クル場合ニ於テ必要アルトキハ市長ハ確定名簿ニ依リ分會ノ區劃毎ニ名簿ノ抄本ヲ調製シ第六條ノ市ニ於テハ區長ヲシテ之ヲ調製セシムヘシ

第二十一條ノ五　第二十一條ノ三ノ場合ニ於テ決定若ハ裁決確定シ又ハ判決アリタルニ依リ選擧人名簿無效ト爲リタルトキハ更ニ名簿ヲ調製スヘシ
天災事變等ノ爲必要アルトキハ更ニ名簿ヲ調製スヘシ
前二項ノ規定ニ依ル名簿ノ調製、縱覽、確定及異議ノ決定ニ關スル期日及期間ハ府縣知事ノ定ムル所ニ依ル
市ノ廢置分合又ハ境界變更アリタル場合ニ於テ名簿ニ關シ其ノ分合其ノ他必要ナル事項ハ命令ヲ以テ之ヲ定ム

第二十二條　市長ハ選擧ノ期日前七日目（第三十九條ノ二ノ市ニ於テハ二十日目）迄ニ選擧會場（投票分會場ヲ含ム以下之ニ同シ）投票ノ日時及選擧スヘキ議員數（選擧區アル場合ニ於テハ各選擧區ニ於テ選擧スヘキ議員數）ヲ告示スヘシ投票分會ヲ設クル場合ニ於テハ併セテ其ノ區

劃ヲ告示スヘシ
總選擧ニ於ケル各選擧區ノ投票ハ同日時ニ之ヲ行フ
投票分會ノ投票ハ選擧會ト同日時ニ之ヲ行フ
天災事變等ノ爲投票ヲ行フコト能ハサルトキ又ハ更ニ投票ヲ行フノ必要アルトキハ市長ハ其ノ投票ヲ行フヘキ選擧會又ハ投票分會ノミニ付更ニ期日ヲ定メ投票ヲ行ハシムヘシ此ノ場合ニ於テ選擧會場及投票ノ日時ハ選擧ノ期日前五日目迄ニ之ヲ告示スヘシ

第二十三條　市長ハ選擧長ト爲リ選擧會ヲ開閉シ其ノ取締ニ任ス
各選擧區ノ選擧會ハ市長又ハ其ノ指名シタル吏員(第六條ノ市ニ於テハ區長)選擧長ト爲リ之ヲ開閉シ其ノ取締ニ任ス
市長(第六條ノ市ニ於テハ區長)ハ選擧人名簿ニ登錄セラレタル者ノ中ヨリ二人乃至四人ノ選擧立會人ヲ選任スヘシ但シ選擧區アルトキハ各別ニ選擧立會人ヲ設クヘシ
投票分會ハ市長ノ指名シタル吏員投票分會長ト爲リ之ヲ開閉シ其ノ取締ニ任ス
市長(第六條ノ市ニ於テハ區長)ハ分會ノ區劃內ニ於ケル選擧人名簿ニ登錄セラレタル者ノ中ヨリ二人乃至四人ノ投票立會人ヲ選任スヘシ
選擧立會人及投票立會人ハ名譽職トス

第二十四條　選擧人ニ非サル者ハ選擧會場ニ入ルコトヲ得ス但シ選擧會場ノ事務ニ從事スル者、選擧會場ヲ監視スル職權ヲ有スル者又ハ警察官吏ハ此ノ限ニ在ラス
選擧會場ニ於テ演說討論ヲ爲シ若ハ喧擾ニ渉リ又ハ投票ニ關シ協議若ハ勸誘ヲ爲シ其ノ他選擧會場ノ秩序ヲ紊ス者アルトキハ選擧長又ハ投票分會長ハ之ヲ制止シ命ニ從ハサルトキハ之ヲ選擧會場外ニ退出セシムヘシ
前項ノ規定ニ依リ退出セシメラレタル者ハ最後ニ至リ投票ヲ爲スコトヲ得但シ選擧長又ハ投票分會長會場ノ秩序ヲ紊スノ虞ナシト認ムル場合ニ於テ投票ヲ爲サシムルヲ妨ケス
第二十五條　選擧ハ無記名投票ヲ以テ之ヲ行フ
投票ハ一人一票ニ限ル
選擧人ハ選擧ノ當日投票時間內ニ自ラ選擧會場ニ到リ選擧人名簿又ハ其ノ抄本ノ對照ヲ經テ投票ヲ爲スヘシ
投票時間內ニ選擧會場ニ入リタル選擧人ハ其ノ時間ヲ過クルモ投票ヲ爲スコトヲ得
選擧人ハ選擧會場ニ於テ投票用紙ニ自ラ被選擧人一人ノ氏名ヲ記載シテ投函スヘシ
投票ニ關スル記載ニ付テハ勅令ヲ以テ定ムル點字ハ之ヲ文字ト看做ス
自ラ被選擧人ノ氏名ヲ書スルコト能ハサル者ハ投票ヲ爲スコトヲ得ス

投票用紙ハ市長ノ定ムル所ニ依リ一定ノ式ヲ用ウヘシ
選舉區アル場合ニ於テ選舉人名簿ノ調製後舉選人ノ所屬ニ異動ヲ生スルコトアルモ其ノ選舉人ハ前所屬ノ選舉區ニ於テ投票ヲ爲スヘシ
投票分會ニ於テ爲シタル投票ハ投票分會長少クトモ一人ノ投票立會人ト共ニ投票函ノ儘之ヲ選舉長ニ送致スヘシ
第二十五條ノ二　確定名簿ニ登錄セラレサルモノハ投票ヲ爲スコトヲ得ス但シ選舉人名簿ニ登錄セラルヘキ確定裁決書又ハ判決書ヲ所持シ選舉ノ當日選舉會場ニ到ルモノハ此ノ限ニ在ラス
確定名簿ニ登錄セラレタル者選舉人名簿ニ登錄セラルルコトヲ得サル者ナルトキハ投票ヲ爲スコトヲ得ス選舉ノ當日選舉權ヲ有セサル者ナルトキ亦同シ
第二十五條ノ三　投票ノ拒否ハ選舉立會人又ハ投票立會人之ヲ決定ス可否同數ナルトキハ選舉長又ハ投票分會長之ヲ決スヘシ
投票分會ニ於テ投票拒否ノ決定ヲ受ケタル選舉人不服アルトキハ投票分會長ハ假ニ投票ヲ爲サシムヘシ
前項ノ投票ハ選舉人ヲシテ之ヲ封筒ニ入レ封緘シ表面ニ自ラ其ノ氏名ヲ記載シ投函セシムヘ

シ
投票分會長又ハ投票立會人ニ於テ異議アル選擧人ニ對シテモ亦前二項ニ同シ
第二十六條　第三十三條若ハ第三十七條ノ選擧、增員選擧又ハ補闕選擧ヲ同時ニ行フ場合ニ於テハ一ノ選擧ヲ以テ合併シテ之ヲ行フ
第二十七條　市長ハ豫メ開票ノ日時ヲ告示スヘシ
第二十七條ノ二　選擧長ハ投票ノ日又ハ其ノ翌日（投票分會ヲ設ケタルトキハ總テノ投票函ノ送致ヲ受ケタル日又ハ其ノ翌日）選擧立會人立會ノ上投票函ヲ開キ投票ノ總數ト投票人ノ總數トヲ計算スヘシ
前項ノ計算終リタルトキハ選擧長ハ先ツ第二十五條ノ三第二項及第四項ノ投票ヲ調査スヘシ其ノ投票ノ受理如何ハ選擧立會人之ヲ決定ス可否同數ナルトキハ選擧長之ヲ決スヘシ
選擧長ハ選擧立會人ト共ニ投票ヲ點檢スヘシ
天災事變等ノ爲開票ヲ行フコト能ハキルトキハ市長ハ更ニ開票ノ期日ヲ定ムヘシ此ノ場合ニ於テ選擧會場ノ變更ヲ要スルトキハ豫メ更ニ其ノ場所ヲ告示スヘシ
第二十七條ノ三　選擧人ハ其ノ選擧會ノ參觀ヲ求ムルコトヲ得但シ開票開始前ハ此ノ限ニ在ラス

第二十七條ノ四　特別ノ事情アルトキハ市ハ府縣知事ノ許可ヲ得區劃ヲ定メテ開票分會ヲ設クルコトヲ得

前項ノ規定ニ依リ開票分會ヲ設クル場合ニ於テ必要ナル事項ハ命令ヲ以テ之ヲ定ム

第二十八條　左ノ投票ハ之ヲ無效トス

一　成規ノ用紙ヲ用ヰサルモノ

二　現ニ市會議員ノ職ニ在ル者ノ氏名ヲ記載シタルモノ

三　一投票中二人以上ノ被選擧人ノ氏名ヲ記載シタルモノ

四　被選擧人ノ何人タルカヲ確認シ難キモノ

五　被選擧權ナキ者ノ氏名ヲ記載シタルモノ

六　被選擧人ノ氏名ノ外他事ヲ記入シタルモノ但シ爵位職業身分住所又ハ敬稱ノ類ヲ記入シタルモノハ此ノ限ニ在ラス

七　被選擧人ノ氏名ヲ自書セサル者

第二十九條　投票ノ効力ハ選擧立會人之ヲ決定ス可否同數ナルトキハ選擧長之ヲ決スヘシ

第三十條　市會議員ノ選擧ハ有效投票ノ最多數ヲ得タル者ヲ以テ當選者トス但シ議員ノ定數（選擧區アル場合ニ於テハ其ノ選擧區ノ配當議員數）ヲ以テ有效投票ノ總數ヲ除シテ得タル數ノ六

分ノ一以上ノ得票アルコトヲ要ス
前項ノ規定ニ依リ當選者ヲ定ムルニ當リ得票ノ數同シキトキハ年長者ヲ取リ年齡同シキトキハ選擧長抽籤シテ之ヲ定ムヘシ
第三十條ノ二　當選者選擧ノ期日後ニ於テ被選擧權ヲ有セサルニ至リタルトキハ當選ヲ失フ
第三十一條　選擧長ハ選擧錄ヲ作リ選擧會ニ關スル顚末ヲ記載シ之ヲ朗讀シ二人以上ノ選擧立會人ト共ニ之ニ署名スヘシ
各選擧區ノ選擧長ハ選擧錄（第六條ノ市ニ於テハ其ノ寫シ）ヲ添ヘ當選者ノ住所氏名ヲ市長ニ報告スヘシ
投票分會長ハ投票錄ヲ作リ投票ニ關スル顚末ヲ記載シ之ヲ朗讀シ二人以上ノ投票立會人ト共ニ之ニ署名スヘシ
投票分會長ハ投票函ト同時ニ投票錄ヲ選擧長ニ送致スヘシ
選擧錄及投票錄ハ投票、選擧人名簿其ノ他ノ關係書類ト共ニ議員ノ任期間市長（第六條ノ市ニ於テハ區長）ニ於テ之ヲ保存スヘシ
第三十二條　當選者定マリタルトキハ市長ハ直ニ當選者ニ當選ノ旨ヲ告知シ（第六條ノ市ニ於テハ區長ヲシテ之ヲ告知セシメ）同時ニ當選者ノ住所氏名ヲ告示シ且選擧錄ノ寫（投票錄アルト

キハ併セテ投票錄ノ寫）ヲ添ヘ之ヲ府縣知事ニ報告スヘシ當選者ナキトキハ直ニ其ノ旨ヲ告示シ且選擧錄ノ寫（投票錄アルトキハ併セテ投票錄ノ寫）ヲ添ヘ之ヲ府縣知事ニ報告スヘシ

當選者當選ヲ辭セムトスル時ハ當選ノ告知ヲ受ケタル日ヨリ五日以內ニ之ヲ市長ニ申立ツヘシ

一人ニシテ數選擧區ニ於テ當選シタルトキハ最終ニ當選ノ告知ヲ受ケタル日ヨリ五日以內ニ何レノ當選ニ應スヘキカヲ市長ニ申立ツヘシ其ノ期間內ニ之ヲ申立テサルトキハ市長抽籤シテ之ヲ定ム

官吏ニシテ當選シタル者ハ所屬長官ノ許可ヲ受クルニ非サレハ之ニ應スルコトヲ得ス

前項ノ官吏ハ當選ノ告知ヲ受ケタル日ヨリ二十日以內ニ之ニ應スヘキ旨ヲ市長ニ申立テサルトキハ其ノ當選ヲ辭シタルモノト看做ス第三項ノ場合ニ於テ何レノ當選ニ應スヘキカヲ申立テサルトキハ總テ之ヲ辭シタルモノト看做ス

市ニ對シ請負ヲ爲シ又ハ市ニ於テ費用ヲ負擔スル事業ニ付市長若ハ其ノ委任ヲ受ケタル者ニ對シ請負ヲ爲ス者若ハ其ノ支配人又ハ主トシテ同一ノ行爲ヲ爲ス法人ノ無限責任社員、役員若ハ支配人ニシテ當選シタル者ハ其ノ請負ヲ罷メ又ハ請負ヲ爲ス者ノ支配人若ハ主トシテ同一ノ行爲ヲ爲ス法人ノ無限責任社員、役員若ハ支配人タルコトナキニ至ルニ非サレハ當選ニ應スルコトヲ得ス第二項又ハ第三項ノ期限前ニ其ノ旨ヲ市長ニ申立テサルトキハ其ノ當選ヲ辭シタルモ

ノト看做ス

前項ノ役員トハ取締役、監査役及之ニ準スヘキ者並清算人ヲ謂フ

第三十三條　當選者左ニ掲クル事由ノ一ニ該當スルトキハ三月以内ニ更ニ選擧ヲ行フヘシ但シ第二項ノ規定ニ依リ更ニ選擧ヲ行フコトナクシテ當選者ヲ定メ得ル場合ハ此ノ限ニ在ラス

一　當選ヲ辭シタルトキ

二　數選擧區ニ於テ當選シタル場合ニ於テ前條第三項ノ規定ニ依リ一ノ選擧區ノ當選ニ應シ又ハ抽籤ニ依リ一ノ選擧區ノ當選者ト定マリタル爲他ノ選擧區ニ於テ當選者タラサルニ至リタルトキ

三　第三十條ノ二ノ規定ニ依リ當選ヲ失ヒタルトキ

四　死亡者ナルトキ

五　選擧ニ關スル犯罪ニ依リ刑ニ處セラレ其ノ當選無數ト爲リタルトキ但シ同一人ニ關シ前各號ノ事由ニ依ル選擧又ハ補闕選擧ノ告示ヲ爲シタル場合ハ此ノ限ニ在ラス

前項ノ事由前條第二項、第三項若ハ第五項ノ規定ニ依ル期限前ニ生シタル場合ニ於テ第三十條第一項但書ノ得票者ニシテ當選者ト爲ラサリシ者アルトキ又ハ其ノ期限經過後ニ生シタル場合ニ於テ第三十條第二項ノ規定ノ適用ヲ受ケタル得票者ニシテ當選者ト爲ラサリシ者アルトキハ

直ニ選擧會ヲ開キ其ノ者ノ中ニ就キ當選者ヲ定ムヘシ
前項ノ場合ニ於テ第三十條第一項但書ノ得票者ニシテ當選者ト爲ラサリシ者選擧ノ期日後ニ於テ被選擧權ヲ有セサルニ至リタルトキハ之ヲ當選者ト定ムルコトヲ得ス
第二項ノ場合ニ於テハ市長ハ豫メ選擧會ノ場所及日時ヲ告示スヘシ
第一項ノ期間ハ第三十六條第八項ノ規定ノ適用アル場内ニ於テハ選擧ヲ行フコトヲ得サル事由已ミタル日ノ翌日ヨリ之ヲ起算ス
第一項ノ事由議員ノ任期滿了前六月以内ニ生シタルトキハ第一項ノ選擧ハ之ヲ行ハス但シ議員ノ數其ノ定數ノ三分ノ二ニ滿チサルニ至リタルトキハ此ノ限ニ在ラス

第三十四條　第三十二條第二項ノ期間ヲ經過シタルトキ、同條第三項若ハ第五項ノ申立アリタルトキ又ハ同條第三項ノ規定ニ依リ抽籤ヲ爲シタルトキハ市長ハ直ニ當選者ノ住所氏名ヲ告示シ併セテ之ヲ府縣知事ニ報告スヘシ
當選者ナキニ至リタルトキ又ハ當選者其ノ選擧ニ於ケル議員ノ定數ニ達セサルニ至リタルトキハ市長ハ直ニ其ノ旨ヲ告示シ併セテ之ヲ府縣知事ニ報告スヘシ

第三十五條　選擧ノ規定ニ違反スルコトアルトキハ選擧ノ結果ニ異動ヲ生スルノ虞アル場合ニ限リ其ノ選擧ノ全部又ハ一部ヲ無效トス但シ當選ニ異動ヲ生スルノ虞ナキ者ヲ區分シ得ルトキハ

其ノ者ニ限リ當選ヲ失フコトナシ

第三十六條　選擧人選擧又ハ當選ノ效力ニ關シ異議アルトキハ選擧ニ關シテハ選擧ノ日ヨリ當選ニ關シテハ第三十二條第一項又ハ第三十四條第二項ノ告示ノ日ヨリ七日以内ニ之ヲ市長ニ申立ツルコトヲ得此ノ場合ニ於テハ市長ハ七日以内ニ市會ノ決定ニ付スヘシ市會ハ其ノ送付ヲ受ケタル日ヨリ十四日以内ニ之ヲ決定スヘシ

前項ノ決定ニ不服アル者ハ府縣參事會ニ訴願スルコトヲ得

府縣知事ハ選擧又ハ當選ノ效力ニ關シ異議アルトキハ選擧ニ關シテハ第三十二條第一項ノ報告ヲ受ケタル日ヨリ當選ニ關シテハ第三十二條第一項又ハ第三十四條第二項ノ報告ヲ受ケタル日ヨリ二十日以内ニ之ヲ府縣參事會ノ決定ニ付スルコトヲ得

前項ノ決定アリタルトキハ同一事件ニ付爲シタル異議ノ申立及市會ノ決定ハ無效トス

第二項若ハ第六項ノ裁決又ハ第三項ノ決定ニ不服アル者ハ行政裁判所ニ出訴スルコトヲ得

第一項ノ決定ニ付テハ市長ヨリモ訴願ヲ提起スルコトヲ得

第二項若ハ前項ノ裁決又ハ第三項ノ決定ニ付テハ府縣知事又ハ市長ヨリモ訴訟ヲ提起スルコトヲ得

第二十條第三十三條又ハ第三十七條第一項若ハ第三項ノ選擧ハ之ニ關係アル選擧又ハ當選ニ關

スル異議申立期間、異議ノ決定若ハ訴願ノ裁決確定セサル間又ハ訴願ノ繫屬スル間之ヲ行フコトヲ得ス

市會議員ハ選擧又ハ當選ニ關スル決定若ハ裁決確定シ又ハ判決アル迄ハ會議ニ列席シ議事ニ參與スルノ權ヲ失ハス

第三十七條　選擧無效ト確定シタルトキハ三月以内ニ更ニ選擧ヲ行フヘシ

當選無效ト確定シタルトキハ直ニ選擧會ヲ開キ更ニ當選者ヲ定ムヘシ此ノ場合ニ於テハ第三十三條第三項及第四項ノ規定ヲ準用ス

當選者ナキトキ、當選者ナキニ至リタルトキ又ハ當選者其ノ選擧ニ於ケル議員ノ定數ニ達セサルトキ若ハ定數ニ達セサルニ至リタルトキハ三月以内ニ更ニ選擧ヲ行フヘシ

第三十三條第五項及第六項ノ規定ハ第一項及前項ノ選擧ニ之ヲ準用ス

第三十八條　市會議員被選擧權ヲ有セサル者ナルトキ又ハ第三十二條第六項ニ揭クル者ナルトキハ其ノ職ヲ失フ其ノ被選擧權ノ有無又ハ第三十二條第六項ニ揭クル者ニ該當スルヤ否ハ市會議員カ左ノ各號ノ一ニ該當スルニ因リ被選擧權ヲ有セサル場合ヲ除クノ外市會之ヲ決定ス

一　禁治産者又ハ準禁治産者ト爲リタルトキ

二　破産者ト爲リタルトキ

三　禁錮以上ノ刑ニ處セラレタルトキ
四　選擧ニ關スル犯罪ニ依リ罰金ノ刑ニ處セラレタルトキ
市長ハ市會議員中被選擧權ヲ有セサル者又ハ第三十二條第六項ニ揭クル者アリト認ムルトキハ之ヲ市會ノ決定ニ付スヘシ市會ハ其ノ送付ヲ受ケタル日ヨリ十四日以內ニ之ヲ決定スヘシ
第一項ノ決定ヲ受ケタル者其ノ決定ニ不服アルトキハ府縣參事會ニ訴願シ其ノ裁決又ハ第四項ノ裁決ニ不服アルトキハ行政裁判所ニ出訴スルコトヲ得
第一項ノ決定及前項ノ裁決ニ付テハ市長ヨリモ訴願又ハ訴訟ヲ提起スルコトヲ得
前二項ノ裁決ニ付テハ府縣知事ヨリモ訴訟ヲ提起スルコトヲ得
第三十六條第九項ノ規定ハ第一項及第三項ノ場合ニ之ヲ準用ス
第一項ノ決定ハ文書ヲ以テ之ヲ爲シ其ノ理由ヲ附シ之ヲ本人ニ交付スヘシ
第三十九條　第二十一條ノ三及第三十六條ノ場合ニ於テ府縣參事會ノ決定及裁決ハ府縣知事、市會ノ決定ハ市長直ニ之ヲ告示スヘシ
第三十九條ノ二　勅令ヲ以テ指定スル市（第六條ノ市ノ區ヲ含ム）ノ市會議員（又ハ區會議員）ノ選擧ニ付テハ府縣制第十三條ノ二、第十三條ノ三、第二十九條ノ三及第三十四條ノ二ノ規定ヲ準用ス此ノ場合ニ於テハ第二十三條第三項及第五項、第二十五條第五項及第七項、第二十五條

ノ三、第二十七條ノ二第二項、第二十八條、第二十九條、第三十三號第一項並第三十六條第一項ノ規定ニ拘ラス勅令ヲ以テ特別ノ規定ヲ設クルコトヲ得

第三十九條ノ三　前條ノ規定ニ依ル選擧ニ付テハ衆議院議員選擧法第十章及第十一章並第百四十條第二項及第百四十二條ノ規定ヲ準用ス但シ議員候補者一人ニ付定ムヘキ選擧事務所ノ數、選擧委員及選擧事務員ノ數並選擧運動ノ費用ノ額ニ關シテハ勅令ノ定ムル所ニ依ル

前條ノ規定ニ依ル選擧ヲ除クノ外市會議員（又ハ第六條ノ市ノ區ノ區會議員）ノ選擧ニ付テハ衆議院議員選擧法第九十一條、第九十二條、第九十八條、第九十九條第二項、第百條及第百四十二條ノ規定ヲ準用ス

第四十條　本法又ハ本法ニ基キテ發スル勅令ニ依リ設置スル議會ノ議員ノ選擧ニ付テハ衆議院議員選擧ニ關スル罰則ヲ準用ス

第二款　職務權限

第四十一條　市會ハ市ニ關スル事件及法律勅令ニ依リ其ノ權限ニ屬スル事件ヲ議決ス

第四十二條　市會ノ議決スヘキ事件ノ概目左ノ如シ

一　市條例及市規則ヲ設ケ又ハ改廢スル事

二　市費ヲ以テ支辨スヘキ事業ニ關スル事但シ第九十三條ノ事務及法律勅令ニ規定アルモノハ

此ノ限ニ在ラス
三　歳入出豫算ヲ定ムル事
四　決算報告ヲ認定スル事
五　法令ニ定ムルモノヲ除クノ外使用料、手數料、加入金、市税又ハ夫役現品ノ賦課徴收ニ關スル事
六　不動産ノ管理處分及取得ニ關スル事
七　基本財産及積立金穀等ノ設置管理及處分ニ關スル事
八　歳入出豫算ヲ以テ定ムルモノヲ除クノ外新ニ義務ノ負擔ヲ爲シ及權利ノ抛棄ヲ爲ス事
九　財産及營造物ノ管理方法ヲ定ムル事但シ法律勅令ニ規定アルモノハ此ノ限ニ在ラス
十　市吏員ノ身元保證ニ關スル事
十一　市ニ係ル訴願訴訟及和解ニ關スル事
第四十三條　市會ハ其ノ權限ニ關スル事項ノ一部ヲ市參事會ニ委任スルコトヲ得
第四十四條　市會ハ法律勅令ニ依リ其ノ權限ニ屬スル選擧ヲ行フヘシ
第四十五條　市會ハ市ノ事務ニ關スル書類及計算書ヲ檢閲シ市長ノ報告ヲ請求シテ事務ノ管理、議決ノ執行及出納ヲ檢査スルコトヲ得

市會ハ議員中ヨリ委員ヲ選擧シ市長又ハ其ノ指名シタル吏員立會ノ上實地ニ就キ前項市會ノ權限ニ屬スル事件ヲ行ハシムルコトヲ得

第四十六條　市會ハ市ノ公益ニ關スル事件ニ付意見書ヲ關係行政廳ニ提出スルコトヲ得

第四十七條　市會ハ行政廳ノ諮問アルトキハ意見ヲ答申スヘシ

市會ノ意見ヲ徵シテ處分ヲ爲スヘキ場合ニ於テ市會成立セス、招集ニ應セス若ハ意見ヲ提出セス又ハ市會ヲ招集スルコト能ハサルトキハ當該行政廳ハ其ノ意見ヲ俟タスシテ直ニ處分ヲ爲スコトヲ得

第四十八條　市會ハ議員中ヨリ議長及副議長一人ヲ選擧スヘシ

議長及副議長ノ任期ハ議員ノ任期ニ依ル

第四十九條　議長故障アルトキハ副議長之ニ代ハリ議長及副議長共ニ故障アルトキハ臨時ニ議員中ヨリ假議長ヲ選擧スヘシ

前項假議長ノ選擧ニ付テハ年長ノ議員議長ノ職務ヲ代理ス年齡同シキトキハ抽籤ヲ以テ之ヲ定ム

第五十條　市長及其ノ委任又ハ囑託ヲ受ケタル者ハ會議ニ列席シテ議事ニ參與スルコトヲ得但シ議決ニ加ハルコトヲ得ス

前項ノ列席者發言ヲ求ムルトキハ議長ハ直ニ之ヲ許スヘシ但シ之カ爲議員ノ演說ヲ中止セシムルコトヲ得ス

第五十一條　市會ハ市長之ヲ招集ス議員定數三分ノ一以上ヨリ會議ニ付スヘキ事件ヲ示シテ市會招集ノ請求アルトキハ市長ハ之ヲ招集スヘシ

市長ハ會期ヲ定メテ市會ヲ招集スルコトヲ得此ノ場合ニ於テ必要アリト認ムルトキハ市長ハ更ニ期限ヲ定メ市會ノ會期ヲ延長スルコトヲ得

招集及會議ノ事件ハ開會ノ日前三日目迄ニ之ヲ告知スヘシ但シ急施ヲ要スル場合ハ此ノ限ニ在ラス

市會開會中急施ヲ要スル事件アルトキハ市長ハ直ニ之ヲ其ノ會議ニ付スルコトヲ得會議ニ付スル日前三日目迄ニ告知ヲ爲シタル事件ニ付亦同シ

市會ハ市長之ヲ開閉ス

第五十二條　市會ハ議員定數ノ半數以上出席スルニ非サレハ會議ヲ開クコトヲ得ス但シ第五十四條ノ除斥ノ爲半數ニ滿タサルトキ、同一ノ事件ニ付招集再回ニ至ルモ仍半數ニ滿タサルトキ又ハ招集ニ應スルモ出席議員定數ヲ闕キ議長ニ於テ出席ヲ催告シ仍半數ニ滿タサルトキハ此ノ限ニ在ラス

第五十三條　市會ノ議事ハ過半數ヲ以テ決ス可否同數ナルトキハ議長ノ決スル所ニ依ル

議長ハ其ノ職務ヲ行フ場合ニ於テモ議員トシテ議決ニ加ハルノ權ヲ失ハス

第五十四條　議長及議員ハ自己又ハ父母、祖父母、妻、子孫、兄弟姉妹ノ一身上ニ關スル事件ニ付テハ其ノ議事ニ參與スルコトヲ得ス但シ市會ノ同意ヲ得タルトキハ會議ニ出席シ發言スルコトヲ得

第五十五條　法律勅令ニ依リ市會ニ於テ行フ選擧ニ付テハ第二十五條、第二十八條及第三十條ノ規定ヲ準用ス其ノ投票ノ效力ニ關シ異議アルトキハ市會之ヲ決定ス

市會ハ議員中異議ナキトキハ前項ノ選擧ニ付指名推選ノ法ヲ用フルコトヲ得

指名推選ノ法ヲ用フル場合ニ於テハ被指名者ヲ以テ當選者ト定ムヘキヤ否ヲ會議ニ付シ議員全員ノ同意ヲ得タル者ヲ以テ當選者トス

一ノ選擧ヲ以テ二人以上ヲ選擧スル場合ニ於テハ被指名者ヲ區分シテ前項ノ規定ヲ適用スルコトヲ得ス

第五十六條　市會ノ會議ハ公開ス但シ左ノ場合ハ此ノ限ニ在ラス

一　市長ヨリ傍聽禁止ノ要求ヲ受ケタルトキ

二　議長又ハ議員三人以上ノ發議ニ依リ傍聽禁止ヲ可決シタルトキ

前項議長又ハ議員ノ發議ハ討論ヲ須ヰス其ノ可否ヲ決スヘシ
第五十七條　議長ハ會議ヲ總理シ會議ノ順序ヲ定メ其ノ日ノ會議ヲ開閉シ議場ノ秩序ヲ保持ス
議員定數ノ半數以上ヨリ請求アルトキハ議長ハ其ノ日ノ會議ヲ開クコトヲ要ス此ノ場合ニ於テ議長仍會議ヲ開カサルトキハ第四十九條ノ例ニ依ル
前項議員ノ請求ニ依リ會議ヲ開キタルトキ又ハ議員中異議アルトキハ議長ハ會議ノ議決ニ依ルニ非サレハ其ノ日ノ會議ヲ閉チ又ハ中止スルコトヲ得ス
第五十七條ノ二　市會議員ハ市會ノ議決スヘキ事件ニ付市會ニ議案ヲ發スルコトヲ得但シ歳入出豫算ニ付テハ此ノ限ニ在ラス
前項ノ規定ニ依ル發案ハ議員三人以上ヨリ文書ヲ以テ之ヲ爲スコトヲ要ス
第五十八條　議員ハ選擧人ノ指示又ハ委囑ヲ受クヘカラス
議員ハ會議中無禮ノ語ヲ用ヰ又ハ他人ノ身上ニ渉リ言論スルコトヲ得ス
第五十九條　會議中本法又ハ會議規則ニ違ヒ其ノ他議場ノ秩序ヲ紊ス議員アルトキハ議長ハ之ヲ制止シ又ハ發言ヲ取消サシメ命ニ從ハサルトキハ當日ノ會議ヲ終ル迄發言ヲ禁止シ又ハ議場外ニ退去セシメ必要アル場合ニ於テハ警察官吏ノ處分ヲ求ムルコトヲ得
議場騷擾ニシテ整理シ難キトキハ議長ハ當日ノ會議ヲ中止シ又ハ之ヲ閉ツルコトヲ得

第六十條　傍聽人公然可否ヲ表シ又ハ喧騷ニ渉リ其ノ他會議ノ妨害ヲ爲ストキハ議長ハ之ヲ制止シ命ニ從ハサルトキハ之ヲ退場セシメ必要アル場合ニ於テハ警察官吏ノ處分ヲ求ムルコトヲ得
傍聽席騷擾ナルトキハ議長ハ總テノ傍聽人ヲ退場セシメ必要アル場合ニ於テハ警察官吏ノ處分ヲ求ムルコトヲ得

第六十一條　市會ニ書記ヲ置キ議長ニ隷屬シテ庶務ヲ處理セシム
書記ハ議長之ヲ任免ス

第六十二條　議長ハ書記ヲシテ會議錄ヲ調製シ會議ノ顚末及出席議員ノ氏名ヲ記載セシムヘシ
會議錄ハ議長及議員二人以上之ニ署名スルコトヲ要ス其ノ議員ハ市會ニ於テ之ヲ定ムヘシ
議長ハ會議錄ヲ添ヘ會議ノ結果ヲ市長ニ報告スヘシ

第六十三條　市會ハ會議規則及傍聽人取締規則ヲ設クヘシ
會議規則ニハ本法及會議規則ニ違反シタル議員ニ對シ市會ノ議決ニ依リ五日以內出席ヲ停止スル規定ヲ設クルコトヲ得

第三章　市參事會

第一款　組織及選擧

第六十四條　市ニ市參事會ヲ置キ議長及名譽職參事會員ヲ以テ之ヲ組織ス

第六十五條　名譽職參事會員ノ定數ハ十人トス但シ勅令ヲ以テ指定スル市ニ於テハ市條例ヲ以テ

十五人迄之ヲ增加スルコトヲ得
名譽職參事會員ハ市會ニ於テ其ノ議員中ヨリ之ヲ選擧スヘシ
名譽職參事會員中闕員アルトキハ直ニ補闕選擧ヲ行フヘシ
名譽職參事會員ハ隔年之ヲ選擧スヘシ
名譽職參事會員ハ後任者ノ就任スルニ至ル迄在任ス市會議員ノ任期滿了シタルトキ亦同シ
名譽職參事會員ハ其ノ選擧ニ關シ第九十條ノ處分確定シ又ハ判決アル迄ハ會議ニ列席シ議事ニ參與スルノ權ヲ失ハス
第六十六條　市參事會ハ市長ヲ以テ議長トス市長故障アルトキハ市長代理者之ヲ代理ス

第二款　職務權限

第六十七條　市參事會ノ職務權限左ノ如シ
一　市會ノ權限ニ屬スル事件ニシテ其ノ委任ヲ受ケタルモノヲ議決スル事
二　市會成立セサルトキ、第五十二條但書ノ場合ニ於テ仍會議ヲ開クコト能ハサルトキ又ハ市長ニ於テ市會ヲ招集スルノ暇ナシト認ムルトキ市會ノ權限ニ屬スル事件ヲ市會ニ代ハリテ議決スルコト
三　其ノ他法令ニ依リ市參事會ノ權限ニ屬スル事件
第六十八條　市參事會ハ市長之ヲ招集ス名譽職參事會員定數ノ半數以上ヨリ會議ニ付スヘキ事件

ヲ示シテ市參事會招集ノ請求アルトキハ市長ハ之ヲ招集スヘシ
第六十九條　市參事會ノ會議ハ傍聽ヲ許サス
第七十條　市參事會ハ議長又ハ其ノ代理者及名譽職參事會員定數ノ半數以上出席スルニ非サレハ會議ヲ開クコトヲ得ス第二項ノ除斥ノ爲名譽職參事會員其ノ半數ニ滿タサルトキ、同一ノ事件ニ付招集再回ニ至ルモ仍名譽職參事會員其ノ半數ニ滿タサルトキ又ハ招集ニ應スルモ出席名譽職參事會員定數ヲ闕キ議長ニ於テ出席ヲ催告シ仍半數ニ滿タサルトキハ此ノ限ニ在ラス
議長及參事會員ハ自己又ハ父母、祖父母、妻、子孫、兄弟姉妹ノ一身上ニ關スル事件ニ付テハ其ノ議事ニ參與スルコトヲ得ス但シ市參事會ノ同意ヲ得タルトキハ會議ニ出席シ發言スルコトヲ得
第七十一條　第四十六條、第四十七條、第五十條、第五十一條第二項及第五項、第五十三條、第五十五條、第五十七條乃至第五十九條、第六十一條竝第六十二條第一項及第二項ノ規定ハ市參事會ニ之ヲ準用ス
議長及其ノ代理者共ニ前項ノ場合ニ當ルトキハ年長ノ名譽職參事會員議長ノ職務ヲ代理ス

第四章　市吏員

第一款　組織選擧及任免

第七十二條　市ニ市長及助役一人ヲ置ク

助役ノ定數ハ市條例ヲ以テ之ヲ增加スルコトヲ得
特別ノ必要アル市ニ於テハ市條例ヲ以テ市參與ヲ置クコトヲ得其ノ定數ハ其ノ市條例中ニ之ヲ規定スヘシ
第七十三條　市長ハ有給吏員トス但シ市條例ヲ以テ名譽職ト爲スコトヲ得
市長ノ任期ハ四年トス
市長ハ市會ニ於テ之ヲ選舉ス
市長ノ在職中ニ於テ行フ後任市長ノ選擧ハ現任市長ノ任期滿了ノ日前二十日以內又ハ現任市長ノ退職ノ申立アリタル場合ニ於テ其ノ退職スヘキ日前二十日以內ニ非サレハ之ヲ行フコトヲ得ス
第三項ノ選擧ニ於テ當選者定マリタルトキハ直ニ當選者ニ當選ノ旨ヲ告知スヘシ
市長ニ當選シタル者當選ノ告知ヲ受ケタルトキハ其ノ告知ヲ受ケタル日ヨリ二十日以內ニ其ノ當選ニ應スルヤ否ヲ申立ツヘシ其ノ期間內ニ當選ニ應スル旨ノ申立ヲ爲サヽルトキハ當選ヲ辭シタルモノト看做ス
第三十二條第四項ノ規定ハ市長ニ當選シタル者ニ之ヲ準用ス
名譽職市長ハ市公民中選擧權ヲ有スル者ニ限ル
有給市長ハ其ノ退職セントスル日前三十日目迄ニ申立ツルニ非サレハ任期中退職スルコトヲ得ス但シ市會ノ承認ヲ得タルトキハ此ノ限ニ在ラス

第七十四條　市參與ハ名譽職トス但シ定數ノ全部又ハ一部ヲ有給吏員ト爲スコトヲ得此ノ場合ニ於テハ第七十二條第三項ノ市條例中ニ之ヲ規定スヘシ

市參與ハ市長ノ推薦ニ依リ市會之ヲ定ム

前條第四項乃至第七項ノ規定ハ市參與ニ之ヲ準用ス

名譽職市參與ハ市公民中選擧權ヲ有スル者ニ限ル

第七十五條　助役ハ有給吏員トシ其ノ任期ハ四年トス

助役ハ市長ノ推薦ニ依リ市會之ヲ定メ市長職ニ在ラサルトキハ市會ニ於テ之ヲ選擧ス

第七十三條第四項乃至第七項及第九項ノ規定ハ助役ニ之ヲ準ス用

第七十六條　有給市長、有給市參與及助役ハ第九條第一項ノ規定ニ拘ラス在職ノ間其ノ市ノ公民トス

第七十七條　市長、市參與及助役ハ第十八條第二項又ハ第四項ニ揭ケタル職ト兼ヌルコトヲ得ス又其ノ市ニ對シ請負ヲ爲シ又ハ其ノ市ニ於テ費用ヲ負擔スル事業ニ付市長若ハ其ノ委任ヲ受ケタル者ニ對シ請負ヲ爲ス者及其ノ支配人又ハ主トシテ同一ノ行爲ヲ爲ス法人ノ無限責任社員、取締役、監査役若ハ之ニ準スヘキ者、淸算人及支配人タルコトヲ得ス

第七十八條　有給市長ハ府縣知事ノ許可ヲ受クルニ非サレハ他ノ報償アル業務ニ從事スルコトヲ得ス

有給市長、有給市參與及助役ハ會社ノ取締役監査役若ハ之ニ準スヘキ者淸算人又ハ支配人其他ノ事務員タルコトヲ得ス

第七十九條　市ニ收入役一人ヲ置ク但シ市條例ヲ以テ副收入役ヲ置クコトヲ得

第七十三條第四項乃至第七項、第七十五條第一項及第二項、第七十六條、第七十七條並前條第二項ノ規定ハ收入役及副收入役ニ之ヲ準用ス

市長、市參與又ハ助役ト父子兄弟タル緣故アル者ハ收入役又ハ副收入役ノ職ニ在ルコトヲ得ス收入役ト父子兄弟タル緣故アル者ハ副收入役ノ職ニ在ルコトヲ得ス

第八十條　第六條ノ市ノ區ニ區長一人ヲ置キ市有給吏員トシ市長之ヲ任免ス

第七十七條第一項及第七十八條第二項ノ規定ハ區長ニ之ヲ準用ス

第八十一條　第六條ノ市ノ區ニ區收入役一人又ハ區收入役及區副收入役各一人ヲ置ク

區收入役及ヒ區副收入役ハ第八十六條ノ吏員中市長、助役、市收入役、市副收入役又ハ區長トノ間及其ノ相互ノ間ニ父子兄弟タル緣故アラサル者ニ就キ市長之ヲ命ス

區收入役又ハ區副收入役ト爲リタル後市長、助役、市收入役、市副收入役又ハ區長トノ間ニ父子兄弟タル緣故生シタルトキハ區收入役又ハ區副收入役ハ其ノ職ヲ失フ

前項ノ規定ハ區收入役及區副收入役相互ノ間ニ於テ區副收入役ニ之ヲ準用ス

第八十二條　第六條ノ市ヲ除キ其ノ他ノ市ハ處務便宜ノ爲區ヲ劃シ區長及其ノ代理者一人ヲ置ク

コトヲ得
前項ノ區長及其ノ代理者ハ名譽職トス市公民中選擧權ヲ有スル者ヨリ市長ノ推薦ニ依リ市會之ヲ定ム此ノ場合ニ於テハ第七十三條第四項乃至第七項ノ規定ヲ準用ス
內務大臣ハ前項ノ規定ニ拘ラス區長ヲ有給吏員ト爲スヘキ市ヲ指定スルコトヲ得
前項ノ區ニ付テハ第八十條、第八十一條、第九十四條第二項、第九十七條第四項、第九十八條及第九十九條ノ規定ヲ準用スルノ外必要ナル事項ハ勅令ヲ以テ之ヲ定ム

第八十三條　市ハ臨時又ハ常設ノ委員ヲ置クコトヲ得
委員ハ名譽職トス市會議員、名譽職市參事會員又ハ市公民中選擧權ヲ有スル者ヨリ市長ノ推薦ニ依リ市會之ヲ定ム但シ委員長ハ市長又ハ其ノ委任ヲ受ケタル市參與若ハ助役ヲ以テ之ニ充ツ
第七十三條第四項乃至第七項ノ規定ハ委員ニ之ヲ準用ス
委員ノ組織ニ關シテハ市條例ヲ以テ別段ノ規定ヲ設クルコトヲ得

第八十四條　市公民ニ限リテ擔任スヘキ職務ニ在ル吏員又ハ職ニ就キタルカ爲市公民タル者選擧權ヲ有セサルニ至リタルトキハ其ノ職ヲ失フ
前項ノ職務ニ在ル者ニシテ禁錮以上ノ刑ニ當ルヘキ罪ノ爲豫審又ハ公判ニ付セラレタルトキハ監督官廳ハ其ノ職務ノ執行ヲ停止スルコトヲ得此ノ場合ニ於テハ其ノ停止期間報酬又ハ給料ヲ支給スルコトヲ得ス

第八十五條　前數條ニ定ムル者ノ外市ニ必要ノ有給吏員ヲ置キ市長之ヲ任免ス
前項吏員ノ定數ハ市會ノ議決ヲ經テ之ヲ定ム
第八十六條　前數條ニ定ムル者ノ外第六條及第八十二條第三項ノ市ノ區ニ必要ノ市有給吏員ヲ置キ區長ノ申請ニ依リ市長之ヲ任免ス
前項吏員ノ定數ハ市會ノ議決ヲ經テ之ヲ定ム

第二款　職務權限

第八十七條　市長ハ市ヲ統轄シ市ヲ代表ス
市長ノ擔任スル事務ノ概目左ノ如シ
一　市會及市參事會ノ議決ヲ經ヘキ事件ニ付其ノ議案ヲ發シ及其ノ議決ヲ執行スル事
二　財產及營造物ヲ管理スル事但シ特ニ之カ管理者ヲ置キタルトキハ其ノ事務ヲ監督スル事
三　收入支出ヲ命令シ及會計ヲ監督スル事
四　證書及公文書類ヲ保管スル事
五　法令又ハ市會ノ議決ニ依リ使用料、手數料、加入金、市稅又ハ夫役現品ヲ賦課徵收スル事
六　其ノ他法令ニ依リ市長ノ職權ニ屬スル事項
第八十八條　削除
第八十九條　市長ハ市吏員ヲ指揮監督シ之ニ對シ懲戒ヲ行フコトヲ得其ノ懲戒處分ハ譴責及十圓

以下ノ過怠金トス

第九十條　市會又ハ市參事會ノ議決又ハ選擧其ノ權限ヲ超エ又ハ法令若ハ會議規則ニ背クト認ムルトキハ市長ハ其ノ意見ニ依リ又ハ監督官廳ノ指揮ニ依リ理由ヲ示シテ之ヲ再議ニ付シ又ハ再選擧ヲ行ハシムヘシ但シ特別ノ事由アリト認ムルトキハ市長ハ議決ニ付テハ之ヲ再議ニ付セスシテ直ニ府縣參事會ノ裁決ヲ請フコトヲ得

前項ノ規定ニ依リ爲シタル市會又ハ市參事會ノ議決仍其ノ權限ヲ超エ又ハ法令若ハ會議規則ニ背クト認ムルトキハ市長ハ府縣參事會ノ裁決ヲ請フヘシ

監督官廳ハ前二項ノ議決又ハ選擧ヲ取消スコトヲ得

第一項若ハ第二項ノ裁決又ハ前項ノ處分ニ不服アル市長、市會又ハ市參事會ハ行政裁判所ニ出訴スルコトヲ得

第一項又ハ第二項ノ裁決ニ付テハ府縣知事ヨリモ訴訟ヲ提記スルコトヲ得

第九十條ノ二　市會又ハ市參事會ノ議決明ニ公益ヲ害スト認ムルトキハ市長ハ其ノ意見ニ依リ又ハ監督官廳ノ指揮ニ依リ理由ヲ示シテ之ヲ再議ニ付スヘシ但シ特別ノ事由アリト認ムルトキハ市長ハ之ヲ再議ニ付セスシテ直ニ府縣知事ノ指揮ヲ請フコトヲ得

前項ノ規定ニ依リ爲シタル市會又ハ市參事會ノ議決仍明ニ公益ヲ害スト認ムルトキハ市長ハ府縣知事ノ指揮ヲ請フヘシ

市會又ハ市參事會ノ議決收支ニ關シ執行スルコト能ハサルモノアリト認ムルトキハ前二項ノ例ニ依ル左ニ揭クル費用ヲ削除シ又ハ減額シタル場合ニ於テ其ノ費用及之ニ伴フ收入ニ付亦同シ
一　法令ニ依リ負擔スル費用、當該官廳ノ職權ニ依リ命スル費用其ノ他ノ市ノ義務ニ屬スル費用
二　非常ノ災害ニ因ル應急又ハ復舊ノ施設ノ爲ニ要スル費用、傳染病豫防ノ爲ニ要スル費用其ノ他ノ緊急避クヘカラサル費用
前三項ノ規定ニ依ル府縣知事ノ處分ニ不服アル市長、市會又ハ市參事會ハ內務大臣ニ訴願スルコトヲ得
第九十一條　市會成立セサルトキ、第五十二條但書ノ場合ニ於テ仍會議ヲ開クコト能ハサルトキ又ハ市長ニ於テ市會ヲ招集スルノ暇ナシト認ムルトキハ市長ハ市會ノ權限ニ屬スル事件ヲ市參事會ノ議決ニ付スルコトヲ得
市參事會成立セサルトキ又ハ第七十條第一項但書ノ場合ニ於テ仍會議ヲ開クコト能ハサルトキハ市長ハ府縣知事ノ指揮ヲ請ヒ其ノ議決スヘキ事件ヲ處分スルコトヲ得
市會又ハ市參事會ニ於テ其ノ議決スヘキ事件ヲ議決セサルトキハ前項ノ例ニ依ル
市會又ハ市參事會ノ決定スヘキ事件ニ關シテハ前三項ノ例ニ依ル此ノ場合ニ於ケル市參事會ノ決定又ハ市長ノ處分ニ關シテハ各本條ノ規定ニ準シ訴願又ハ訴訟ヲ提起スルコトヲ得

前四項ノ規定ニ依ル處置ニ付テハ次回ノ會議ニ於テ之ヲ市會又ハ市參事會ニ報告スヘシ

第九十二條　市參事會ニ於テ議決又ハ決定スヘキ事件ニ關シ臨時急施ヲ要スル場合ニ於テ市參事會成立セサルトキ又ハ市長ニ於テ之ヲ招集スルノ暇ナシト認ムルトキハ市長ハ之ヲ專決シ次回ノ會議ニ於テ之ヲ市參事會ニ報告スヘシ

前項ノ規定ニ依リ市長ノ爲シタル處分ニ關シテハ各本條ノ規定ニ準シ訴願又ハ訴訟ヲ提起スルコトヲ得

第九十二條ノ二　市會及市參事會ノ權限ニ屬スル事項ノ一部ハ其ノ議決ニ依リ市長ニ於テ專決處分スルコトヲ得

第九十三條　市長其ノ他市吏員ハ從來法令又ハ將來法律勅令ノ定ムル所ニ依リ國府縣其ノ他公共團體ノ事務ヲ掌ル

前項ノ事務ヲ執行スル爲要スル費用ハ市ノ負擔トス但シ法令中別段ノ規定アルモノハ此ノ限ニ在ラス

第九十四條　市長ハ其ノ事務ノ一部ヲ助役ニ分掌セシムルコトヲ得但シ市ノ事務ニ付テハ豫メ市會ノ同意ヲ得ルコトヲ要ス

第六條ノ市ノ市長ハ前項ノ例ニ依リ其ノ事務ノ一部ヲ區長ニ分掌セシムルコトヲ得

市長ハ市吏員ヲシテ其ノ事務ノ一部ヲ臨時代理セシムルコトヲ得

第九十五條　市參與ハ市長ノ指揮監督ヲ承ケ市ノ經營ニ屬スル特別ノ事業ヲ擔任ス

第九十六條　助役ハ市長ノ事務ヲ補助ス

助役ハ市長故障アルトキ之ヲ代理ス助役數人アルトキハ豫メ市長ノ定メタル順序ニ依リ之ヲ代理ス

第九十七條　收入役ハ市ノ出納其ノ他ノ會計事務及第九十三條ノ事務ニ關スル國府縣其ノ他公共團體ノ出納其ノ他ノ會計事務ヲ掌ル但シ法令中別段ノ規定アルモノハ此ノ限ニ在ラス

副收入役ハ收入役ノ事務ヲ補助シ收入役故障アルトキ之ヲ代理ス副收入役數人アルトキハ豫メ定メタル順序ニ依リ之ヲ代理ス

市長ハ收入役ノ事務ノ一部ヲ副收入役ニ分掌セシムルコトヲ得但シ市ノ出納其ノ他ノ會計事務ニ付テハ豫メ市會ノ同意ヲ得ルコトヲ要ス

第六條ノ市ノ市長ハ前項ノ例ニ依リ收入役ノ事務ノ一部ヲ區收入役ニ分掌セシムルコトヲ得

副收入役ヲ置カサル場合ニ於テハ市會ハ市長ノ推薦ニ依リ收入役故障アルトキ之ヲ代理スヘキ吏員ヲ定ムヘシ

第九十八條　第六條ノ市ノ區長ハ市長ノ命ヲ承ケ又ハ法令ノ定ムル所ニ依リ區內ニ關スル市ノ事務及區ノ事務ヲ掌ル

區長其ノ他區所屬ノ吏員ハ市長ノ命ヲ承ケ又ハ從來法令若ハ將來法律勅令ノ定ムル所ニ依リ國府縣其ノ他公共團體ノ事務ヲ掌ル

區長故障アルトキハ區收入役及區副收入役ニ非サル區所屬ノ吏員中上席者ヨリ順次之ヲ代理ス

第一項及第二項ノ事務ヲ執行スル爲要スル費用ハ市ノ負擔トス但シ法令中別段ノ規定アルモノハ此ノ限ニ在ラス

第九十九條　第六條ノ市ノ區收入役ハ市收入役ノ命ヲ承ケ又ハ法令ノ定ムル所ニ依リ市及區ノ出納其ノ他ノ會計事務ヲ掌リ市收入役ノ命ヲ承ケ又ハ從來法令若ハ將來法律勅令ノ定ムル所ニ依リ國府縣其ノ他公共團體ノ出納其ノ他ノ會計事務ヲ掌ル

區長ハ市長ノ許可ヲ得テ區收入役ノ事務ノ一部ヲ區副收役ニ分掌セシムルコトヲ得但シ區ノ出納其ノ他ノ會計事務ニ付テハ豫メ區會ノ同意ヲ得ルコトヲ要ス

市長ハ市ノ出納其ノ他ノ會計事務ニ付前項ノ許可ヲ爲ス場合ニ於テハ豫メ市會ノ同意ヲ得ルコトヲ要ス

區副收入役ヲ置カサル場合ニ於テハ市長ハ區收入役故障アルトキ之ヲ代理スヘキ吏員ヲ定ムヘシ

區收入役及區副收入役ノ職務權限ニ關シテハ前四項ニ規定スルモノノ外市收入役及市副收入役

ニ關スル規定ヲ準用ス

第百條　名譽職區長ハ市長ノ命ヲ承ケ市長ノ事務ニシテ區內ニ關スルモノヲ補助ス

名譽職區長代理者ハ區長ノ事務ヲ補助シ區長故障アルトキ之ヲ代理ス

第百一條　委員ハ市長ノ指揮監督ヲ承ケ財產又ハ營造物ヲ管理シ其ノ他委託ヲ受ケタル市ノ事務ヲ調査シ又ハ之ヲ處辨ス

第百二條　第八十五條ノ吏員ハ市長ノ命ヲ承ケ事務ニ從事ス

第百三條　第八十六條ノ吏員ハ區長ノ命ヲ承ケ事務ニ從事ス

區長ハ前項ノ吏員ヲシテ其事務ノ一部ヲ臨時代理セシムルコトヲ得

第五章　給料及給與

第百四條　名譽職市長、名譽職市參與、市會議員、名譽職參事會員其ノ他ノ名譽職員ハ職務ノ爲要スル費用ノ辨償ヲ受クルコトヲ得

名譽職市長、名譽職市參與、名譽職區長、名譽職區長代理者及委員ニハ費用辨償ノ外勤務ニ相當スル報酬ヲ給スルコトヲ得

費用辨償額、報酬額及其ノ支給方法ハ市條例ヲ以テ之ヲ規定スヘシ

第百五條　有給市長、有給市參與、助役其ノ他ノ有給吏員ノ給料額、旅費額及其ノ支給方法ハ市

条例ヲ以テ之ヲ規定スヘシ
第百六條　有給吏員ニハ市條例ノ定ムル所ニ依リ退隱料、退職給與金、死亡給與金又ハ遺族扶助料ヲ給スルコトヲ得
第百七條　費用辨償、報酬、給料、旅費、退隱料、退職給與金、死亡給與金又ハ遺族扶助料ノ給與ニ付關係者ニ於テ異議アルトキハ之ヲ市長ニ申立ツルコトヲ得
前項ノ異議ノ申立アリタルトキハ市長ハ七日以内ニ之ヲ市參事會ノ決定ニ付スヘシ關係者其ノ決定ニ不服アルトキハ府縣參事會ニ訴願シ其ノ裁決又ハ第三項ノ裁決ニ不服アルトキハ行政裁判所ニ出訴スルコトヲ得
前項ノ決定及裁決ニ付テハ市長ヨリモ訴願又ハ訴訟ヲ提起スルコトヲ得
前二項ノ裁決ニ付テハ府縣知事ヨリモ訴訟ヲ提起スルコトヲ得
第百八條　費用辨償、報酬、給料、旅費、退隱料、退職給與金、死亡給與金、遺族扶助料其ノ他ノ給與ハ市ノ負擔トス

第六章　市ノ財務

第一款　財產營造物及市稅

第百九條　收益ノ爲ニスル市ノ財産ハ基本財産トシ之ヲ維持スヘシ
市ハ特定ノ目的ノ爲特別ノ基本財産ヲ設ケ又ハ金穀等ヲ積立ツルコトヲ得
第百十條　舊來ノ慣行ニ依リ市住民中特ニ財産又ハ營造物ヲ使用スル權利ヲ有スル者アルトキハ其ノ舊慣ニ依ル舊慣ヲ變更又ハ廢止セムトスルトキハ市會ノ議決ヲ經ヘシ
前項ノ財産又ハ營造物ヲ新ニ使用セムトスル者アルトキハ市ハ之ヲ許可スルコトヲ得
第百十一條　市ハ前條ニ規定スル財産ノ使用方法ニ關シ市規則ヲ設クルコトヲ得
第百十二條　市ハ第百十條第一項ノ使用者ヨリ使用料ヲ徵收シ同條第二項ノ使用ニ關シテハ使用料若ハ一時ノ加入金ヲ徵收シ又ハ使用料及加入金ヲ共ニ徵收スルコトヲ得
第百十三條　市ハ營造物ノ使用ニ付使用料ヲ徵收スルコトヲ得
市ハ特ニ一個人ノ爲ニスル事務ニ付手數料ヲ徵收スルコトヲ得
第百十四條　財産ノ賣却貸與、工事ノ請負及物件勞力其ノ他ノ供給ハ競爭入札ニ付スヘシ但シ臨時急施ヲ要スルトキ、入札ノ價格其ノ費用ニ比シテ得失相償ハサルトキ又ハ市會ノ同意ヲ得タルトキハ此ノ限ニ在ラス
第百十五條　市ハ其ノ公益上必要アル場合ニ於テハ寄附又ハ補助ヲ爲スコトヲ得
第百十六條　市ハ其ノ必要ナル費用及從來法令ニ依リ又ハ將來法律勅令ニ依リ市ノ負擔ニ屬スル

費用ヲ支辨スル義務ヲ負フ
市ハ其ノ財產ヨリ生スル收入、使用料、手數料、過料、過怠金其ノ他法令ニ依リ市ニ屬スル收入ヲ以テ前項ノ支出ニ充テ仍不足アルトキハ市稅及夫役現品ヲ賦課徵收スルコトヲ得
第百十七條　市稅トシテ賦課スルコトヲ得ヘキモノ左ノ如シ
一　直接國稅及府縣稅ノ附加稅
二　特別稅
直接國稅又ハ府縣稅ノ附加稅ハ均一ノ稅率ヲ以テ之ヲ徵收スヘシ但シ第百六十七條ノ規定ニ依リ許可ヲ受ケタル場合ハ此ノ限ニ在ラス
國稅ノ附加稅タル府縣稅ニ對シテハ附加稅ヲ賦課スルコトヲ得ス
特別稅ハ別ニ稅目ヲ起シテ課稅スルノ必要アルトキ賦課徵收スルモノトス
第百十八條　三月以上市內ニ滯在スル者ハ其ノ滯在ノ初ニ溯リ市稅ヲ納ムル義務ヲ負フ
第百十九條　市內ニ住所ヲ有セス又ハ三月以上滯在スルコトナシト雖市內ニ於テ土地家屋物件ヲ所有シ使用シ若ハ占有シ、市內ニ營業所ヲ設ケテ營業ヲ爲シ又ハ市內ニ於テ特定ノ行爲ヲ爲ス者ハ其ノ土地家屋物件營業若ハ其ノ收入ニ對シ又ハ其ノ行爲ニ對シテ賦課スル市稅ヲ納ムル義務ヲ負フ

第百十九條ノ二　合併後存續スル法人又ハ合併ニ因リ設立シタル法人ハ合併ニ因リ消滅シタル法人ニ對シ其ノ合併前ノ事實ニ付賦課セラルヘキ市稅ヲ納ムル義務ヲ負フ
相續人又ハ相續財團ハ勅令ノ定ムル所ニ依リ被相續人ニ對シ其ノ相續開始前ノ事實ニ付賦課セラルヘキ市稅ヲ納ムル義務ヲ負フ

第百二十條　納稅者ノ市外ニ於テ所有シ使用シ占有スル土地家屋物件若ハ其ノ收入又ハ市外ニ於テ營業所ヲ設ケタル營業若ハ其ノ收入ニ對シテハ市稅ヲ賦課スルコトヲ得ス
市ノ內外ニ於テ營業所ヲ設ケ營業ヲ爲ス者ニシテ其ノ營業又ハ收入ニ對スル本稅ヲ分別シテ納メサルモノニ對シ附加稅ヲ賦課スル場合及住所滯在市ノ內外ニ涉ル者ノ收入ニシテ土地家屋物件又ハ營業所ヲ設ケタル營業ヨリ生スル收入ニ非サルモノニ對シ市稅ヲ賦課スル場合ニ付テハ勅令ヲ以テ之ヲ定ム

第百二十一條　所得稅法第十八條ニ揭クル所得ニ對シテハ市稅ヲ賦課スルコトヲ得ス
神社寺院祠宇佛堂ノ用ニ供スル建物及其ノ境內地竝敎會所說敎所ノ用ニ供スル建物及其ノ構內地ニ對シテハ市稅ヲ賦課スルコトヲ得ス但シ有料ニテ之ヲ使用セシムル者及住宅ヲ以テ敎會所說敎所ノ用ニ充ツル者ニ對シテハ此ノ限ニ在ラス
國府縣市町村其ノ他公共團體ニ於テ公用ニ供スル家屋物件及營造物ニ對シテハ市稅ヲ賦課スル

コトヲ得ス但シ有料ニテ之ヲ使用セシムル者及使用收益者ニ對シテハ此ノ限ニ在ラス
國ノ事業又ハ行爲及國有ノ土地家屋物件ニ對シテハ國ニ市稅ヲ賦課スルコトヲ得ス
前四項ノ外市稅ヲ賦課スルコトヲ得サルモノハ別ニ法律勅令ノ定ムル所ニ依ル
第百二十一條ノ二　市ハ公益上其ノ他ノ事由ニ因リ課稅ヲ不適當トスル場合ニ於テハ命令ノ定ムル所ニ依リ市稅ヲ課セサルコトヲ得
第百二十二條　數人ヲ利スル營造物ノ設置維持其ノ他ノ必要ナル費用ハ其ノ關係者ニ負擔セシムルコトヲ得
市ノ一部ヲ利スル營造物ノ設置維持其ノ他ノ必要ナル費用ハ其ノ部內ニ於テ市稅ヲ納ムル義務アル者ニ負擔セシムルコトヲ得
前二項ノ場合ニ於テ營造物ヨリ生スル收入アルトキハ先ツ其ノ收入ヲ以テ其ノ費用ニ充ツヘシ
前項ノ場合ニ於テ其ノ一部ノ收入アルトキ亦同シ
數人又ハ市ノ一部ヲ利スル財產ニ付テハ前三項ノ例ニ依ル
第百二十三條　市稅及其ノ賦課徵收ニ關シテハ本法其ノ他ノ法律ニ規定アルモノノ外勅令ヲ以テ之ヲ定ムルコトヲ得
第百二十四條　數人又ハ市ノ一部ニ對シ特ニ利益アル事件ニ關シテハ市ハ不均一ノ賦課ヲ爲シ又

ハ數人若ハ市ノ一部ニ對シ賦課ヲ爲スコトヲ得

第百二十五條　夫役又ハ現品ハ直接市稅ヲ準率ト爲シ且之ヲ金額ニ算出シテ賦課スヘシ但シ第百六十七條ノ規定ニ依リ許可ヲ受ケタル場合ハ此ノ限ニ在ラス

學藝美術及手工ニ關スル勞務ニ付テハ夫役ヲ賦課スルコトヲ得ス

夫役ヲ賦課セラレタル者ハ本人自ラ之ニ當リ又ハ適當ノ代人ヲ出スコトヲ得

夫役又ハ現品ハ金錢ヲ以テ之ニ代フルコトヲ得

第一項及前項ノ規定ハ急迫ノ場合ニ賦課スル夫役ニ付テハ之ヲ適用セス

第百二十六條　非常災害ノ爲必要アルトキハ市ハ他人ノ土地ヲ一時使用シ又ハ其ノ土石竹木其ノ他ノ物品ヲ使用シ若ハ收用スルコトヲ得但シ其ノ損失ヲ補償スヘシ

前項ノ場合ニ於テ危險防止ノ爲必要アルトキハ市長、警察官吏又ハ監督官廳ハ市內ノ居住者ヲシテ防禦ニ從事セシムルコトヲ得

第一項但書ノ規定ニ依リ補償スヘキ金額ハ協議ニ依リ之ヲ定ム協議調ハサルトキハ鑑定人ノ意見ヲ徵シ府縣知事之ヲ決定ス決定ヲ受ケタル者其ノ決定ニ不服アルトキハ內務大臣ニ訴願スルコトヲ得

前項ノ決定ハ文書ヲ以テ之ヲ爲シ其ノ理由ヲ附シ之ヲ本人ニ交付スヘシ

第一項ノ規定ニ依リ土地ノ一時使用ノ處分ヲ受ケタル者其ノ處分ニ不服アルトキハ府縣知事ニ訴願シ其ノ裁決ニ不服アルトキハ内務大臣ニ訴願スルコトヲ得

第百二十七條　市税ノ賦課ニ關シ必要アル場合ニ於テハ當該吏員ハ日出ヨリ日沒迄ノ間營業者ニ關シテハ仍其ノ營業時間内家宅若ハ營業所ニ臨檢シ又ハ帳簿物件ノ檢査ヲ爲スコトヲ得

前項ノ場合ニ於テハ當該吏員ハ其ノ身分ヲ證明スヘキ證票ヲ携帶スヘシ

第百二十八條　市長ハ納税者中特別ノ事情アル者ニ對シ納税延期ヲ許スコトヲ得其ノ年度ヲ越ユル場合ハ市參事會ノ議決ヲ經ヘシ

市ハ特別ノ事情アル者ニ限リ市税ヲ減免スルコトヲ得

第百二十九條　使用料、手數料及特別税ニ關スル事項ニ付テハ市條例ヲ以テ之ヲ規定スヘシ詐僞其ノ他ノ不正行爲ニ依リ使用料ノ徵收ヲ免レ又ハ市税ヲ逋脱シタル者ニ付テハ市條例ヲ以テ其ノ徵收ヲ免レ又ハ逋脱シタル金額ノ三倍ニ相當スル金額(五圓未滿ナルトキハ五圓)以下ノ過料ヲ科スル規定ヲ設クルコトヲ得

前項ニ定ムルモノヲ除クノ外使用料、手數料及市税ノ賦課徵收ニ關シテハ市條例ヲ以テ五圓以下ノ過料ヲ科スルコトヲ得財產又ハ營造物ノ使用ニ關シ亦同シ

過料ノ處分ヲ受ケタル者其ノ處分ニ不服アルトキハ府縣參事會ニ訴願シ其ノ裁決ニ不服アルト

キハ行政裁判所ニ出訴スルコトヲ得
前項ノ裁決ニ付テハ府縣知事又ハ市長ヨリモ訴訟ヲ提起スルコトヲ得
第百三十條　市稅ノ賦課ヲ受ケタル者其ノ賦課ニ付違法又ハ錯誤アリト認ムルトキハ徵稅令書ノ交付ヲ受ケタル日ヨリ三月以內ニ市長ニ異議ノ申立ヲ爲スコトヲ得
財產又ハ營造物ヲ使用スル權利ニ關シ異議アル者ハ之ヲ市長ニ申立ツルコトヲ得
前二項ノ異議ノ申立アリタルトキハ市長ハ七日以內ニ之ヲ市參事會ノ決定ニ付スヘシ決定ヲ受ケタル者其ノ決定ニ不服アルトキハ府縣參事會ニ訴願シ其ノ裁決又ハ第五項ノ裁決ニ不服アルトキハ行政裁判所ニ出訴スルコトヲ得
第一項及前項ノ規定ハ使用料、手數料及加入金ノ徵收竝夫役現品ノ賦課ニ關シ之ヲ準用ス
前二項ノ規定ニ依ル決定及裁決ニ付テハ市長ヨリモ訴願又ハ訴訟ヲ提起スルコトヲ得
前三項ノ規定ニ依ル裁決ニ付テハ府縣知事ヨリモ訴訟ヲ提起スルコトヲ得
第百三十一條　市稅、使用料、手數料、加入金、過料、過怠金其ノ他ノ市ノ收入ヲ定期內ニ納メサル者アルトキハ市長ハ期限ヲ指定シテ之ヲ督促スヘシ
夫役現品ノ賦課ヲ受ケタル者定期內ニ其ノ履行ヲ爲サス又ハ夫役現品ニ代フル金錢ヲ納メサルトキハ市長ハ期限ヲ指定シテ之ヲ督促スヘシ急迫ノ場合ニ賦課シタル夫役ニ付テハ更ニ之ヲ金

額ニ算出シ期限ヲ指定シテ納付ヲ命スヘシ
前二項ノ場合ニ於テハ市條例ノ定ムル所ニ依リ手數料ヲ徵收スルコトヲ得
滯納者第一項又ハ第二項ノ督促又ハ命令ヲ受ケ其ノ指定ノ期限內ニ之ヲ完納セサルトキハ國稅滯納處分ノ例ニ依リ之ヲ處分スヘシ
第一項乃至第三項ノ徵收金ハ府縣ノ徵收金ニ次テ先取特權ヲ有シ其ノ追徵還付及時效ニ付テハ國稅ノ例ニ依ル
前三項ノ處分ニ不服アル者ハ府縣參事會ニ訴願シ其ノ裁決ニ不服アルトキハ行政裁判所ニ出訴スルコトヲ得
前項ノ裁決ニ付テハ府縣知事又ハ市長ヨリモ訴訟ヲ提起スルコトヲ得
第四項ノ處分中差押物件ノ公賣ハ處分ノ確定ニ至ル迄執行ヲ停止ス
第百三十二條　市ハ其ノ負債ヲ償還スル爲、市ノ永久ノ利益ト爲ルヘキ支出ヲ爲ス爲又ハ天災事變等ノ爲必要アル場合ニ限リ市債ヲ起スコトヲ得
市債ヲ起スニ付市會ノ議決ヲ經ルトキハ併セテ起債ノ方法、利息ノ定率及償還ノ方法ニ付キ議決ヲ經ヘシ
市長ハ豫算內ノ支出ヲ爲ス爲市參事會ノ議決ヲ經テ一時ノ借入金ヲ爲スコトヲ得

前項ノ借入金ハ其ノ會計年度内ノ收入ヲ以テ償還スヘシ

第二款　歳入出豫算及決算

第百三十三條　市長ハ毎會計年度歳入出豫算ヲ調製シ遲クトモ年度開始ノ一月前ニ市會ノ議決ヲ經ヘシ

市ノ會計年度ハ政府ノ會計年度ニ依ル

豫算ヲ議會ニ提出スルトキハ市長ハ併セテ事務報告書及財産表ヲ提出スヘシ

第百三十四條　市長ハ議會ノ決議ヲ經テ既定豫算ノ追加又ハ更正ヲ爲スコトヲ得

第百三十五條　市費ヲ以テ支辨スル事件ニシテ數年ヲ期シテ其ノ費用ヲ支出スヘキモノハ市會ノ議決ヲ經テ其ノ年期間各年度ノ支出額ヲ定メ繼續費ト爲スコトヲ得

第百三十六條　市ハ豫算外ノ支出又ハ豫算超過ノ支出ニ充ツル爲豫備費ヲ設クヘシ

特別會計ニハ豫備費ヲ設ケサルコトヲ得

豫備費ハ町村會ノ否決シタル費途ニ充ツルコトヲ得ス

第百三十七條　豫算ハ議決ヲ經タル後直ニ之ヲ府縣知事ニ報告シ且其ノ要領ヲ告示スヘシ

第百三十八條　市ハ特別會計ヲ設クルコトヲ得

第百三十九條　市會ニ於テ豫算ヲ議決シタルトキハ市長ヨリ其ノ謄本ヲ收入役ニ交付スヘシ

收入役ハ市長又ハ監督官廳ノ命令アルニ非サレハ支拂ヲ爲スコトヲ得ス命令ヲ受クルモ支出ノ豫算ナク且豫備費支出、費目流用其ノ他財務ニ關スル規定ニ依リ支出ヲ爲スコトヲ得サルトキ亦同シ

第百四十條　市ノ支拂金ニ關スル時效ニ付テハ政府ノ支拂金ノ例ニ依ル

第百四十一條　市ノ出納ハ每月例日ヲ定メテ之ヲ檢査シ且每會計年度少クトモ二回臨時檢査ヲ爲スヘシ

檢査ハ市長之ヲ爲シ臨時檢査ニハ名譽職參事會員ニ於テ互選シタル參事會員二人以上ノ立會ヲ要ス

第百四十二條　市ノ出納ハ翌年度五月三十一日ヲ以テ閉鎖ス

決算ハ出納閉鎖後一月以內ニ證書類ヲ併セテ收入役ヨリ之ヲ市長ニ提出スヘシ市長ハ之ヲ審査シ意見ヲ付シテ次ノ通常豫算ヲ議スル會議迄ニ之ヲ市會ノ認定ニ付スヘシ

決算ハ其ノ認定ニ關スル市會ノ議決ト共ニ之ヲ府縣知事ニ報告シ且其ノ要領ヲ告示スヘシ

第百四十三條　豫算調製ノ式、費目流用其ノ他財務ニ關シ必要ナル規定ハ內務大臣之ヲ定ム

第七章　市ノ一部ノ事務

第百四十四條　市ノ一部ニシテ財産ヲ有シ又ハ營造物ヲ設ケタルモノアルトキハ其ノ財産又ハ營

造物ノ管理及處分ニ付テハ本法中市ノ財產又ハ營造物ニ關スル規定ニ依ル但シ法律勅令中別段ノ規定アル場合ハ此ノ限ニ在ラス
前項ノ財產又ハ營造物ニ關シ特ニ要スル費用ハ其ノ財產又ハ營造物ノ屬スル市ノ一部ノ負擔トス
前二項ノ場合ニ於テハ市ノ一部ハ其ノ會計ヲ分別スヘシ
第百四十五條　前條ノ財產又ハ營造物ニ關シ必要アリト認ムルトキハ府縣知事ハ市會ノ意見ヲ徵シ府縣參事會ノ議決ヲ經テ市條例ヲ設定シ區會ヲ設ケテ市會ノ議決スヘキ事項ヲ議決セシムルコトヲ得
第百四十六條　區會議員ハ市ノ名譽職トス其ノ定數、任期、選擧權及被選擧權ニ關スル事項ハ前條ノ市條例中ニ之ヲ規定スヘシ
區會議員ノ選擧ニ付テハ市會議員ニ關スル規定ヲ準用ス但シ選擧若ハ當選ノ效力ニ關スル異議ノ決定及被選擧權ノ有無ノ決定ハ市會ニ於テ之ヲ爲スヘシ
區會ニ關シテハ市會ニ關スル規定ヲ準用ス
第百四十七條　第百四十四條ノ場合ニ於テ市ノ一部府縣知事ノ處分ニ不服アルトキハ內務大臣ニ訴願スルコトヲ得

第百四十八條　第百四十四條ノ市ノ一部ノ事務ニ關シテハ本法ニ規定スルモノノ外勅令ヲ以テ之ヲ定ム

第八章　市町村組合

第百四十九條　市町村ハ其ノ事務ノ一部ヲ共同處理スル爲其ノ協議ニ依リ府縣知事ノ許可ヲ得テ市町村組合ヲ設クルコトヲ得

公益上必要アル場合ニ於テハ府縣知事ハ關係アル市町村會ノ意見ヲ徵シ府縣參事會ノ議決ヲ經テ前項ノ市町村組合ヲ設クルコトヲ得

市町村組合ハ法人トス

第百五十條　市町村組合ニシテ其ノ組合市町村ノ數ヲ增減シ又ハ共同事務ノ變更ヲ爲サムトスルトキハ關係市町村ノ協議ニ依リ府縣知事ノ許可ヲ受クヘシ

公益上必要アル場合ニ於テハ府縣知事ハ關係アル市町村會ノ意見ヲ徵シ府縣參事會ノ議決ヲ經テ組合市町村ノ數ヲ增減シ又ハ共同事務ノ變更ヲ爲スコトヲ得

第百五十一條　市町村組合ヲ設クルトキハ關係市町村ノ協議ニ依リ組合規約ヲ定メ府縣知事ノ許可ヲ受クヘシ組合規約ヲ變更セムトスルトキ亦同シ

公益上必要アル場合ニ於テハ府縣知事ハ關係アル市町村會ノ意見ヲ徵シ府縣參事會ノ議決ヲ經

テ組合規約ヲ定メ又ハ變更スルコトヲ得

第百五十二條　組合規約ニハ組合ノ名稱、組合ヲ組織スル市町村、組合ノ共同事務、組合役場ノ位置、組合會ノ組織及組合會議員ノ選擧、組合吏員ノ組織及選任並組合費用ノ支辨方法ニ付規定ヲ設クヘシ

第百五十三條　市町村組合ヲ解カムトスルトキハ關係市町村ノ協議ニ依リ府縣知事ノ許可ヲ受クヘシ

公益上必要アル場合ニ於テハ府縣知事ハ關係アル市町村會ノ意見ヲ徵シ府縣參事會ノ議決ヲ經テ市町村組合ヲ解クコトヲ得

第百五十四條　第百五十條第一項及前條第一項ノ場合ニ於テ財產ノ處分ニ關スル事項ハ關係市町村ノ協議ニ依リ之ヲ定ム

第百五十條第二項及前條第二項ノ場合ニ於テ財產ノ處分ニ關スル事項ハ關係アル市町村會ノ意見ヲ徵シ府縣參事會ノ議決ヲ經テ府縣知事之ヲ定ム

第百五十五條　第百四十九條第一項、第百五十條第一項、第百五十一條第一項、第百五十三條第一項及前條第二項ノ規定ニ依ル府縣知事ノ處分ニ不服アル市町村又ハ市町村組合ハ內務大臣ニ訴願スルコトヲ得

組合費ノ分賦ニ關シ違法又ハ錯誤アリト認ムル市町村ハ其ノ告知アリタル日ヨリ三月以内ニ組合ノ管理者ニ異議ノ申立ヲ爲スコトヲ得

前項ノ異議ノ申立アリタルトキハ組合ノ管理者ハ七日以内ニ之ヲ組合會ノ決定ニ付スヘシ其ノ決定ニ不服アル市町村ハ府縣參事會ニ訴願シ其ノ裁決又ハ第四項ノ裁決ニ不服アルトキハ行政裁判所ニ出訴スルコトヲ得

前項ノ決定及裁決ニ付テハ組合ノ管理者ヨリモ訴願又ハ訴訟ヲ提起スルコトヲ得

前二項ノ裁決ニ付テハ府縣知事ヨリモ訴訟ヲ提起スルコトヲ得

第百五十六條　市町村組合ニ關シテハ法律勅令中別段ノ規定アル場合ヲ除クノ外市ニ關スル規定ヲ準用ス

第九章　市ノ監督

第百五十七條　市ハ第一次ニ於テ府縣知事之ヲ監督シ第二次ニ於テ內務大臣之ヲ監督ス

第百五十八條　本法中別段ノ規定アル場合ヲ除クノ外市ノ監督ニ關スル府縣知事ノ處分ニ不服アル市ハ內務大臣ニ訴願スルコトヲ得

第百五十九條　本法中行政裁判所ニ出訴スルコトヲ得ヘキ場合ニ於テハ內務大臣ニ訴願スルコトヲ得ス

第百六十條　異議ノ申立又ハ訴願ノ提起ハ處分決定又ハ裁決アリタル日ヨリ二十一日以內ニ之ヲ爲スヘシ但シ本法中別ニ期間ヲ定メタルモノハ此ノ限ニ在ラス
行政訴訟ノ提起ハ處分決定裁定又ハ裁決アリタル日ヨリ三十日以內ニ之ヲ爲スヘシ
決定書又ハ裁決書ノ交付ヲ受ケサル者ニ關シテハ前二項ノ期間ハ告示ノ日ヨリ之ヲ起算ス
異議ノ申立ニ關スル期間ノ計算ニ付テハ訴願法ノ規定ニ依ル
異議ノ申立ハ期限經過後ニ於テモ宥恕スヘキ事由アリト認ムルトキハ仍之ヲ受理スルコトヲ得
異議ノ決定ハ文書ヲ以テ之ヲ爲シ其ノ理由ヲ附シ之ヲ申立人ニ交付スヘシ
異議ノ申立アルモ處分ノ執行ハ之ヲ停止セス但シ行政廳ハ其ノ職權ニ依リ又ハ關係者ノ請求ニ依リ必要ト認ムルトキハ之ヲ停止スルコトヲ得
第百六十條ノ二　異議ノ決定ハ本法中別ニ期間ヲ定メタルモノヲ除クノ外其ノ決定ニ付セラレタル日ヨリ三月以內ニ之ヲ爲スヘシ
府縣參事會訴願ヲ受理シタルトキハ其ノ日ヨリ三月以內ニ之ヲ裁決スヘシ
第百六十一條　監督官廳ハ市ノ監督上必要アル場合ニ於テハ事務ノ報告ヲ爲サシメ、書類帳簿ヲ徵シ及實地ニ就キ事務ヲ視察シ又ハ出納ヲ檢閱スルコトヲ得

監督官廳ハ市ノ監督上必要ナル命令ヲ發シ又ハ處分ヲ爲スコトヲ得
上級監督官廳ハ下級監督官廳ノ市ノ監督ニ關シテ爲シタル命令又ハ處分ヲ停止シ又ハ取消スコトヲ得

第百六十二條　内務大臣ハ市會ノ解散ヲ命スルコトヲ得
市會解散ノ場合ニ於テハ三月以内ニ議員ヲ選擧スヘシ

第百六十三條　市ニ於テ法令ニ依リ負擔シ又ハ當該官廳ノ職權ニ依リ命スル費用ヲ豫算ニ載セサルトキハ府縣知事ハ理由ヲ示シテ其ノ費用ヲ豫算ニ加フルコトヲ得
市長其ノ他ノ吏員其ノ執行スヘキ事件ヲ執行セサルトキハ府縣知事又ハ其ノ委任ヲ受ケタル官吏吏員之ヲ執行スルコトヲ得但シ其ノ費用ハ市ノ負擔トス
前二項ノ處分ニ不服アル市又ハ市長其ノ他ノ吏員ハ行政裁判所ニ出訴スルコトヲ得

第百六十四條　市長、助役、收入役又ハ副收入役ニ故障アルトキハ監督官廳ハ臨時代理者ヲ選任シ又ハ官吏ヲ派遣シ其ノ職務ヲ管掌セシムルコトヲ得但シ官吏ヲ派遣シタル場合ニ於テハ其ノ旅費ハ市費ヲ以テ辨償セシムヘシ
臨時代理者ハ有給ノ市吏員トシ其ノ給料額旅費額等ハ監督官廳之ヲ定ム

第百六十五條　市條例ヲ設ケ又ハ改正セムトスルトキハ内務大臣ノ許可ヲ受クヘシ

第百六十六條　削除

第百六十七條　左ニ掲クル事件ハ府縣知事ノ許可ヲ受クヘシ但シ第一號、第四號、第六號及第十一號ニ掲クル事件ニシテ勅令ヲ以テ指定スルモノハ其ノ定ムル所ニ依リ主務大臣ノ許可ヲ受クヘシ

一　市條例ヲ設ケ又ハ改廢スルコト

二　基本財産及特別基本財産ノ處分ニ關スルコト

三　第百十條ノ規定ニ依リ舊慣ヲ變更シ又ハ廢止スルコト

四　使用料ヲ新設シ又ハ變更スルコト

五　均一ノ稅率ニ依ラスシテ國稅又ハ府縣稅ノ附加稅ヲ賦課スルコト

六　特別稅ヲ新設シ又ハ變更スルコト

七　第百二十二條第一項、第二項及第四項ノ規定ニ依リ數人又ハ市ノ一部ニ費用ヲ負擔セシムルコト

八　第百二十四條ノ規定ニ依リ不均一ノ賦課ヲ爲シ又ハ數人若ハ市ノ一部ニ對シ賦課ヲ爲スコト

九　第百二十五條ノ準率ニ依ラスシテ夫役現品ヲ賦課スルコト但シ急迫ノ場合ニ賦課スル夫役ニ付テハ此ノ限ニ在ラス

十　繼續費ヲ定メ又ハ變更スル事

十一　市債ヲ起シ並ニ起債ノ方法、利息ノ定率及償還ノ方法ヲ定メ又ハ之ヲ變更スルコト但シ第百三十二條第三項ノ借入金ハ此ノ限ニ在ラス

第百六十八條　監督官廳ノ許可ヲ要スル事件ニ付テハ監督官廳ハ許可申請ノ趣旨ニ反セスト認ムル範圍內ニ於テ更正シテ許可ヲ與フルコトヲ得

第百六十九條　監督官廳ノ許可ヲ要スル事件ニ付テハ勅令ノ定ムル所ニ依リ其ノ許可ノ職權ヲ下級監督官廳ニ委任シ又ハ輕易ナル事件ニ限リ許可ヲ受ケシメサルコトヲ得

第百七十條　府縣知事ハ市長、市參與、助役、收入役、副收入役、區長、區長代理者、委員其ノ他ノ市吏員ニ對シ懲戒ヲ行フコトヲ得其ノ懲戒處分ハ譴責、二十五圓以下ノ過怠金及解職トス但シ市長、市參與、助役、收入役、副收入役及第六條又ハ第八十二條第三項ノ市ノ區長ニ對スル解職ハ懲戒審査會ノ議決ヲ經ルコトヲ要ス

懲戒審査會ハ內務大臣ノ命シタル府縣高等官三人及府縣名譽職參事會員ニ於テ互選シタル者三人ヲ以テ其ノ會員トシ府縣知事ヲ以テ會長トス知事故障アルトキハ其ノ代理者會長ノ職務ヲ行フ

府縣名譽職參事會員ノ互選スヘキ會員ノ選擧補闕及任期並懲戒審査會ノ招集及會議ニ付テハ府縣制中名譽職參事會員及府縣參事會ニ關スル規定ヲ準用ス但シ補充員ハ之ヲ設クルノ限ニ在ラ

ス
解職ノ處分ヲ受ケタル者其ノ處分ニ不服アルトキハ内務大臣ニ訴願スルコトヲ得
府縣知事ハ市長、市參與、助役、收入役、副收入役及第六條又ハ第八十二條第三項ノ市ノ區長ノ解職ヲ行ハムトスル前其ノ停職ヲ命スルコトヲ得此ノ場合ニ於テハ其ノ停職期間報酬又ハ給料ヲ支給スルコトヲ得ス
懲戒ニ依リ解職セラレタル者ハ二年間北海道府縣市町村其ノ他之ニ準スヘキモノノ公職ニ就クコトヲ得ス

第百七十一條　市吏員ノ服務紀律、賠償責任、身元保證及事務引繼ニ關スル規定ハ命令ヲ以テ之ヲ定ム
前項ノ命令ニハ事務引繼ヲ拒ミタル者ニ對シ二十五圓以下ノ過料ヲ科スル規定ヲ設クルコトヲ得

第十章　雜則

第百七十二條　府縣知事又ハ府縣參事會ノ職權ニ屬スル事件ニシテ數府縣ニ渉ルモノアルトキハ内務大臣ハ關係府縣知事ノ具狀ニ依リ其ノ事件ヲ管理スヘキ府縣知事又ハ府縣參事會ヲ指定スヘシ

第百七十三條　本法ニ規定スルモノノ外第六條ノ市ノ有給吏員ノ組織任用分限及其ノ區ニ關シ必

要ナル事項ハ勅令ヲ以テ之ヲ定ム

第百七十四條 第十三條ノ人口ハ内務大臣ノ定ムル所ニ依ル

第百七十五條 本法ニ於ケル直接税及間接税ノ種類ハ内務大臣及大藏大臣之ヲ定ム

第百七十六條 市又ハ市町村組合ノ廢置分合又ハ境界變更アリタル場合ニ於テ市ノ事務ニ付必要ナル事項ハ本法ニ規定スルモノノ外勅令ヲ以テ之ヲ定ム

第百七十七條 本法中府縣、府縣制、府縣知事、府縣參事會、府縣名譽職參事會員、府縣高等官所屬府縣ノ官吏若ハ有給吏員、府縣税又ハ直接府縣税ニ關スル規定ハ北海道ニ付テハ各地方費、道會法、道廳長官、道參事會、道名譽職參事會員、道廳高等官、道廳ノ官吏若ハ地方費ノ有給吏員、北海道地方税又ハ直接北海道地方税ニ、町村又ハ町村會ニ關スル規定ハ北海道ニ付テハ各町村又ハ町村會ニ該當スルモノニ關シ之ヲ適用ス

第百七十七條ノ二 本法中官吏ニ關スル規定ハ待遇官吏ニ之ヲ適用ス

附則

第百七十八條 本法施行ノ期日ハ勅令ヲ以テ之ヲ定ム

第百七十九條 本法施行ノ際現ニ市會議員又ハ區會議員ノ職ニ在ル者ハ從前ノ規定ニ依ル最近ノ定期改選期ニ於テ總テ其ノ職ヲ失フ

本法施行ノ際現ニ市長助役又ハ收入役ノ職ニ在ル者ハ從前ノ規定ニ依ル任期滿了ノ日ニ於テ其

ノ職ヲ失フ

第百八十條　舊刑法ノ重罪ノ刑ニ處セラレタル者ハ本法ノ適用ニ付テハ六年ノ懲役又ハ禁錮以上ノ刑ニ處セラレタル者ト看做ス但シ復權ヲ得タル者ハ此ノ限ニ在ラス

舊刑法ノ禁錮以上ノ刑ハ本法ノ適用ニ付テハ禁錮以上ノ刑ト看做ス

第百八十一條　本法施行ノ際必要ナル規定ハ命令ヲ以テ之ヲ定ム

大正十年法律第五十八號附則

本法中公民權及選擧ニ關スル規定ハ次ノ總選擧ヨリ之ヲ施行シ其ノ他ノ規定ノ施行ノ期日ハ勅令ヲ以テ之ヲ定ム（勅令ヲ以テ同年五月二十日ト定ム）

沖繩縣ノ區ヲ廢シテ市ヲ置カントスルトキハ第三條ノ例ニ依ル

大正十五年六月法律第七十四號附則

本法中公民權及議員選擧ニ關スル規定ハ次ノ總選擧ヨリ之ヲ施行シ其ノ他ノ規定ノ施行期日ハ勅令ヲ以テ之ヲ定ム

昭和四年四月法律第五十六號附則

本法施行ノ期日ハ勅令ヲ以テ之ヲ定ム（勅令ヲ以テ昭和四年七月一日ト定ム）

本法施行ノ際必要ナル規定ハ命令ヲ以テ之ヲ定ム

町村制

町村制

（明治四十四年四月法律第六十九號〇大正十年四月法律第五十九號、大正十五年六月法律第七十五號、昭和四年四月法律第五十七號改正）

第一章　總則

第一款　町村及其ノ區域

第一條　町付ハ從來ノ區域ニ依ル

第二條　町村ハ法人トス官ノ監督ヲ承ケ法令ノ範圍內ニ於テ其ノ公共事務竝從來法令又ハ慣例ニ依リ及將來法律勅令ニ依リ町村ニ屬スル事務ヲ處理ス

第三條　町村ノ廢置分合又ハ境界變更ヲ爲サムトスルトキハ府縣知事ハ關係アル市町村會ノ意見ヲ徵シ府縣參事會ノ議決ヲ經內務大臣ノ許可ヲ得テ之ヲ定ム所屬未定地ヲ町村ノ區域ニ編入セムトスルトキ亦同シ

前項ノ場合ニ於テ財產アルトキハ其ノ處分ハ關係アル市町村會ノ意見ヲ徵シ府縣參事會ノ議決ヲ經テ府縣知事之ヲ定ム

第一項ノ場合ニ於テ市ノ廢置分合ヲ伴フトキハ市制第三條ノ規定ニ依ル

第四條　町村ノ境界ニ關スル爭論ハ府縣參事會之ヲ裁定ス其ノ裁定ニ不服アル町村ハ行政裁判所ニ出訴スルコトヲ得

町村ノ境界判明ナラサル場合ニ於テ前項ノ爭論ナキトキハ府縣知事ハ府縣參事會ノ決定ニ付スヘシ其ノ決定ニ不服アル町村ハ行政裁判所ニ出訴スルコトヲ得

第一項ノ裁定及前項ノ決定ハ文書ヲ以テ之ヲ爲シ其ノ理由ヲ附シ之ヲ關係町村ニ交付スヘシ

第一項ノ裁定及第二項ノ決定ニ付テハ府縣知事ヨリモ訴訟ヲ提起スルコトヲ得

第五條　町村ノ名稱ヲ變更セムトスルトキ、村ヲ町ト爲シ若ハ町ヲ村ト爲サムトスルトキ又ハ町村役場ノ位置ヲ定メ若ハ之ヲ變更セシムルトキハ町村ハ府縣知事ノ許可ヲ受クヘシ

第二款　町村住民及其ノ權利義務

第六條　町村內ニ住所ヲ有スル者ハ其ノ町村住民トス

町村住民ハ本法ニ從ヒ町村ノ財產及營造物ヲ共用スル權利ヲ有シ町村ノ負擔ヲ分任スル義務ヲ負フ

第七條　帝國臣民タル年齡二十五年以上ノ男子ニシテ二年以來町村住民タル者ハ其ノ町付公民トス但シ左ノ各號ノ一ニ該當スル者ハ此ノ限ニ在ラス

一　禁治產者及準禁治產者

二　破產者ニシテ復權ヲ得サル者

三　貧困ニ因リ生活ノ爲公私ノ救助ヲ受ケ又ハ扶助ヲ受クル者

四　一定ノ住居ヲ有セサル者
五　六年ノ懲役又ハ禁錮以上ノ刑ニ處セラレタル者
六　刑法第二編第一章、第三章、第九章、第十六章乃至第二十一章、第二十五章又ハ第三十六章乃至第三十九章ニ掲クル罪ヲ犯シ六年未滿ノ懲役ノ刑ニ處セラレ其ノ執行ヲ終リ又ハ執行ヲ受クルコトナキニ至リタル後其ノ刑期ノ二倍ニ相當スル期間ヲ經過スルニ至ル迄ノ者但シ其ノ期間五年ヨリ短キトキハ五年トス
七　六年未滿ノ禁錮ノ刑ニ處セラレ又ハ前號ニ掲クル罪以外ノ罪ヲ犯シ六年未滿ノ懲役ノ刑ニ處セラレ其ノ執行ヲ終リ又ハ執行ヲ受クルコトナキニ至ル迄ノ者
町村ハ前項二年ノ制限ヲ特免スルコトヲ得
第一項二年ノ期間ハ市町村ノ廢置分合又ハ境界變更ノ爲中斷セラルルコトナシ
第八條　町村公民ハ町村ノ選擧ニ參與シ町村ノ名譽職ニ選擧セラルル權利ヲ有シ町村ノ名譽職ヲ擔任スル義務ヲ負フ
左ノ各號ノ一ニ該當セサル者ニシテ名譽職ノ當選ヲ辭シ又ハ其ノ職ヲ辭シ若ハ其ノ職務ヲ實際ニ執行セサルトキハ町村ハ一年以上四年以下其ノ町村公民權ヲ停止スルコトヲ得
一　疾病ニ罹リ公務ニ堪ヘサル者

二　業務ノ爲常ニ町村內ニ居ルコトヲ得サル者
三　年齡六十年以上ノ者
四　官公職ノ爲町村ノ公務ヲ執ルコトヲ得サル者
五　四年以上名譽職町村吏員町村會議員又ハ區會議員ノ職ニ任シ爾後同一ノ期間ヲ經過セサル者
六　其ノ他町村會ノ議決ニ依リ正當ノ理由アリト認ムル者
前項ノ處分ヲ受ケタル者其ノ處分ニ不服アルトキハ府縣參事會ニ訴願シ其ノ裁決ニ不服アルトキハ行政裁判所ニ出訴スルコトヲ得
第二項ノ處分ハ其ノ確定ニ至ル迄執行ヲ停止ス
第三項ノ裁決ニ付テハ府縣知事又ハ町村長ヨリモ訴訟ヲ提起スルコトヲ得
第九條　陸海軍軍人ニシテ現役中ノ者（未タ入營セサル者及歸休下士官兵ヲ除ク）及戰時若ハ事變ニ際シ召集中ノ者ハ町村ノ公務ニ參與スルコトヲ得ス兵籍ニ編入セラレタル學生生徒（勅令ヲ以テ定ムル者ヲ除ク）及志願ニ依リ國民軍ニ編入セラレタル者亦同シ

第三款　町村條例及町村規則

第十條　町村ハ町村住民ノ權利義務又ハ町村ノ事務ニ關シ町村條例ヲ設クルコトヲ得
町村ハ町村ノ營造物ニ關シ町村條例ヲ以テ規定スルモノノ外町村規則ヲ設クルコトヲ得

町村條例及町村規則ハ一定ノ公告式ニ依リ之ヲ告示スヘシ

第二章　町村會

第一款　組織及選擧

第十一條　町村會議員ハ其ノ被選擧權アル者ニ就キ選擧人之ヲ選擧ス

議員ノ定數左ノ如シ

一　削除

二　人口五千未滿ノ町村　十二人

三　人口五千以上一萬未滿ノ町村　十八人

四　人口一萬以上二萬未滿ノ町村　二十四人

五　人口二萬以上ノ町村　三十人

議員ノ定數ハ町村條例ヲ以テ特ニ之ヲ增減スルコトヲ得

議員ノ定數ハ總選擧ヲ行フ場合ニ非サレハ之ヲ增減セス但シ著シク人口ノ增減アリタル場合ニ於テ府縣知事ノ許可ヲ得タルトキハ此ノ限ニ在ラス

第十二條　町村公民ハ總テ選擧權ヲ有ス但シ公民權停止中ノ者又ハ第九條ノ規定ニ該當スル者ハ

此ノ限ニ在ラス

第十三條　削除

第十四條　特別ノ事情アルトキハ町村ハ區劃ヲ定メテ投票分會ヲ設クルコトヲ得

第十五條　選擧權ヲ有スル町村公民ハ被選擧權ヲ有ス

在職ノ檢事、警察官吏及收稅官吏ハ被選擧權ヲ有セス

選擧事務ニ關係アル官吏及町村ノ有給吏員ハ其ノ關係區域內ニ於テ被選擧權ヲ有セス

町村ノ有給吏員敎員其ノ他ノ職員ニシテ在職中ノ者ハ其ノ町村ノ町村會議員ト相兼ヌルコトヲ得ス

第十六條　町村會議員ハ名譽職トス

議員ノ任期ハ四年トシ總選擧ノ日ヨリ之ヲ起算ス

議員ノ定數ニ異動ヲ生シタル爲解任ヲ要スル者アルトキハ町村長抽籤シテ之ヲ定ム但シ闕員アルトキハ其ノ闕員ヲ以テ之ニ充ツヘシ

前項但書ノ場合ニ於テ闕員ノ數解任ヲ要スル者ノ數ニ滿チサルトキハ其ノ不足ノ員數ニ付町村長抽籤シテ解任スヘキ者ヲ定メ闕員ノ數解任ヲ要スル者ノ數ヲ超ユルトキハ解任ヲ要スル者ニ充ツヘキ闕員ハ最モ先ニ闕員ト爲リタル者ヨリ順次之ニ充テ闕員ト爲リタル時同シキトキハ町

村長抽籤シテ之ヲ定ム
議員ノ定數ニ異動ヲ生シタル爲新ニ選擧セラレタル議員ハ總選擧ニ依リ選擧セラレタル議員ノ任期滿了ノ日迄在任ス

第十七條　町村會議員中缺員ヲ生シタル場合ニ於テ第二十七條第二項ノ規定ノ適用ヲ受ケタル得票者ニシテ當選者ト爲ラサリシ者アルトキハ直ニ選擧會ヲ開キ其ノ者ノ中ニ就キ當選者ヲ定ムヘシ此ノ場合ニ於テハ第三十條第三項及第四項ノ規定ヲ準用ス
前項ノ規定ノ適用ヲ受クル者ナク若ハ前項ノ規定ノ適用ニ依リ當選者ヲ定ムルモ仍其ノ缺員ガ議員定數ノ六分ノ一ヲ超ユルニ至リタルトキ又ハ町村長若ハ町村會ニ於テ必要ト認ムルトキハ補缺選擧ヲ行フヘシ
補缺議員ハ其ノ前任者ノ殘任期間在任ス

第十八條　町村長ハ毎年九月十五日ノ現在ニ依リ選擧人名簿ヲ調製スヘシ
選擧人名簿ニハ選擧人ノ氏名、住所及生年月日等ヲ記載スヘシ

第十八條ノ二　町村長ハ十一月五日ヨリ十五日間町村役場又ハ其ノ指定シタル場所ニ於テ選擧人名簿ヲ關係者ノ縱覽ニ供スヘシ
町村長ハ縱覽開始ノ日前三日目迄ニ縱覽ノ場所ヲ告示スヘシ

第十八條ノ三　選擧人名簿ニ關シ關係者ニ於テ異議アルトキハ縱覽期間內ニ之ヲ町村長ニ申立ツルコトヲ得此ノ場合ニ於テハ町村長ハ其ノ申立ヲ受ケタル日ヨリ十四日以內ニ之ヲ決定シ名簿

ノ修正ヲ要スルトキハ直ニ之ヲ修正スヘシ
前項ノ決定ニ不服アル者ハ府縣參事會ニ訴願シ其ノ裁決ニ不服アル者ハ行政裁判所ニ出訴スルコトヲ得
前項ノ裁決ニ付テハ府縣知事又ハ町村長ヨリモ訴訟ヲ提起スルコトヲ得
第一項ノ規定ニ依リ決定ヲ爲シタルトキハ町村長ハ直ニ其ノ要領ヲ告示スヘシ同項ノ規定ニ依リ名簿ヲ修正シタルトキ亦同シ

第十八條ノ四　選擧人名簿ハ十二月二十五日ヲ以テ確定ス
選擧人名簿ハ次年ノ十二月二十四日迄之ヲ据置クヘシ
前條第二項又ハ第三項ノ場合ニ於テ裁決確定シ又ハ判決アリタルニ依リ名簿ノ修正ヲ要スルトキハ町村長ハ直ニ之ヲ修正スヘシ
前項ノ規定ニ依リ名簿ヲ修正シタルトキハ町村長ハ直ニ其ノ要領ヲ告示スヘシ
投票分會ヲ設クル場合ニ於テ必要アルトキハ町村長ハ確定名簿ニ依リ分會ノ區劃毎ニ名簿ノ抄本ヲ調製スヘシ

第十八條ノ五　第十八條ノ三ノ場合ニ於テ決定若ハ裁決確定シ又ハ判決アリタルニ依リ選擧人名簿無效ト爲リタルトキハ更ニ名簿ヲ調製スヘシ
天災事變等ノ爲必要アルトキハ更ニ名簿ヲ調製スヘシ
前二項ノ規定ニ依ル名簿ノ調製、縱覽、確定及異議ノ決定ニ關スル期日及期間ハ府縣知事ノ定

ムル所ニ依ル
町村ノ廢置分合又ハ境界變更アリタル場合ニ於テ名簿ニ關シ其ノ分合其ノ他必要ナル事項ハ命令ヲ以テ之ヲ定ム

第十九條　町村長ハ選擧期日前七日目迄ニ選擧會場（投票分會場ヲ含ム以下之ニ同シ）投票ノ日時及選擧スヘキ議員數ヲ告示スヘシ投票分會ヲ設クル場合ニ於テハ併セテ其ノ區劃ヲ告示スヘシ
投票分會ノ選擧ハ選擧會ト同日時ニ之ヲ行フ
天災事變等ノ爲投票ヲ行フコト能ハサルトキ又ハ更ニ投票ヲ行フ必要アルトキハ町村長ハ其ノ投票ヲ行フヘキ選擧會又ハ投票分會ノミニ付更ニ期日ヲ定メ投票ヲ行ハシムヘシ此ノ場合ニ於テ選擧會場及投票ノ日時ハ選擧ノ期日前五日目迄ニ之ヲ告示スヘシ

第二十條　町村長ハ選擧長ト爲リ選擧會ヲ開閉シ其ノ取締ニ任ス
町村長ハ選擧人名簿ニ登錄セラレタル者ノ中ヨリ二人乃至四人ノ選擧立會人ヲ選任スヘシ
投票分會ハ町村長ノ指名シタル吏員投票分會長ト爲リ之ヲ開閉シ其ノ取締ニ任ス
町村長ハ分會ノ區劃內ニ於ケル選擧人名簿ニ登錄セラレタル者ノ中ヨリ二人乃至四人ノ投票立會人ヲ選任スヘシ
選擧立會人及投票立會人ハ名譽職トス

第二十一條　選擧人ニ非サル者ハ選擧會場ニ入ルコトヲ得ス但シ選擧會場ノ事務ニ從事スル者、選擧會場ヲ監視スル職權ヲ有スル者又ハ警察官吏ハ此ノ限ニ在ラス
選擧會場ニ於テ演說討論ヲ爲シ若ハ喧擾ニ渉リ又ハ投票ニ關シ協議若ハ勸誘ヲ爲シ其ノ他選擧會場ノ秩序ヲ紊ス者アルトキハ選擧長又ハ投票分會長ハ之ヲ制止シ命ニ從ハサルトキハ之ヲ選擧會場外ニ退出セシムヘシ
前項ノ規定ニ依リ退出セシメラレタル者ハ最後ニ至リ投票ヲ爲スコトヲ得但シ選擧長又ハ投票分會長會場ノ秩序ヲ紊スノ虞ナシト認ムル場合ニ於テ投票ヲ爲サシムルヲ妨ケス
第二十二條　選擧ハ無記名投票ヲ以テ之ヲ行フ
投票ハ一人一票ニ限ル
選擧人ハ選擧ノ當日投票時間內ニ自ラ選擧會場ニ到リ選擧人名簿又ハ其ノ抄本ノ對照ヲ經テ投票ヲ爲スヘシ
投票時間內ニ選擧會場ニ入リタル選擧人ハ其ノ時間ヲ過クルモ投票ヲ爲スコトヲ得
選擧人ハ選擧會場ニ於テ投票用紙ニ自ラ被選擧人一人ノ氏名ヲ記載シテ投函スヘシ
投票ニ關スル記載ニ付テハ勅令ヲ以テ定ムル點字ハ之ヲ文字ト看做ス
自ラ被選擧人ノ氏名ヲ書スルコト能ハサル者ハ投票ヲ爲スコトヲ得ス

投票用紙ハ町村長ノ定ムル所ニ依リ一定ノ式ヲ用ウヘシ

投票分會ニ於テ爲シタル投票ハ投票分會長少クトモ一人ノ投票立會人ト共ニ投票函ノ儘之ヲ選擧長ニ送致スヘシ

第二十二條ノ二　確定名簿ニ登錄セラレサル者ハ投票ヲ爲スコトヲ得ス但シ選擧人名簿ニ登錄セラルヘキ確定裁決書又ハ判決書ヲ所持シ選擧ノ當日選擧會場ニ到ル者ハ此ノ限ニ在ラス

確定名簿ニ登錄セラレタル者選擧人名簿ニ登錄セラルルコトヲ得サル者ナルトキハ投票ヲ爲スコトヲ得ス選擧ノ當日選擧權ヲ有セサル者ナルトキ亦同シ

第二十二條ノ三　投票ノ拒否ハ選擧立會人又ハ投票立會人之ヲ決ス可否同數ナルトキハ選擧長又ハ投票分會長之ヲ決スヘシ

投票分會ニ於テ投票拒否ノ決定ヲ受ケタル選擧人不服アルトキハ投票分會長ハ假ニ投票ヲ爲サシムヘシ

前項ノ投票ハ選擧人ヲシテ之ヲ封筒ニ入レ封緘シ表面ニ自ラ其ノ氏名ヲ記載シ投函セシムヘシ

投票分會長又ハ投票立會人ニ於テ異議アル選擧人ニ對シテモ亦前二項ニ同シ

第二十三條　第三十條若ハ第三十四條ノ選擧、增員選擧又ハ補闕選擧ヲ同時ニ行フ場合ニ於テハ一ノ選擧ヲ以テ合併シテ之ヲ行フ

第二十四條　町村長ハ豫メ開票ノ日時ヲ告示スヘシ
第二十四條ノ二　選擧長ハ投票ノ日又ハ其ノ翌日（投票分會ヲ設ケタルトキハ總テノ投票函ノ送致ヲ受ケタル日又ハ其ノ翌日）選擧立會人立會ノ上投票函ヲ開キ投票ノ總數ト投票人ノ總數トヲ計算スヘシ
前項ノ計算終リタルトキハ選擧長ハ先ツ第二十二條ノ三第二項及第四項ノ投票ヲ調査スヘシ其ノ投票ノ受理如何ハ選擧立會人之ヲ決定ス可否同數ナルトキハ選擧長之ヲ決スヘシ
選擧長ハ選擧立會人ト共ニ投票ヲ點檢スヘシ
天災事變等ノ爲開票ヲ行フコト能ハサルトキハ町村長ハ更ニ開票ノ期日ヲ定ムヘシ此ノ場合ニ於テ選擧會場ノ變更ヲ要スルトキハ豫メ其ノ場所ヲ告示スヘシ
第二十四條ノ三　選擧人ハ其ノ選擧會ノ參觀ヲ求ムルコトヲ得但シ開票開始前ハ此ノ限ニ在ラス
第二十四條ノ四　特別ノ事情アルトキハ町村ハ府縣知事ノ許可ヲ得區劃ヲ定メテ開票分會ヲ設クルコトヲ得
前項ノ規定ニ依リ開票分會ヲ設クル場合ニ於テ必要ナル事項ハ命令ヲ以テ之ヲ定ム
第二十五條　左ノ投票ハ之ヲ無效トス
一　成規ノ用紙ヲ用キサルモノ

二　現ニ町村會議員ノ職ニ在ル者ノ氏名ヲ記載シタルモノ
三　一投票中二人以上ノ被選擧人ノ氏名ヲ記載シタルモノ
四　被選擧人ノ何人タルカヲ確認シ難キモノ
五　被選擧權ナキ者ノ氏名ヲ記載シタルモノ
六　被選擧人ノ氏名ノ外他事ヲ記入シタルモノ但シ爵位職業身分住所又ハ敬稱ノ類ヲ記入シタルモノハ此ノ限ニ在ラス
七　被選擧人ノ氏名ヲ自書セサルモノ
第二十六條　投票ノ效力ハ選擧立會人之ヲ決定ス可否同數ナルトキハ選擧長之ヲ決スヘシ
第二十七條　町村會議員ノ選擧ハ有效投票ノ最多數ヲ得タル者ヲ以テ當選者トス但シ議員ノ定數ヲ以テ有效投票ノ總數ヲ除シテ得タル數ノ六分ノ一以上ノ得票アルコトヲ要ス
前項ノ規定ニ依リ當選者ヲ定ムルニ當リ得票ノ數同シキトキハ年長者ヲ取リ年齡同シキトキハ選擧長抽籤シテ之ヲ定ムヘシ
第二十七條ノ二　當選者選擧ノ期日後ニ於テ被選擧權ヲ有セサルニ至リタルトキハ當選ヲ失フ
第二十八條　選擧長ハ選擧錄ヲ作リ選擧會ニ關スル顚末ヲ記載シ之ヲ朗讀シ二人以上ノ選擧立會人ト共ニ之ニ署名スヘシ

投票分會長ハ投票錄ヲ作リ投票ニ關スル顚末ヲ記載シ之ヲ朗讀シ二人以上ノ投票立會人ト共ニ之ニ署名スヘシ
投票分會長ハ投票函ト同時ニ投票錄ヲ選擧長ニ送致スヘシ
選擧錄及投票錄ハ投票、選擧人名簿其ノ他ノ關係書類ト共ニ議員ノ任期間町村長ニ於テ之ヲ保存スヘシ

第二十九條　當選者定マリタルトキハ町村長ハ直ニ當選者ニ當選ノ旨ヲ告知シ同時ニ當選者ノ住所氏名ヲ告示シ且選擧錄ノ寫(投票錄アルトキハ倂セテ投票錄ノ寫)ヲ添ヘ之ヲ府縣知事ニ報告スヘシ當選者ナキトキハ直ニ其ノ旨ヲ告示シ且選擧錄ノ寫（投票錄アルトキハ倂セテ其ノ投票錄ノ寫）ヲ添ヘ之ヲ府縣知事ニ報告スヘシ
當選者當選ヲ辭セムトスルトキハ當選ノ告知ヲ受ケタル日ヨリ五日以內ニ之ヲ町村長ニ申立ツヘシ
官吏ニシテ當選シタル者ハ所屬長官ノ許可ヲ受クルニ非サレハ之ニ應スルコトヲ得ス
前項ノ官吏ハ當選ノ告知ヲ受ケタル日ヨリ二十日以內ニ之ニ應スヘキ旨ヲ町村長ニ申立テサルトキハ其當選ヲ辭シタルモノト看做ス
町村ニ對シ請負ヲ爲シ又ハ町村ニ於テ費用ヲ負擔スル事業ニ付町村長若ハ其ノ委任ヲ受ケタル

者ニ對シ請負ヲ爲ス者若ハ其ノ支配人又ハ主トシテ同一ノ行爲ヲ爲ス法人ノ無限責任社員、役員若ハ支配人ニシテ當選シタル者ハ其ノ請負ヲ罷メ又ハ請負ヲ爲ス者ノ支配人若ハ主トシテ同一ノ行爲ヲ爲ス法人ノ無限責任社員、役員若ハ支配人タルコトナキニ至ルニ非サレハ當選ニ應スルコトヲ得ス第二項ノ期限前ニ其ノ旨ヲ町村長ニ申立テサルトキハ其ノ當選ヲ辭シタルモノト看做ス

前項ノ役員トハ取締役、監査役及之ニ準スヘキ者並清算人ヲ謂フ

第三十條　當選者左ニ掲クル事由ノ一ニ該當スルトキハ三月以内ニ更ニ選擧ヲ行フヘシ但シ第二項ノ規定ニ依リ更ニ選擧ヲ行フコトナクシテ當選者ヲ定メ得ル場合ハ此ノ限ニ在ラス

一　當選ヲ辭シタルトキ

二　第二十七條ノ二ノ規定ニ依リ當選ヲ失ヒタルトキ

三　死亡者ナルトキ

四　選擧ニ關スル犯罪ニ依リ刑ニ處セラレ其ノ當選無效ト爲リタルトキ但シ同一人ニ關シ前各號ノ事由ニ依ル選擧又ハ補闕選擧ノ告示ヲ爲シタル場合ハ此ノ限ニ在ラス

前項ノ事由前條第二項若ハ第四項ノ規定ニ依ル期限前ニ生シタル場合ニ於テ第二十七條第一項但書ノ得票者ニシテ當選者ト爲ラサリシ者アルトキ又ハ其ノ期限經過後ニ生シタル場合ニ於テ

第二十七條第二項ノ規定ノ適用ヲ受ケタル得票者ニシテ當選者ト爲ラサリシ者アルトキハ直ニ選擧會ヲ開キ其ノ者ノ中ニ就キ當選者ヲ定ムヘシ
前項ノ場合ニ於テ第二十七條第一項但書ノ得票者ニシテ當選者ト爲ラサリシ者選擧ノ期日後ニ於テ被選擧權ヲ有セサルニ至リタルトキハ之ヲ當選者ト定ムルコトヲ得ス
第二項ノ場合ニ於テハ町村長ハ豫メ選擧會ノ場所及日時ヲ告示スヘシ
第一項ノ期間ハ第三十三條第八項ノ規定ノ適用アル場合ニ於テハ選擧ヲ行フコトヲ得サル事由已ミタル日ノ翌日ヨリ之ヲ起算ス
第一項ノ事由議員ノ任期滿了前六月以内ニ生シタルトキハ第一項ノ選擧ハ之ヲ行ハス但シ議員ノ數其ノ定數ノ三分ノ二ニ滿チサルトキハ此ノ限ニ在ラス
第三十一條　第二十九條第二項ノ期間ヲ經過シタルトキ、又ハ同條第四項ノ申立アリタルトキハ町村長ハ直ニ當選者ノ住所氏名ヲ告示シ併セテ之ヲ府縣知事ニ報告スヘシ
當選者ナキニ至リタルトキ又ハ當選者其ノ選擧ニ於ケル議員ノ定數ニ達セサルニ至リタルトキハ町村ハ直ニ其ノ旨ヲ告示シ併セテ之ヲ府縣知事ニ報告スヘシ
第三十二條　選擧ノ規定ニ違反スルコトアルトキハ選擧ノ結果ニ異動ヲ生スルノ虞アル場合ニ限リ其ノ選擧ノ全部又ハ一部ヲ無效トス但シ當選ニ異動ヲ生スルノ虞ナキ者ヲ區分シ得ルトキハ

其ノ者ニ限リ當選ヲ失フコトナシ
第三十三條　選擧人選擧又ハ當選ノ效力ニ關シ異議アルトキハ選擧ニ關シテハ選擧ノ日ヨリ當選ニ關シテハ第二十九條第一項又ハ第三十一條第二項ノ告示ノ日ヨリ七日以内ニ之ヲ町村長ニ申立ツルコトヲ得此ノ場合ニ於テハ町村長ハ七日以内ニ町村會ノ決定ニ付スヘシ町村會ハ其ノ送付ヲ受ケタル日ヨリ十四日以内ニ之ヲ決定スヘシ
前項ノ決定ニ不服アル者ハ府縣參事會ニ訴願スルコトヲ得
府縣知事ハ選擧又ハ當選ノ效力ニ關シ異議アルトキハ選擧ニ關シテハ第二十九條第一項ノ報告ヲ受ケタル日ヨリ當選ニ關シテハ第二十九條第一項又ハ第三十一條第二項ノ報告ヲ受ケタル日ヨリ二十日以内ニ之ヲ府縣參事會ノ決定ニ付スルコトヲ得
前項ノ決定アリタルトキハ同一事件ニ付爲シタル異議ノ申立及町村會ノ決定ハ無效トス
第二項若ハ第六項ノ裁決又ハ第三項ノ決定ニ不服アル者ハ行政裁判所ニ出訴スルコトヲ得
第一項ノ決定ニ付テハ町村長ヨリモ訴願ヲ提起スルコトヲ得
第二項若ハ前項ノ裁決又ハ第三項ノ決定ニ付テハ府縣知事又ハ町村長ヨリモ訴訟ヲ提起スルコトヲ得
第十七條第三十條又ハ第三十四條第一項若ハ第三項ノ選擧ハ之ニ關係アル選擧又ハ當選ニ關ス

ル異議申立期間、異議ノ決定若ハ訴願ノ裁決確定セサル間又ハ訴訟ノ繫屬スル間之ヲ行フコトヲ得ス

町村會議員ハ選擧又ハ當選ニ關スル決定若ハ裁決確定シ又ハ判決アル迄ハ會議ニ列席シ議事ニ參與スルノ權ヲ失ハス

第三十四條　選擧無效ト確定シタトキハ三月以內ニ更ニ選擧ヲ行フヘシ

當選無效ト確定シタルトキハ直ニ選擧會ヲ開キ更ニ當選者ヲ定ムヘシ此ノ場合ニ於テハ第三十條第三項及第四項ノ規定ヲ準用ス

當選著ナキトキ、當選者ナキニ至リタルトキ又ハ當選者其ノ選擧ニ於ケル議員ノ定數ニ達セサルトキ若ハ定數ニ達セサルニ至リタルトキハ三月以內ニ更ニ選擧ヲ行フヘシ

第三十條第五項及第六項ノ規定ハ第一項及前項ノ選擧ニ之ヲ準用ス

第三十五條　町村會議員被選擧權ヲ有セサル者ナルトキ又ハ第二十九條第五項ニ揭クル者ナル時ハ其ノ職ヲ失フ其ノ被選擧權ノ有無又ハ第二十九條第五項ニ揭クル者ニ該當スルヤ否ハ町村會議員カ左ノ各號ノ一ニ該當スルニ因リ被選擧權ヲ有セサル場合ヲ除クノ外町村會之ヲ決定ス

一　禁治產者又ハ準禁治產者ト爲リタルトキ

二　破產者ト爲リタルトキ

三　禁錮以上ノ刑ニ處セラレタルトキ
四　選擧ニ關スル犯罪ニ依リ罰金ノ刑ニ處セラレタルトキ
町村長ハ町村會議員中被選擧權ヲ有セサル者又ハ第二十九條第五項ニ揭クル者アリト認ムルトキハ之ヲ町村會ノ決定ニ付スヘシ町村會ハ其ノ送付ヲ受ケタル日ヨリ十四日以內ニ之ヲ決定スヘシ
第一項ノ決定ヲ受ケタル者其ノ決定ニ不服アルトキハ府縣參事會ニ訴願シ其ノ裁決又ハ第四項ノ裁決ニ不服アルトキハ行政裁判所ニ出訴スルコトヲ得
第一項ノ決定及前項ノ裁決ニ付テハ町村長ヨリモ訴願又ハ訴訟ヲ提起スルコトヲ得
前二項ノ裁決ニ付テハ府縣知事ヨリモ訴訟ヲ提起スルコトヲ得
第三十三條第九項ノ規定ハ第一項及ヒ前三項ノ場合ニ之レヲ準用ス
第一項ノ決定ハ文書ヲ以テ之ヲ爲シ其ノ理由ヲ附シ之ヲ本人ニ交付スヘシ
第三十六條　第十八條ノ三及第三十三條ノ場合ニ於テ府縣參事會ノ決定及裁決ハ府縣知事、町村會ノ決定ハ町村長直ニ之ヲ告示スヘシ
第三十六條ノ二　町村會議員ノ選擧ニ付テハ衆議院議員選擧法第九十一條、第九十二條、第九十八條、第九十九條第二項、第百條及第百四十二條ノ規定ヲ準用ス

第三十七條　本法又ハ本法ニ基キテ發スル勅令ニ依リ設置スル議會ノ議員ノ選擧ニ付テハ衆議院議員選擧ニ關スル罰則ヲ準用ス

第三十八條　特別ノ事情アル町村ニ於テハ府縣知事ハ其ノ町村ヲシテ町村會ヲ設ケス選擧權ヲ有スル町村公民ノ總會ヲ以テ之ニ充テシムルコトヲ得

町村總會ニ關シテハ町村會ニ關スル規定ヲ準用ス

第二款　職務權限

第三十九條　町村會ハ町村ニ關スル事件及法律勅令ニ依リ其ノ權限ニ屬スル事件ヲ議決ス

第四十條　町村會ノ議決スヘキ事件ノ概目左ノ如シ

一　町村條例及町村規則ヲ設ケ又ハ改廢スル事

二　町村費ヲ以テ支辨スヘキ事業ニ關スル事但シ第七十七條ノ事務及法律勅令ニ規定アルモノハ此ノ限ニ在ラス

三　歲入出豫算ヲ定ムル事

四　決算報告ヲ認定スル事

五　法令ニ定ムルモノヲ除クノ外使用料、手數料、加入金、町村稅又ハ夫役現品ノ賦課徵收ニ關スル事

六　不動產ノ管理處分及取得ニ關スル事
七　基本財產及積立金穀等ノ設置管理及處分ニ關スル事
八　歲入出豫算ヲ以テ定ムルモノヲ除クノ外新ニ義務ノ負擔ヲ爲シ及權利ノ拋棄ヲ爲ス事
九　財產及營造物ノ管理方法ヲ定ムル事但シ法律勅令ニ規定アルモノハ此ノ限ニ在ラス
十　町村吏員ノ身元保證ニ關スル事
十一　町村ニ係ル訴願訴訟及和解ニ關スル事
第四十一條　町村會ハ法律勅令ニ依リ其ノ權限ニ屬スル選擧ヲ行フヘシ
第四十二條　町村會ハ町村ノ事務ニ關スル書類及計算書ヲ檢閱シ町村長ノ報告ヲ請求シテ事務ノ管理、議決ノ執行及出納ヲ檢査スルコトヲ得
町村會ハ議員中ヨリ委員ヲ選擧シ町村長又ハ其ノ指名シタル吏員立會ノ上實地ニ就キ前項町村會ノ權限ニ屬スル事件ヲ行ハシムルコトヲ得
第四十三條　町村會ハ町村ノ公益ニ關スル事件ニ付意見書ヲ關係行政廳ニ提出スルコトヲ得
第四十四條　町村會ハ行政廳ノ諮問アルトキハ意見ヲ答申スヘシ
町村會ノ意見ヲ徵シテ處分ヲ爲スヘキ場合ニ於テ町村會成立セス、招集ニ應セス若ハ意見ヲ提

出セス又ハ町村會ヲ招集スルコト能ハサルトキハ當該行政廳ハ其ノ意見ヲ俟タスシテ直ニ處分ヲ爲スコトヲ得

第四十五條　町村會ハ町村長ヲ以テ議長トス町村長故障アルトキハ其ノ代理者議長ノ職務ヲ代理ス町村長及其ノ代理者共ニ故障アルトキハ臨時ニ議員中ヨリ假議長ヲ選擧スヘシ

前項假議長ノ選擧ニ付テハ年長ノ議員議長ノ職務ヲ代理ス年齢同シキトキハ抽籤ヲ以テ之ヲ定ム

特別ノ事情アル町村ニ於テハ第一項ノ規定ニ拘ラス町村條例ヲ以テ町村會ノ選擧ニ依ル議長及其ノ代理者一人ヲ置クコトヲ得此ノ場合ニ於テハ市制第四十八條及第四十九條ノ規定ヲ準用ス

第四十六條　町村長及其ノ委任又ハ囑託ヲ受ケタル者ハ會議ニ列席シテ議事ニ參與スルコトヲ得但シ議決ニ加ハルコトヲ得ス

前項ノ列席者發言ヲ求ムルトキハ議長ハ直ニ之ヲ許スヘシ但シ之カ爲議員ノ演說ヲ中止セシムルコトヲ得ス

第四十七條　町村會ハ町村長之ヲ招集ス議員定數ノ三分ノ一以上ヨリ會議ニ付スヘキ事件ヲ示シテ町村會招集ノ請求アルトキハ町村長ハ之ヲ招集スヘシ

町村長ハ會期ヲ定メテ町村會ヲ招集スルコトヲ得此ノ場合ニ於テ必要アリト認ムルトキハ更ニ期限ヲ定メ町村會ノ會期ヲ延長スルコトヲ得

招集及會議ノ事件ハ開會ノ日前三日目迄ニ之ヲ告知スヘシ但シ急施ヲ要スル場合ハ此ノ限ニ在ラス

町村會開會中急施ヲ要スル事件アルトキハ町村長ハ直ニ之ヲ其ノ會議ニ付スルコトヲ得會議ニ付スル日前三日目迄ニ告知ヲ爲シタル事件ニ付亦同シ

町村會ハ町村長之ヲ開閉ス

第四十八條　町村會ハ議員定數ノ半數以上出席スルニ非サレハ會議ヲ開クコトヲ得ス但シ第五十條ノ除斥ノ爲半數ニ滿タサルトキ、同一ノ事件ニ付招集再回ニ至ルモ仍半數ニ滿タサルトキ又ハ招集ニ應スルモ出席議員定數ヲ闕キ議長ニ於テ出席ヲ催告シ仍半數ニ滿タサルトキハ此ノ限ニ在ラス

第四十九條　町村會ノ議事ハ過半數ヲ以テ決ス可否同數ナルトキハ議長ノ決スル所ニ依ル

議長ハ其ノ職務ヲ行フ場合ニ於テモ之カ爲議員トシテ議決ニ加ハルノ權ヲ失ハス

第五十條　議長及議員ハ自己又ハ父母、祖父母、妻、子孫、兄弟姉妹ノ一身上ニ關スル事件ニ付テハ其ノ議事ニ參與スルコトヲ得ス但シ町村會ノ同意ヲ得タルトキハ會議ニ出席シ發言スルコトヲ得

第五十一條　法律勅令ニ依リ町村會ニ於テ行フ選擧ニ付テハ第二十二條、第二十五條及第二十七條ノ規定ヲ準用ス其ノ投票ノ效力ニ關シ異議アルトキハ町村會之ヲ決定ス

町村會ハ議員中異議ナキトキハ前項ノ選擧ニ付指名推選ノ法ヲ用フルコトヲ得
指名推選ノ法ヲ用フル場合ニ於テハ被指名者ヲ以テ當選者ト定ムベキヤ否ヲ會議ニ付シ議員全員ノ同意ヲ得タル者ヲ以テ當選者トス
一ノ選擧ヲ以テ二人以上ヲ選擧スル場合ニ於テハ被指名者ヲ區分シテ前項ノ規定ヲ適用スルコトヲ得ス

第五十二條　町村會ノ會議ハ公開ス但シ左ノ場合ハ此ノ限ニ在ラス
一　議長ノ意見ヲ以テ傍聽ヲ禁止シタルトキ
二　議員二人以上ノ發議ニ依リ傍聽禁止ヲ可決シタルトキ
前項議員ノ發議ハ討論ヲ須ヰス其ノ可否ヲ決スヘシ
第四十五條第三項ノ町村ニ於ケル町村會ノ會議ニ付テハ前二項ノ規定ニ拘ラス市制第五十六條ノ規定ヲ準用ス

第五十三條　議長ハ會議ヲ總理シ會議ノ順序ヲ定メ其ノ日ノ會議ヲ開閉シ議場ノ秩序ヲ保持ス
議員定數ノ半數以上ヨリ請求アルトキハ議長ハ其ノ日ノ會議ヲ開クコトヲ要ス此ノ場合ニ於テ議長仍會議ヲ開カサルトキハ第四十五條ノ例ニ依ル
前項議員ノ請求ニ依リ會議ヲ開キタルトキ又ハ議員中異議アルトキハ議長ハ會議ノ議決ニ依ルニ非サレハ其ノ日ノ會議ヲ閉チ又ハ中止スルコトヲ得ス

第五十三條ノ二　町村會議員ハ町村會ノ議決スヘキ事件ニ付町村會ニ議案ヲ發スルコトヲ得但シ歳入歳出豫算ニ付テハ此ノ限ニ在ラス
前項ノ規定ニ依ル發案ハ議員三人以上ヨリ文書ヲ以テ之ヲ爲スコトヲ要ス
第五十四條　議員ハ選擧人ノ指示又ハ委囑ヲ受クヘカラス
議員ハ會議中無禮ノ語ヲ用ヰ又ハ他人ノ身上ニ渉リ言論スルコトヲ得ス
第五十五條　會議中本法又ハ會議規則ニ違ヒ其ノ他議場ノ秩序ヲ紊ス議員アルトキハ議長ハ之ヲ制止シ又ハ發言ヲ取消サシメ命ニ從ハサルトキハ當日ノ會議ヲ終ル迄發言ヲ禁止シ又ハ議場外ニ退去セシメ必要アル場合ニ於テハ警察官吏ノ處分ヲ求ムルコトヲ得
議場騷擾ニシテ整理シ難キトキハ議長ハ當日ノ會議ヲ中止シ又ハ之ヲ閉ツルコトヲ得
第五十六條　傍聽人公然可否ヲ表シ又ハ喧騷ニ渉リ其ノ他會議ノ妨害ヲ爲ストキハ議長ハ之ヲ制止シ命ニ從ハサルトキハ之ヲ退場セシメ必要アル場合ニ於テハ警察官吏ノ處分ヲ求ムル事ヲ得
傍聽席騷擾ナルトキハ議長ハ總テノ傍聽人ヲ退場セシメ必要アル場合ニ於テハ警察官吏ノ處分ヲ求ムルコトヲ得
第五十七條　町村會ニ書記ヲ置キ議長ニ隷屬シテ庶務ヲ處理セシム
書記ハ議長之ヲ任免ス
第五十八條　議長ハ書記ヲシテ會議録ヲ調製シ會議ノ顛末及出席議員ノ氏名ヲ記載セシムヘシ
會議録ハ議長及議員二人以上之ニ署名スルコトヲ要ス其ノ議員ハ町村會ニ於テ之ヲ定ムヘシ

第四十五條第三項ノ町村ニ於ケル町村會ノ會議ニ付テハ市制第六十二條第三項ノ規定ヲ準用ス

第五十九條　町村會ハ會議規則及傍聽人取締規則ヲ設クヘシ
會議規則ニハ本法及會議規則ニ違反シタル議員ニ對シ町村會ノ議決ニ依リ五日以內出席ヲ停止スル規定ヲ設クルコトヲ得

第三章　町村吏員

第一款　組織選擧及任免

第六十條　町村ニ町村長及助役一人ヲ置ク但シ町村條例ヲ以テ助役ノ定數ヲ增加スルコトヲ得

第六十一條　町村長及助役ハ名譽職トス
町村ハ町村條例ヲ以テ町村長又ハ助役ヲ有給ト爲スコトヲ得

第六十二條　町村長及助役ノ任期ハ四年トス

第六十三條　町村長ハ町村會ニ於テ之ヲ選擧ス
町村長ノ在職中ニ於テ行フ後任町村長ノ選擧ハ現任町村長ノ任期滿了ノ日前二十日以內又ハ現任町村長ノ退職ノ申立アリタル場合ニ於テ其ノ退職スヘキ日前二十日以內ニ非サレハ之ヲ行フコトヲ得ス
第一項ノ選擧ニ於テ當選者定マリタルトキハ直ニ當選者ニ當選ノ旨ヲ告知スヘシ
町村長ニ當選シタル者當選ノ告知ヲ受ケタルトキハ其ノ告知ヲ受ケタル日ヨリ二十日以內ニ其ノ當選ニ應スルヤ否ヲ申立ツヘシ其ノ期間內ニ當選ニ應スル旨ノ申立ヲ爲サヽルトキハ當選ヲ

辭シタルモノト看做ス

第二十九條第三項ノ規定ハ町村長ニ當選シタル者ニ之ヲ準用ス

助役ハ町村長ノ推薦ニ依リ町村會之ヲ定ム町村長職ニ在ラサルトキハ第一項ノ例ニ依ル

第二項乃至第五項ノ規定ハ助役ニ之ヲ準用ス

名譽職町村長及名譽職助役ハ其ノ町村公民中選擧權ヲ有スル者ニ限ル

有給町村長及有給助役ハ第七條第一項ノ規定ニ拘ラス在職ノ間其ノ町村ノ公民トス

第六十四條　有給町村長及有給助役ハ其ノ退職セントスル日前三十日目迄ニ申立ツルニ非サレハ任期中退職スルコトヲ得ス但シ町村會ノ承認ヲ得タルトキハ此ノ限ニ在ラス

第六十五條　町村長及助役ハ第十五條第二項又ハ第四項ニ掲ケタル職ト兼ヌルコトヲ得ス又其ノ町村ニ對シ請負ヲ爲シ又ハ其ノ町村ニ於テ費用ヲ負擔スル事業ニ付町村長若ハ其ノ委任ヲ受ケタル者ニ對シ請負ヲ爲ス者及其ノ支配人又ハ主トシテ同一ノ行爲ヲ爲ス法人ノ無限責任社員、取締役、監査役若ハ之ニ準スヘキ者、清算人及支配人タルコトヲ得ス

第六十六條　有給町村長ハ府縣知事ノ許可ヲ受クルニ非サレハ他ノ報償アル業務ニ從事スルコトヲ得ス

有給町村長及有給助役ハ會社ノ取締役、監査役若ハ之ニ準スヘキ者、清算人又ハ支配人其ノ他ノ事務員タルコトヲ得ス

第六十七條　町村ニ收入役一人ヲ置ク但シ特別ノ事情アル町村ニ於テハ町村條例ヲ以テ副收入役

一人ヲ置クコトヲ得
收入役及副收入役ハ有給吏員トシ其ノ任期ハ四年トス
第六十三條第二項乃至第六項及第九項、第六十九條並前條第二項ノ規定ハ收入役及副收入役ニ之ヲ準用ス
町村長又ハ助役ト父子兄弟タル緣故アル者ハ收入役又ハ副收入役ノ職ニ在ルコトヲ得ス收入役ト父子兄弟タル緣故アル者ハ副收入役ノ職ニ在ルコトヲ得ス
特別ノ事情アル町村ニ於テハ府縣知事ノ許可ヲ得テ町村長又ハ助役ヲシテ收入役ノ事務ヲ兼掌セシムルコトヲ得

第六十八條　町村ハ處務便宜ノ爲區ヲ劃シ區長及其ノ代理者一人ヲ置クコトヲ得
區長及其ノ代理者ハ名譽職トス町村公民中選舉權ヲ有スル者ヨリ町村長ノ推薦ニ依リ町村會之ヲ定ム此ノ場合ニ於テハ第六十三條第二項乃至第五項ノ規定ヲ準用ス

第六十九條　町村ハ臨時又ハ常設ノ委員ヲ置クコトヲ得
委員ハ名譽職トス町村會議員又ハ町村公民中選舉權ヲ有スル者ヨリ町村長ノ推薦ニ依リ町村會之ヲ定ム但シ委員長ハ町村長又ハ其ノ委任ヲ受ケタル助役ヲ以テ之ニ充ツ
第六十三條第二項乃至第五項ノ規定ハ委員ニ之ヲ準用ス
委員ノ組織ニ關シテハ町村條例ヲ以テ別段ノ規定ヲ設クルコトヲ得

第七十條　町村公民ニ限リテ擔任スヘキ職務ニ在ル吏員又ハ職ニ就キタルカ爲町村公民タル者選

擧權ヲ有セサルニ至リタルトキハ其ノ職ヲ失フ
前項ノ職務ニ在ル者ニシテ禁錮以上ノ刑ニ當ルヘキ罪ノ爲豫審又ハ公判ニ付セラレタルトキハ監督官廳ハ其ノ職務ノ執行ヲ停止スルコトヲ得此ノ場合ニ於テハ其ノ停止期間報酬又ハ給料ヲ支給スルコトヲ得ス

第七十一條　前數條ニ定ムル者ノ外町村ニ必要ノ有給吏員ヲ置キ町村長之ヲ任免ス
前項吏員ノ定數ハ町村會ノ議決ヲ經テ之ヲ定ム

第二款　職務權限

第七十二條　町村長ハ町村ヲ統轄シ町村ヲ代表ス
町村長ノ擔任スル事務ノ概目左ノ如シ
一　町村會ノ議決ヲ經ヘキ事件ニ付其ノ議案ヲ發シ及其ノ議決ヲ執行スル事
二　財產及營造物ヲ管理スル事但シ特ニ之カ管理者ヲ置キタルトキハ其ノ事務ヲ監督スル事
三　收入支出ヲ命令シ及會計ヲ監督スル事
四　證書及公文書類ヲ保管スル事
五　法令又ハ町村會ノ議決ニ依リ使用料、手數料、加入金、町村稅又ハ夫役現品ヲ賦課徵收スル事
六　其ノ他法令ニ依リ町村長ノ職權ニ屬スル事項

第七十三條　町村長ハ町村吏員ヲ指揮監督シ之ニ對シ懲戒ヲ行フコトヲ得其ノ懲戒處分ハ譴責及

五圓以下ノ過怠金トス

第七十四條　町村會ノ議決又ハ選擧其ノ權限ヲ超エ又ハ法令若ハ會議規則ニ背クト認ムルトキハ町村長ハ其ノ意見ニ依リ又ハ監督官廳ノ指揮ニ依リ理由ヲ示シテ之ヲ再議ニ付シ又ハ再選擧ヲ行ハシムヘシ但シ特別ノ事由アリト認ムルトキハ町村長ハ議決ニ付テハ之ヲ再議ニ付セスシテ直ニ府縣參事會ノ裁決ヲ請フコトヲ得

前項ノ規定ニ依リ爲シタル町村會ノ議決仍其ノ權限ヲ超エ又ハ法令若ハ會議規則ニ背クト認ムルトキハ町村長ハ府縣參事會ノ裁決ヲ請フヘシ

監督官廳ハ前二項ノ議決又ハ選擧ヲ取消スコトヲ得

第一項若ハ第二項ノ裁決又ハ前項ノ處分ニ不服アル町村長又ハ町村會ハ行政裁判所ニ出訴スルコトヲ得

第一項又ハ第二項ノ裁決ニ付テハ府縣知事ヨリモ訴訟ヲ提起スルコトヲ得

第七十四條ノ二　町村會ノ議決明ニ公益ヲ害スト認ムルトキハ町村長ハ其ノ意見ニ依リ又ハ監督官廳ノ指揮ニ依リ理由ヲ示シテ之ヲ再議ニ付スヘシ但シ特別ノ事由アリト認ムルトキハ町村長ハ之ヲ再議ニ付セスシテ直ニ府縣知事ノ指揮ヲ請フコトヲ得

前項ノ規定ニ依リ爲シタル町村會ノ議決仍明ニ公益ヲ害スト認ムルトキハ町村長ハ府縣知事ノ指揮ヲ請フヘシ

町村會ノ議決收支ニ關シ執行スルコト能ハサルモノアリト認ムルトキハ前二項ノ例ニ依ル左ニ

掲クル費用ヲ削除シ又ハ減額シタル場合ニ於テ其ノ費用及之ニ伴フ收入ニ付亦同シ
一　法令ニ依リ負擔スル費用、當該官廳ノ職權ニ依リ命スル費用其ノ他ノ町村ノ義務ニ屬スル費用
二　非常ノ災害ニ因ル應急又ハ復舊ノ施設ノ爲ニ要スル費用、傳染病豫防ノ爲ニ要スル費用其ノ他ノ緊急避クヘカラサル費用
前三項ノ規定ニ依ル府縣知事ノ處分ニ不服アル町村長又ハ町村會ハ内務大臣ニ訴願スルコトヲ得
第七十五條　町村會成立セサルトキ又ハ第四十八條但書ノ場合ニ於テ仍會議ヲ開クコト能ハサルトキハ町村長ハ府縣知事ニ具狀シテ指揮ヲ請ヒ町村會ノ議決スヘキ事件ヲ處置スルコトヲ得
町村會ニ於テ其ノ議決スヘキ事件ヲ議決セサルトキハ前項ノ例ニ依ル
町村會ノ決定スヘキ事件ニ關シテハ前二項ノ例ニ依ル此ノ場合ニ於ケル町村長ノ處置ニ關シテハ各本條ノ規定ニ準シ訴願又ハ訴訟ヲ提起スルコトヲ得
前三項ノ規定ニ依ル處置ニ付テハ次回ノ會議ニ於テ之ヲ町村會ニ報告スヘシ
第七十六條　町村會ニ於テ議決又ハ決定スヘキ事件ニ關シ臨時急施ヲ要スル場合ニ於テ町村會成立セサルトキ又ハ町村長ニ於テ之ヲ招集スルノ暇ナシト認ムルトキハ町村長ハ之ヲ專決シ次回ノ會議ニ於テ之ヲ町村會ニ報告スヘシ
前項ノ規定ニ依リ町村長ノ爲シタル處分ニ關シテハ各本條ノ規定ニ準シ訴願又ハ訴訟ヲ提起ス

ルコトヲ得

第七十六條ノ二　町村會ノ權限ニ屬スル事項ノ一部ハ其ノ議決ニ依リ町村長ニ於テ専決處分スルコトヲ得

第七十七條　町村長其ノ他町村吏員ハ從來法令又ハ將來法律勅令ノ定ムル所ニ依リ國府縣其ノ他公共團體ノ事務ヲ掌ル

前項ノ事務ヲ執行スル爲要スル費用ハ町村ノ負擔トス但シ法令中別段ノ規定アルモノハ此ノ限ニ在ラス

第七十八條　町村長ハ其ノ事務ノ一部ヲ助役又ハ區長ニ分掌セシムルコトヲ得但シ町村ノ事務ニ付テハ豫メ町村會ノ同意ヲ得ルコトヲ要ス

町村長ハ町村吏員ヲシテ其ノ事務ノ一部ヲ臨時代理セシムルコトヲ得

第七十九條　助役ハ町村長ノ事務ヲ補助ス

助役ハ町村長故障アルトキ之ヲ代理ス助役數人アルトキハ豫メ町村長ノ定メタル順序ニ依リテ之ヲ代理ス

第八十條　收入役ハ町村ノ出納其ノ他ノ會計事務及第七十七條ノ事務ニ關スル國府縣其ノ他公共團體ノ出納其ノ他ノ會計事務ヲ掌ル但シ法令中別段ノ規定アルモノハ此ノ限ニ在ラス

町村會ハ町村長ノ推薦ニ依リ收入役故障アルトキ之ヲ代理スヘキ吏員ヲ定ムヘシ但シ副收入役

ヲ置キタル町村ハ此ノ限ニ在ラス
副收入役ハ收入役ノ事務ヲ補助シ收入役故障アルトキ之ヲ代理ス
町村長ハ收入役ノ事務ノ一部ヲ副收入役ニ分掌セシムルコトヲ得但シ町村ノ出納其ノ他ノ會計事務ニ付テハ豫メ町村會ノ同意ヲ得ルコトヲ要ス
第八十一條　區長ハ町村長ノ命ヲ受ケ町村長ノ事務ニシテ區内ニ關スルモノヲ補助ス
區長代理者ハ區長ノ事務ヲ補助シ區長故障アルトキ之ヲ代理ス
第八十二條　委員ハ町村長ノ指揮監督ヲ承ケ財產又ハ營造物ヲ管理シ其ノ他委託ヲ受ケタル町村ノ事務ヲ調査シ又ハ之ヲ處辨ス
第八十三條　第七十一條ノ吏員ハ町村長ノ命ヲ承ケ事務ニ從事ス

第四章　給料及給與

第八十四條　名譽職町村長、名譽職助役、町村會議員其ノ他ノ名譽職員ハ職務ノ爲要スル費用ノ辨償ヲ受クルコトヲ得
名譽職町村長、名譽職助役、區長、區長代理者及委員ニハ費用辨償ノ外勤務ニ相當スル報酬ヲ給スルコトヲ得
費用辨償額、報酬額及其ノ支給方法ハ町村條例ヲ以テ之ヲ規定スヘシ
第八十五條　有給町村長、有給助役其ノ他ノ有給吏員ノ給料額、旅費額及其ノ支給方法ハ町村條

例ヲ以テ之ヲ規定スヘシ
第八十六條　有給吏員ニハ町村條例ノ定ムル所ニ依リ退隱料、退職給與金、死亡給與金又ハ遺族扶助料ヲ給スルコトヲ得
第八十七條　費用辨償、報酬、給料、旅費、退隱料、退職給與金、死亡給與金又ハ遺族扶助料ノ給與ニ付關係者ニ於テ異議アルトキハ之ヲ町村長ニ申立ツルコトヲ得
前項ノ異議ノ申立アリタルトキハ町村長ハ七日以內ニ之ヲ町村會ノ決定ニ付スヘシ關係者其ノ決定ニ不服アルトキハ府縣參事會ニ訴願シ其ノ裁決又ハ第三項ノ裁決ニ不服アルトキハ行政裁判所ニ出訴スルコトヲ得
前項ノ決定及裁決ニ付テハ町村長ヨリモ訴願又ハ訴訟ヲ提起スルコトヲ得
前二項ノ裁決ニ付テハ府縣知事ヨリモ訴訟ヲ提起スルコトヲ得
第八十八條　費用辨償、報酬、給料、旅費、退隱料、退職給與金、死亡給與金、遺族扶助料其ノ他ノ給與ハ町村ノ負擔トス

第五章　町村ノ財務

第一款　財産營造物及町村税

第八十九條　收益ノ爲ニスル町村ノ財產ハ基本財產トシ之ヲ維持スヘシ
町村ハ特別ノ目的ノ爲特別ノ基本財產ヲ設ケ又ハ金穀等ヲ積立ツルコトヲ得

第九十條　舊來ノ慣行ニ依リ町村住民中特ニ財產又ハ營造物ヲ使用スル權利ヲ有スル者アルトキハ其ノ舊慣ニ依ル舊慣ヲ變更又ハ廢止セムトスルトキハ町村會ノ議決ヲ經ヘシ
前項ノ財產又ハ營造物ヲ新ニ使用セムトスル者アルトキハ町村ハ之ヲ許可スルコトヲ得

第九十一條　町村ハ前條ニ規定スル財產ノ使用方法ニ關シ町村規則ヲ設クルコトヲ得

第九十二條　町村ハ第九十條第一項ノ使用者ヨリ使用料ヲ徵收シ同條第二項ノ使用ニ關シテハ使用料若ハ一時ノ加入金ヲ徵收シ又ハ使用料及加入金ヲ共ニ徵收スルコトヲ得

第九十三條　町村ハ營造物ノ使用ニ付使用料ヲ徵收スルコトヲ得
町村ハ特ニ一個人ノ爲ニスル事務ニ付手數料ヲ徵收スルコトヲ得

第九十四條　財產ノ賣却貸與、工事ノ請負及物件勞力其ノ他ノ供給ハ競爭入札ニ付スヘシ但シ臨時急施ヲ要スルトキ、入札ノ價額其ノ費用ニ比シテ得失相償ハサルトキ又ハ町村會ノ同意ヲ得タルトキハ此ノ限ニ在ラス

第九十五條　町村ハ其ノ公益上必要アル場合ニ於テハ寄附又ハ補助ヲ爲スコトヲ得

第九十六條　町村ハ其ノ必要ナル費用及從來法令ニ依リ又ハ將來法律勅令ニ依リ町村ノ負擔ニ屬スル費用ヲ支辨スル義務ヲ負フ
町村ハ其ノ財產ヨリ生スル收入、使用料、手數料、過料、過怠金其ノ他法令ニ依リ町村ニ屬スル收入ヲ以テ前項ノ支出ニ充テ仍不足アルトキハ町村稅及夫役現品ヲ賦課徵收スルコトヲ得

第九十七條　町村稅トシテ賦課スルコトヲ得ヘキモノ左ノ如シ

一　直接國稅及府縣稅ノ附加稅
二　特別稅
直接國稅又ハ府縣稅ノ附加稅ハ均一ノ稅率ヲ以テ之ヲ徵收スヘシ但シ第百四十七條ノ規定ニ依リ許可ヲ受ケタル場合ハ此ノ限ニ在ラス
國稅ノ附加稅タル府縣稅ニ對シテハ附加稅ヲ賦課スルコトヲ得ス
特別稅ハ別ニ稅目ヲ起シテ課稅スルノ必要アルトキ賦課徵收スルモノトス
第九十八條　三月以上町村內ニ滯在スル者ハ其ノ滯在ノ初ニ遡リ町村稅ヲ納ムル義務ヲ負フ
第九十九條　町村內ニ住所ヲ有セス又ハ三月以上滯在スルコトナシト雖町村內ニ於テ土地家屋物件ヲ所有シ使用シ若ハ占有シ、町村內ニ營業所ヲ設ケテ營業ヲ爲シ又ハ町村內ニ於テ特定ノ行爲ヲ爲ス者ハ其ノ土地家屋物件營業若ハ其ノ收入ニ對シ又ハ其ノ行爲ニ對シテ賦課スル町村稅ヲ納ムル義務ヲ負フ
第九十九條ノ二　合併後存續スル法人又ハ合併ニ依リ設立シタル法人ハ合併ニ因リ消滅シタル法人ニ對シ其ノ合併前ノ事實ニ付賦課セラルヘキ町村稅ヲ納ムル義務ヲ負フ
相續人又ハ相續財團ハ勅令ノ定ムル所ニ依リ被相續人ニ對シ其ノ相續開始前ノ事實ニ付賦課セラルヘキ町村稅ヲ納ムル義務ヲ負フ
第百條　納稅者ノ町村外ニ於テ所有シ使用シ占有スル土地家屋物件若ハ其ノ收入又ハ町村外ニ於テ營業所ヲ設ケタル營業若ハ其ノ收入ニ對シテハ町村稅ヲ賦課スルコトヲ得ス

町村ノ内外ニ於テ營業所ヲ設ケ營業ヲ爲ス者ニシテ其ノ營業又ハ收入ニ對スル本税ヲ分別シテ納メサルモノニ對シ附加税ヲ賦課スル場合及住所滯在町村ノ内外ニ渉ル者ノ收入ニシテ土地家屋物件又ハ營業所ヲ設ケタル營業ヨリ生スル收入ニ非サルモノニ對シ町村税ヲ賦課スル場合ニ付テハ勅令ヲ以テ之ヲ定ム

第百一條　所得税法第十八條ニ掲クル所得ニ對シテハ町村税ヲ賦課スルコトヲ得ス

神社寺院祠宇佛堂ノ用ニ供スル建物及其ノ境内地竝教會所説教所ノ用ニ供スル建物及其ノ構内地ニ對シテハ町村税ヲ賦課スルコトヲ得ス但シ有料ニテ之ヲ使用セシムル者及住宅ヲ以テ教會所説教所ノ用ニ充ツル者ニ對シテハ此ノ限ニ在ラス

國府縣市町村其ノ他公共團體ニ於テ公用ニ供スル家屋物件及營造物ニ對シテハ町村税ヲ賦課スルコトヲ得ス但シ有料ニテ之ヲ使用セシムル者及使用收益者ニ對シテハ此ノ限ニ在ラス

國ノ事業又ハ行爲及國有ノ土地家屋物件ニ對シテハ國ニ町村税ヲ賦課スルコトヲ得ス

前四項ノ外町村税ヲ賦課スルコトヲ得サルモノハ別ニ法律勅令ノ定ムル所ニ依ル

第百一條ノ二　町村ハ公益上其ノ他ノ事由ニ因リ課税ヲ不適當トスル場合ニ於テハ命令ノ定ムル所ニ依リ町村税ヲ課セサルコトヲ得

第百二條　數人ヲ利スル營造物ノ設置維持其ノ他ノ必要ナル費用ハ其ノ關係者ニ負擔セシムルコ

トヲ得
町村ノ一部ヲ利スル營造物ノ設置維持其ノ他ノ必要ナル費用ハ其ノ部內ニ於テ町村稅ヲ納ムル義務アル者ニ負擔セシムルコトヲ得
前二項ノ場合ニ於テ營造物ヨリ生スル收入アルトキハ先ツ其ノ收入ヲ以テ其ノ費用ニ充ツヘシ前項ノ場合ニ於テ其ノ一部ノ收入アルトキ亦同シ

第百三條　數人又ハ町村ノ一部ヲ利スル財產ニ付テハ前三項ノ例ニ依ル
町村稅及其ノ賦課徵收ニ關シテハ本法其ノ他ノ法律ニ規定アルモノノ外勅令ヲ以テ之ヲ定ムルコトヲ得

第百四條　數人又ハ町村ノ一部ニ對シ特ニ利益アル事件ニ關シテハ町村ハ不均一ノ賦課ヲ爲シ又ハ數人若ハ町村ノ一部ニ對シ賦課ヲ爲スコトヲ得

第百五條　夫役又ハ現品ハ直接町村稅ヲ準率ト爲シ直接町村稅ヲ賦課セサル町村ニ於テハ直接國稅ヲ準率ト爲シ且之ヲ金額ニ算出シテ賦課スヘシ但シ第百四十七條ノ規定ニ依リ許可ヲ受ケタル場合ハ此ノ限ニ在ラス
學藝美術及手工ニ關スル勞務ニ付テハ夫役ヲ賦課スルコトヲ得ス
夫役ヲ賦課セラレタル者ハ本人自ラ之ニ當リ又ハ適當ノ代人ヲ出スコトヲ得

夫役又ハ現品ハ金錢ヲ以テ之ニ代フルコトヲ得
第一項及前項ノ規定ハ急迫ノ場合ニ賦課スル夫役ニ付テハ之ヲ適用セス
第百六條　非常災害ノ爲必要アルトキハ町村ハ他人ノ土地ヲ一時使用シ又ハ其ノ土石竹木其ノ他ノ物品ヲ使用シ若ハ收用スルコトヲ得但シ其ノ損失ヲ補償スヘシ
前項ノ場合ニ於テ危險防止ノ爲必要アルトキハ町村長、警察官吏又ハ監督官廳ハ町村内ノ居住者ヲシテ防禦ニ從事セシムルコトヲ得
第一項但書ノ規定ニ依リ補償スヘキ金額ハ協議ニ依リ之ヲ定ム協議調ハサルトキハ鑑定人ノ意見ヲ徴シ府縣知事之ヲ決定ス決定ヲ受ケタル者其ノ決定ニ不服アルトキハ内務大臣ニ訴願スルコトヲ得
前項ノ決定ハ文書ヲ以テ之ヲ爲シ其ノ理由ヲ附シ之ヲ本人ニ交付スヘシ
第一項ノ規定ニ依リ土地ノ一時使用ノ處分ヲ受ケタル者其ノ處分ニ不服アルトキハ府縣知事ニ訴願シ其ノ裁決ニ不服アルトキハ内務大臣ニ訴願スルコトヲ得
第百七條　町村稅ノ賦課ニ關シ必要アル場合ニ於テハ當該吏員ハ日出ヨリ日沒迄ノ間營業者ニ關シテハ仍其ノ營業時間内家宅若ハ營業所ニ臨檢シ又ハ帳簿物件ノ檢査ヲ爲スコトヲ得
前項ノ場合ニ於テハ當該吏員ハ其ノ身分ヲ證明スヘキ證票ヲ携帶スヘシ

第百八條　町村長ハ納税者中特別ノ事情アル者ニ對シ納税延期ヲ許スコトヲ得其ノ年度ヲ越ユル場合ハ町村會ノ議決ヲ經ヘシ
町村ハ特別ノ事情アル者ニ限リ町村税ヲ減免スルコトヲ得

第百九條　使用料、手數料及特別税ニ關スル事項ニ付テハ町村條例ヲ以テ之ヲ規定スヘシ
詐僞其ノ他不正ノ行爲ニ依リ使用料ノ徴收ヲ免レ又ハ町村税ヲ逋脱シタルモノニ付テハ町村條例ヲ以テ其ノ徴收ヲ免レ又ハ逋脱シタル金額ノ三倍ニ相當スル金額（其ノ金額五圓未滿ナルトキハ五圓）以下ノ過料ヲ科スル規定ヲ設クルコトヲ得
前項ニ定ムルモノヲ除クノ外使用料手數料及町村税ノ賦課徴收ニ關シテハ町村條例ヲ以テ五圓以下ノ過料ヲ科スル規定ヲ設クルコトヲ得財産又ハ營造物ノ使用ニ關シ亦同シ
過料ノ處分ヲ受ケタル者其ノ處分ニ不服アルトキハ府縣參事會ニ訴願シ其ノ裁決ニ不服アルトキハ行政裁判所ニ出訴スルコトヲ得
前項ノ裁決ニ付テハ府縣知事又ハ町村長ヨリモ訴訟ヲ提起スルコトヲ得

第百十條　町村税ノ賦課ヲ受ケタル者其ノ賦課ニ付違法又ハ錯誤アリト認ムルトキハ徴税令書ノ交付ヲ受ケタル日ヨリ三月以内ニ町村長ニ異議ノ申立ヲ爲スコトヲ得
財産又ハ營造物ヲ使用スル權利ニ關シ異議アル者ハ之ヲ町村長ニ申立ツルコトヲ得

前二項ノ異議ノ申立アリタルトキハ町村長ハ七日以内ニ之ヲ町村會ノ決定ニ付スヘシ決定ヲ受ケタル者其ノ決定ニ不服アルトキハ府縣參事會ニ訴願シ其ノ裁決又ハ第五項ノ裁決ニ不服アルトキハ行政裁判所ニ出訴スルコトヲ得

第一項及前項ノ規定ハ使用料、手數料及加入金ノ徵收竝夫役現品ノ賦課ニ關シ之ヲ準用ス

前二項ノ規定ニ依ル決定及裁決ニ付テハ町村長ヨリモ訴願又ハ訴訟ヲ提起スルコトヲ得

前三項ノ規定ニ依ル裁決ニ付テハ府縣知事ヨリモ訴訟ヲ提起スルコトヲ得

第百十一條　町村稅、使用料、手數料、加入金、過料、過怠金其ノ他ノ町村ノ收入ヲ定期內ニ納メサル者アルトキハ町村長ハ期限ヲ指定シテ之ヲ督促スヘシ

夫役現品ノ賦課ヲ受ケタル者定期內ニ其ノ履行ヲ爲サス又ハ夫役現品ニ代フル金錢ヲ納メサルトキハ町村長ハ期限ヲ指定シテ之ヲ督促スヘシ急迫ノ場合ニ賦課シタル夫役ニ付テハ更ニ之ヲ金額ニ算出シ期限ヲ指定シテ其ノ納付ヲ命スヘシ

前二項ノ場合ニ於テハ町村條例ノ定ムル所ニ依リ手數料ヲ徵收スルコトヲ得

滯納者第一項又ハ第二項ノ督促又ハ命令ヲ受ケ其ノ指定ノ期限內ニ之ヲ完納セサルトキハ國稅滯納處分ノ例ニ依リ之ヲ處分スヘシ

第一項乃至第三項ノ徵收金ハ府縣ノ徵收金ニ次テ先取特權ヲ有シ其ノ追徵還付及時效ニ付テハ

國稅ノ例ニ依ル
前三項ノ處分ニ不服アル者ハ府縣參事會ニ訴願シ其ノ裁決ニ不服アルトキハ行政裁判所ニ出訴スルコトヲ得
前項ノ裁決ニ付テハ府縣知事又ハ町村長ヨリモ訴訟ヲ提起スルコトヲ得
第四項ノ處分中差押物件ノ公賣ハ處分ノ確定ニ至ル迄執行ヲ停止ス
第百十二條　町村ハ其ノ負債ヲ償還スル爲、町村ノ永久ノ利益ト爲ルヘキ支出ヲ爲ス爲又ハ天災事變等ノ爲必要アル場合ニ限リ町村債ヲ起スコトヲ得
町村債ヲ起スニ付町村會ノ議決ヲ經ルトキハ併セテ起債ノ方法、利息ノ定率及償還ノ方法ニ付議決ヲ經ヘシ
町村ハ豫算內ノ支出ヲ爲ス爲一時ノ借入金ヲ爲スコトヲ得
前項ノ借入金ハ其ノ會計年度內ノ收入ヲ以テ償還スヘシ

第二款　歳入出豫算及決算

第百十三條　町村長ハ毎會計年度歳入出豫算ヲ調製シ遲クトモ年度開始ノ一月前ニ町村會ノ議決ヲ經ヘシ
町村ノ會計年度ハ政府ノ會計年度ニ依ル

豫算ヲ町村會ニ提出スルトキハ町村長ハ併セテ事務報告書及財産表ヲ提出スヘシ

第百十四條　町村長ハ町村會ノ議決ヲ經テ既定豫算ノ追加又ハ更正ヲ爲スコトヲ得

第百十五條　町村費ヲ以テ支辨スル事件ニシテ數年ヲ期シテ其ノ費用ヲ支出スヘキモノハ町村會ノ議決ヲ經テ其ノ年期間各年度ノ支出額ヲ定メ繼續費ト爲スコトヲ得

第百十六條　町村ハ豫算外ノ支出又ハ豫算超過ノ支出ニ充ツル爲豫備費ヲ設クヘシ

特別會計ニハ豫備費ヲ設ケサルコトヲ得

豫備費ハ市會ノ否決シタル費途ニ充ツルコトヲ得ス

第百十七條　豫算ハ議決ヲ經タル後直ニ之ヲ府縣知事ニ報告シ且其ノ要領ヲ告示スヘシ

第百十八條　町村ハ特別會計ヲ設クルコトヲ得

第百十九條　町村會ニ於テ豫算ヲ議決シタルトキハ町村長ヨリ其ノ謄本ヲ收入役ニ交付スヘシ

收入役ハ町村長又ハ監督官廳ノ命令アルニ非サレハ支拂ヲ爲ス事ヲ得ス命令ヲ受クルモ支出ノ豫算ナク且豫備費支出費目流用其ノ他財務ニ關スル規定ニ依リ支出ヲ爲ス事ヲ得サル時亦同シ

前二項ノ規定ハ收入役ノ事務ヲ兼掌シタル町村長又ハ助役ニ之ヲ準用ス

第百二十條　町村ノ支拂金ニ關スル時效ニ付テハ政府ノ支拂金ノ例ニ依ル

第百二十一條　町村ノ出納ハ毎月例日ヲ定メテ之ヲ檢査シ且毎會計年度少クトモ二回臨時檢査ヲ

爲スヘシ
檢査ハ町村長之ヲ爲シ臨時檢査ニハ町村會ニ於テ選擧シタル議員二人以上ノ立會ヲ要ス
第百二十二條　町村ノ出納ハ翌年度五月三十一日ヲ以テ閉鎖ス
決算ハ出納閉鎖後一月以內ニ證書類ヲ併セテ收入役ヨリ之ヲ町村長ニ提出スヘシ町村長ハ之ヲ審査シ意見ヲ付シテ次ノ通常豫算ヲ議スル會議迄ニ之ヲ町村會ノ認定ニ付スヘシ
第六十七條第五項ノ場合ニ於テハ前項ノ例ニ依ル但シ町村長ニ於テ兼掌シタルトキハ直ニ町村會ノ認定ニ付スヘシ
決算ハ其ノ認定ニ關スル町村會ノ議決ト共ニ之ヲ府縣知事ニ報告シ且ツ其ノ要領ヲ告示スヘシ
決算ノ認定ニ關スル會議ニ於テハ町村長及助役共ニ議長ノ職務ヲ行フコトヲ得ス
第百二十三條　豫算調製ノ式、費目流用其ノ他財務ニ關シ必要ナル規定ハ內務大臣之ヲ定ム

第六章　町村ノ一部ノ事務

第百二十四條　町村ノ一部ニシテ財産ヲ有シ又ハ營造物ヲ設ケタルモノアルトキハ其ノ財産又ハ營造物ノ管理及處分ニ付テハ本法中町村ノ財産又ハ營造物ニ關スル規定ニ依ル但シ法律勅令中別段ノ規定アル場合ハ此ノ限ニ在ラス
前項ノ財産又ハ營造物ニ關シ特ニ要スル費用ハ其ノ財産又ハ營造物ノ屬スル町村ノ一部ノ負擔

トス
前二項ノ場合ニ於テハ町村ノ一部ハ其ノ會計ヲ分別スヘシ
第百二十五條　前條ノ財產又ハ營造物ニ關シ必要アリト認ムルトキハ府縣知事ハ町村會ノ意見ヲ徵シテ町村條例ヲ設定シ區會又ハ區總會ヲ設ケテ町村會ノ議決スヘキ事項ヲ議決セシムルコトヲ得
第百二十六條　區會議員ハ町村ノ名譽職トス其ノ定數、任期、選擧權及被選擧權ニ關スル事項ハ前條ノ町村條例中ニ之ヲ規定スヘシ區總會ノ組織ニ關スル事項ニ付亦同シ
區會議員ノ選擧ニ付テハ町村會議員ニ關スル規定ヲ準用ス但シ選擧若ハ當選ノ效力ニ關スル異議ノ決定及被選擧權ノ有無ノ決定ハ町村會ニ於テ之ヲ爲スヘシ
區會又ハ區總會ニ關シテハ町村會ニ關スル規定ヲ準用ス
第百二十七條　第百二十四條ノ場合ニ於テ町村ノ一部府縣知事ノ處分ニ不服アルトキハ內務大臣ニ訴願スルコトヲ得
第百二十八條　第百二十四條ノ町村ノ一部ノ事務ニ關シテハ本法ニ規定スルモノノ外勅令ヲ以テ之ヲ定ム

第七章　町村組合

第百二十九條　町村ハ其ノ事務ノ一部ヲ共同處理スル爲其ノ協議ニ依リ府縣知事ノ許可ヲ得テ町村組合ヲ設クルコトヲ得此ノ場合ニ於テ組合內各町村ノ町村會又ハ町村吏員ノ職務ニ屬スル事項ナキニ至リタルトキハ其ノ町村會又ハ町村吏員ハ組合成立ト同時ニ消滅ス

町村ハ特別ノ必要アル場合ニ於テハ其ノ協議ニ依リ府縣知事ノ許可ヲ得テ其ノ事務ノ全部ヲ共同處理スル爲町村組合ヲ設クルコトヲ得此ノ場合ニ於テハ組合內各町村ノ町村會及町村吏員ハ組合成立ト同時ニ消滅ス

公益上必要アル場合ニ於テハ府縣知事ハ關係アル町村會ノ意見ヲ徵シ府縣參事會ノ議決ヲ經テ前二項ノ町村組合ヲ設クルコトヲ得

町村組合ハ法人トス

第百三十條　前條第一項ノ町村組合ニシテ其ノ組合町村ノ數ヲ增減シ又ハ共同事務ノ變更ヲ爲サムトスルトキハ關係町村ノ協議ニ依リ府縣知事ノ許可ヲ受クヘシ

前條第二項ノ町村組合ニシテ其ノ組合町村ノ數ヲ減少セムトスルトキハ組合會ノ議決ニ依リ其ノ組合町村ノ數ヲ增加セムトスルトキハ其ノ町村組合ト新ニ加ハラムトスル町村トノ協議ニ依リ府縣知事ノ許可ヲ受クヘシ

公益上必要アル場合ニ於テハ府縣知事ハ關係アル町村會又ハ組合會ノ意見ヲ徵シ府縣參事會ノ

議決ヲ經テ組合町村ノ數ヲ增減シ又ハ一部事務ノ爲設クル組合ノ共同事務ノ變更ヲ爲スコトヲ得

第百三十一條　町村組合ヲ設クルトキハ關係町村ノ協議ニ依リ組合規約ヲ定メ府縣知事ノ許可ヲ受クヘシ

組合規約ヲ變更セムトスルトキハ一部事務ノ爲ニ設クル組合ニ在リテハ關係町村ノ協議ニ依リ全部事務ノ爲ニ設クル組合ニ在リテハ組合會ノ議決ヲ經府縣知事ノ許可ヲ受クヘシ

公益上必要アル場合ニ於テハ府縣知事ハ關係アル町村會又ハ組合會ノ意見ヲ徵シ府縣參事會ノ議決ヲ經テ組合規約ヲ定メ又ハ變更スルコトヲ得

第百三十二條　組合規約ニハ組合ノ名稱、組合ヲ組織スル町村、組合ノ共同事務及組合役場ノ位置ヲ定ムヘシ

一部事務ノ爲ニ設クル組合ノ組合規約ニハ前項ノ外組合會ノ組織及組合會議員ノ選擧、組合吏員ノ組織及選任竝組合費用ノ支辨法ニ付規定ヲ設クヘシ

第百三十三條　町村組合ヲ解カムトスルトキハ一部事務ノ爲ニ設クル組合ニ於テハ關係町村ノ協議ニ依リ全部事務ノ爲ニ設クル組合ニ於テハ組合會ノ議決ニ依リ府縣知事ノ許可ヲ受クヘシ

公益上必要アル場合ニ於テハ府縣知事ハ關係アル町村會又ハ組合會ノ意見ヲ徵シ府縣參事會ノ

議決ヲ經テ町村組合ヲ解クコトヲ得
第百三十四條　第百三十條第一項第二項及前條第一項ノ場合ニ於テ財産ノ處分ニ關スル事項ハ關係町村ノ協議、關係町村ト組合トノ協議又ハ組合會ノ議決ニ依リ之ヲ定ム
第百三十條第三項及前條第二項ノ場合ニ於テ財産ノ處分ニ關スル事項ハ關係アル町村會又ハ組合會ノ意見ヲ徵シ府縣參事會ノ議決ヲ經テ府縣知事之ヲ定ム
第百三十五條　第百二十九條第一項及第二項第百三十條第一項及第二項第百三十一條第一項及第二項第百三十三條第一項竝前條第二項ノ規定ニ依ル府縣知事ノ處分ニ不服アル町村又ハ町村組合ハ內務大臣ニ訴願スルコトヲ得
組合費ノ分賦ニ關シ違法又ハ錯誤アリト認ムル町村ハ其ノ告知アリタル日ヨリ三月以內ニ組合ノ管理者ニ異議ノ申立ヲ爲スコトヲ得
前項ノ異議ノ申立アリタルトキハ組合ノ管理者ハ七日以內ニ之ヲ組合會ノ決定ニ付スヘシ其ノ決定ニ不服アル町村ハ府縣參事會ニ訴願シ其ノ裁決又ハ第四項ノ裁決ニ不服アルトキハ行政裁判所ニ出訴スルコトヲ得
前項ノ決定及裁決ニ付テハ組合ノ管理者ヨリモ訴願又ハ訴訟ヲ提起スルコトヲ得
前二項ノ裁決ニ付テハ府縣知事ヨリモ訴訟ヲ提起スルコトヲ得

第百三十六條　町村組合ニ關シテハ法律勅令中別段ノ規定アル場合ヲ除クノ外町村ニ關スル規定ヲ準用ス

第八章　町村ノ監督

第百三十七條　町村ハ第一次ニ於テ府縣知事之ヲ監督シ第二次ニ於テ內務大臣之ヲ監督ス

第百三十八條　本法中別段ノ規定アル場合ヲ除クノ外町村ノ監督ニ關スル府縣知事ノ處分ニ不服アル町村ハ內務大臣ニ訴願スルコトヲ得

第百三十九條　本法中行政裁判所ニ出訴スルコトヲ得ヘキ場合ニ於テハ內務大臣ニ訴願スルコトヲ得ス

第百四十條　異議ノ申立又ハ訴願ノ提起ハ處分決定又ハ裁決アリタル日ヨリ二十一日以內ニ之ヲ爲スヘシ但シ本法中別ニ期間ヲ定メタルモノハ此ノ限ニ在ラス

行政訴訟ノ提起ハ處分決定裁定又ハ裁決アリタル日ヨリ三十日以內ニ之ヲ爲スヘシ

決定書又ハ裁決書ノ交付ヲ受ケサル者ニ關シテハ前二項ノ期間ハ告示ノ日ヨリ之ヲ起算ス

異議ノ申立ニ關スル期間ノ計算ニ付テハ訴願法ノ規定ニ依ル

異議ノ申立ハ期限經過後ニ於テモ宥恕スヘキ事由アリト認ムルトキハ仍之ヲ受理スルコトヲ得

異議ノ決定ハ文書ヲ以テ之ヲ爲シ其ノ理由ヲ附シ之ヲ申立人ニ交付スヘシ

異議ノ申立アルモ處分ノ執行ハ之ヲ停止セス但シ行政廳ハ其ノ職權ニ依リ又ハ關係者ノ請求ニ依リ必要ト認ムルトキハ之ヲ停止スルコトヲ得

第百四十條ノ二　異議ノ決定ハ本法中別ニ期間ヲ定メタルモノヲ除クノ外其ノ決定ニ付セラレタル日ヨリ三月以內ニ之ヲ爲スヘシ

府縣參事會訴願ヲ受理シタルトキハ其ノ日ヨリ三月以內ニ之ヲ裁決スヘシ

第百四十一條　監督官廳ハ町村ノ監督上必要アル場合ニ於テハ事務ノ報告ヲ爲サシメ書類帳簿ヲ徵シ及實地ニ就キ事務ヲ視察シ又ハ出納ヲ檢閲スルコトヲ得

監督官廳ハ町村ノ監督上必要ナル命令ヲ發シ又ハ處分ヲ爲スコトヲ得

上級監督官廳ハ下級監督官廳ノ町村ノ監督ニ關シテ爲シタル命令又ハ處分ヲ停止シ又ハ取消スコトヲ得

第百四十二條　內務大臣ハ町村會ノ解散ヲ命スルコトヲ得

町村會解散ノ場合ニ於テハ三月以內ニ議員ヲ選擧スヘシ

第百四十三條　町村ニ於テ法令ニ依リ負擔シ又ハ當該官廳ノ職權ニ依リ命スル費用ヲ豫算ニ載セサルトキハ府縣知事ハ理由ヲ示シテ其ノ費用ヲ豫算ニ加フルコトヲ得

町村長其ノ他ノ吏員其ノ執行スヘキ事件ヲ執行セサルトキハ府縣知事又ハ其ノ委任ヲ受ケタル

官吏吏員之ヲ執行スルコトヲ得但シ其ノ費用ハ町村ノ負擔トス

前二項ノ處分ニ不服アル町村又ハ町村長其ノ他ノ吏員ハ行政裁判所ニ出訴スルコトヲ得

第百四十四條　町村長、助役、收入役又ハ副收入役ニ故障アルトキハ監督官廳ハ臨時代理者ヲ選任シ又ハ官吏ヲ派遣シ其ノ職務ヲ管掌セシムルコトヲ得但シ官吏ヲ派遣シタル場合ニ於テハ其ノ旅費ハ町村費ヲ以テ辨償セシムヘシ

臨時代理者ハ有給ノ町村吏員トシ其ノ給料額旅費額等ハ監督官廳之ヲ定ム

第百四十五條　削除

第百四十六條　削除

第百四十七條　左ニ揭クル事件ハ府縣知事ノ許可ヲ受クヘシ但シ第一號、第四號、第六號及第十一號ニ揭クル事件ニシテ勅令ヲ以テ指定スルモノハ其ノ定ムル所ニ依リ主務大臣ノ許可ヲ受クヘシ

一　町村條例ヲ設ケ又ハ改廢スルコト

二　基本財產及特別基本財產並林野ノ處分ニ關スルコト

三　第九十條ノ規定ニ依リ舊慣ヲ變更シ又ハ廢止スルコト

四　使用料ヲ新設シ又ハ變更スルコト

五　均一ノ税率ニ依ラスシテ國税又ハ府縣税ノ附加税ヲ賦課スルコト
六　特別税ヲ新設シ又ハ變更スルコト
七　第百二條第一項第二項及第四項ノ規定ニ依リ數人又ハ町村ノ一部ニ費用ヲ負擔セシムルコト
八　第百四條ノ規定ニ依リ不均一ノ賦課ヲ爲シ又ハ數人若ハ町村ノ一部ニ對シ賦課ヲ爲スコト
九　第百五條ノ準率ニ依ラスシテ夫役現品ヲ賦課スルコト但シ急迫ノ場合ニ賦課スル夫役ニ付テハ此ノ限ニ在ラス
十　繼續費ヲ定メ又ハ變更スルコト
十一　町村債ヲ起シ並ニ起債ノ方法、利息ノ定率及償還ノ方法ヲ定メ又ハ之ヲ變更スルコト但シ第百十二條第三項ノ借入金ハ此ノ限ニ存ラス
第百四十八條　監督官廳ノ許可ヲ要スル事件ニ付テハ監督官廳ハ許可申請ノ趣旨ニ反セスト認ムル範圍內ニ於テ更正シテ許可ヲ與フルコトヲ得
第百四十九條　監督官廳ノ許可ヲ要スル事件ニ付テハ勅令ノ定ムル所ニ依リ其ノ許可ノ職權ヲ下級監督官廳ニ委任シ又ハ輕易ナル事件ニ限リ許可ヲ受ケシメサルコトヲ得
第百五十條　府縣知事ハ町村長、助役、收入役、副收入役、區長、區長代理者、委員其ノ他ノ町

村吏員ニ對シ懲戒ヲ行フコトヲ得其ノ懲戒處分ハ譴責、二十五圓以下ノ過怠金及解職トス但シ町村長、助役、收入役及副收入役ニ對スル解職ハ懲戒審査會ノ議決ヲ經テ府縣知事之ヲ行フ

懲戒審査會ハ内務大臣ノ命シタル府縣高等官三人及府縣名譽職參事會員ニ於テ互選シタル者三人ヲ以テ其ノ會員トシ府縣知事ヲ以テ會長トス知事故障アルトキハ其ノ代理者會長ノ職務ヲ行フ

府縣名譽職參事會員ノ互選スヘキ會員ノ選擧補闕及任期竝懲戒審査會ノ招集及會議ニ付テハ府縣制中名譽職參事會員及府縣參事會ニ關スル規定ヲ準用ス但シ補充員ハ之ヲ設クルノ限ニ在ラス

解職ノ處分ヲ受ケタル者其ノ處分ニ不服アルトキハ内務大臣ニ訴願スルコトヲ得

府縣知事ハ町村長、助役、收入役及副收入役ノ解職ヲ行ハムトスル前其ノ停職ヲ命スルコトヲ得此ノ場合ニ於テハ其ノ停職期間報酬又ハ給料ヲ支給スルコトヲ得ス

懲戒ニ依リ解職セラレタル者ハ二年間北海道府縣、市町村其ノ他之ニ準スヘキモノノ公職ニ就クコトヲ得ス

第百五十一條　町村吏員ノ服務紀律、賠償責任、身元保證及事務引繼ニ關スル規定ハ命令ヲ以テ之ヲ定ム

前項ノ命令ニハ事務引繼ヲ拒ミタル者ニ對シ二十五圓以下ノ過料ヲ科スル規定ヲ設クルコトヲ

得

第九章　雜則

第百五十二條　削除　第百五十三條ノ二　削除
第百五十三條　府縣知事又ハ府縣參事會ノ職權ニ屬スル事件ニシテ數府縣ニ涉ルモノアルトキハ內務大臣ハ關係府縣知事ノ具狀ニ依リ其ノ事件ヲ管理スヘキ府縣知事又ハ府縣參事會ヲ指定スヘシ
第百五十四條　第十一條ノ人口ハ內務大臣ノ定ムル所ニ依ル
第百五十五條　本法ニ於ケル直接稅及間接稅ノ種類ハ內務大臣及大藏大臣之ヲ定ム
第百五十六條　町村又ハ町村組合ノ廢置分合又ハ境界變更アリタル場合ニ於テ町村ノ事務ニ付必要ナル事項ハ本法ニ規定スルモノノ外勅令ヲ以テ之ヲ定ム
第百五十六條ノ二　本法中官吏ニ關スル規定ハ待遇官吏ニ之ヲ適用ス
第百五十七條　本法ハ北海道其ノ他勅令ヲ以テ指定スル島嶼ニ之ヲ施行セス
前項ノ地域ニ付テハ勅令ヲ以テ別ニ本法ニ代ハルヘキ制ヲ定ムルコトヲ得

附則

第百五十八條　本法施行ノ期日ハ勅令ヲ以テ之ヲ定ム

第百五十九條　本法施行ノ際現ニ町村會議員、區會議員又ハ全部事務ノ爲ニ設クル町村組合會議員ノ職ニ在ル者ハ從前ノ規定ニ依ル最近ノ定期改選期ニ於テ總テ其ノ職ヲ失フ

第百六十條　舊刑法ノ重罪ノ刑ニ處セラレタル者ハ本法ノ適用ニ付テハ六年ノ懲役又ハ禁錮以上ノ刑ニ處セラレタル者ト看做ス但シ復權ヲ得タル者ハ此ノ限ニ在ラス

舊刑法ノ禁錮以上ノ刑ハ本法ノ適用ニ付テハ禁錮以上ノ刑ト看做ス

第百六十一條　本法施行ノ際必要ナル規定ハ命令ヲ以テ之ヲ定ム

大正十年四月法律第五十九號附則

本法中公民權及選擧ニ關セル規定ハ次ノ總選擧ヨリ之ヲ施行シ其ノ他ノ規定ノ施行ノ期日ハ勅令ヲ以テ之ヲ定ム（勅令ヲ以テ同年五月二十日ト定ム）

大正十五年法律第七十五號附則

本法中公民權及議員選擧ニ關スル規定ハ次ノ總選擧ヨリ之ヲ施行シ其ノ他ノ規定ノ施行ノ期日ハ勅令ヲ以テ之ヲ定ム

第三十八條ノ規定ニ依リ町村會ヲ設ケサル町村ニ付テハ本法ノ施行ノ期日ハ勅令ヲ以テ之ヲ定ム

次ノ總選擧ニ至ル迄ノ間從前ノ第十四條、第十七條、第十八條、第三十一條、第三十三條及第三十六條ノ規定ニ依リ難キ事項ニ付テハ勅令ヲ以テ特別ノ規定ヲ設クルコトヲ得

本法ニ依リ初テ議員ヲ選擧スル場合ニ於テ必要ナル選擧人名簿ニ關シ第十八條乃至第十八條ノ五ニ規定スル期日又ハ期間ニ依リ難キトキハ命令ヲ以テ別ニ期日又ハ期間ヲ定ム但シ其ノ選擧人名簿ハ次ノ選擧人名簿確定迄其ノ效力ヲ有ス
本法施行ノ際大正十四年法律第四十七號衆議院議員選擧法未タ施行セラレサル場合ニ於テハ本法ノ適用ニ付テハ同法ハ既ニ施行セラレタルモノト看做ス
本法施行ノ際必要ナル規定ハ命令ヲ以テ之ヲ定ム

大正十五年町制中改正法律施行期日ノ件（大正十五年六月勅令第二百八號）

大正十五年町村制中改正法律ハ公民權及議員選擧ニ關スル規定ヲ除クノ外大正十五年七月一日ヨリ之ヲ施行ス
町村制第三十八條ノ規定ニ依リ町村會ヲ設ケサル町村ニ付テハ大正十五年町村制中改正法律ハ大正十五年七月一日ヨリ之ヲ施行ス

昭和四年四月法律第五十七號附則

本法施行ノ期日ハ勅令ヲ以テ之ヲ定ム（勅令ヲ以テ昭和四年七月一日ト定ム）
本法施行ノ際必要ナル規定ハ命令ヲ以テ之ヲ定ム

關係法令

關係法令

昭和四年市制町村制改正經過規程（昭和四年六月勅令第百八十七號）

第一條　昭和四年七月一日前ニ補缺選擧ノ告示アリタル市町村會議員ノ補缺ニ關シテハ仍從前ノ規定ニ依ル

第二條　從前ノ市制二十一條ノ三第一項又ハ町村制第十八條ノ三第一項ノ規定ニ依リ市町村長ニ申立テタル異議ニシテ昭和四年六月三十日迄ニ市町村會ノ決定ニ付セサルモノハ之ヲ新規定ニ依リ市町村長ニ申立テタル異議ト看做シ之ヲ決定スヘキ期間ハ昭和四年七月一日ヨリ起算ス

從前ノ市制第二十一條ノ三第一項又ハ町村制第十八條ノ三第一項ノ規定ニ依リ市町村會ノ決定ニ付シタル異議ニ關シテハ仍從前ノ例ニ依ル

前二項ノ規定ハ市制第百四十六條第二項又ハ町村制第百二十六條第二項ノ規定ニ依ル選擧人名簿ノ異議ニ關シ之ヲ準用ス

第三條　市制第六十五條第一項ノ規定ニ依リ增員セラレタル名譽職參事會員ノ任期ハ其ノ選擧ノ

日ニ於テ現ニ在任スル名譽職參事會員ノ任期ニ依ル

第四條　從前ノ市制第七十二條第一項但書ノ規定ニ依リ定メタル東京市及京都市ノ助役ノ定數ハ市制第七十二條第二項ノ規定ニ依リ市條例ヲ以テ定メタルモノト看做ス

第五條　市制第七十三條第五項乃至第七項ノ規定並ニ之ヲ準用スル第七十四條第三項、第七十五條第三項、第七十九條第二項、第八十二條第二項及第八十三條第三項ノ規定ハ昭和四年七月一日前ニ市長、助役、收入役若ハ副收入役ニ選擧セラレ又ハ市參與、助役、收入役、副收入役、區長、區長代理者若ハ委員ニ決定セラレ昭和四年六月三十日迄ニ就職セサル者ニ付テハ之ヲ適用セス

町村制第六十三條第三項乃至第五項ノ規定並ニ之ヲ準用スル同條第七項、第六十七條第三項、第六十八條第二項及第六十九條第三項ノ規定ハ昭和四年七月一日前ニ町村長、助役、收入役若ハ副收入役ニ選擧セラレ又ハ助役、收入役、副收入役、區長、區長代理者若ハ委員ニ決定セラレ昭和四年六月三十日迄ニ就職セサル者ニ付テハ之ヲ適用セス

第六條　從前ノ市制第九十條第一項若ハ第五項ノ規定ニ依リ再議ニ付シ又ハ同條第二項若ハ第六項ノ規定ニ依リ府縣參事會ノ裁決ヲ請ヒタル市會又ハ市參事會ノ議決ニ關シテハ仍從前ノ規定ニ依ル同條第三項ノ規定ニ依リ爲シタル取消處分ニ關シ亦同シ

従前ノ町村制第七十四條第一項若ハ第五項ノ規定ニ依リ再議ニ付シ、同條第二項ノ規定ニ依リ府縣參事會ノ裁決ヲ請ヒ又ハ同條第六項ノ規定ニ依リ府縣知事ノ處分ヲ請ヒタル町村會ノ議決ニ關シテハ仍従前ノ規定ニ依ル同條第三項ノ規定ニ依リ爲シタル取消處分ニ關シ亦同シ

第七條　市會若ハ市參事會ノ議決シ若ハ決定スヘキ事件ニシテ従前ノ市制第九十一條第三項乃至第五項ノ規定ニ依リ府縣參事會ノ議決若ハ決定ヲ請ヒタルモノ又ハ同條第三項乃至第五項ノ規定ニ依リ爲シタル處置ニ關シテハ仍従前ノ規定ニ依ル

第八條　新規定ニ依リ市町村條例ヲ以テ定ムルコトヲ要スル事項ニ關シ従前ノ規定ニ依リ定メタルモノハ之ヲ新規定ニ依ル市町村條例ト看做ス

第九條　新規定施行前懲戒處分トシテ爲サレタル解職ノ效力ニ關シテハ仍従前ノ規定ニ依ル

附　則

本令ハ昭和四年七月一日ヨリ之ヲ施行ス

市制町村制施行令

（大正十五年六月勅令第二百一號〇昭和二年三月勅令第三十八號、昭和三年十月勅令第二百六十號、昭和四年六月勅令第百八十六號改正）

第一章　總則

第一條　市町村ノ設置アリタル場合ニ於テハ市町村長ノ臨時代理者又ハ職務管掌ノ官吏ハ歳入歳出豫算カ市町村會ノ議決ヲ經テ成立スルニ至ル迄ノ間必要ナル收支ニ付豫算ヲ設ケ府縣知事ノ許可ヲ受クヘシ

第二條　市町村ノ設置アリタル場合ニ於テハ府縣知事ハ必要ナル事項ニ付市町村條例ノ設定施行セラルルニ至ル迄ノ間從來其ノ地域ニ施行セラレタル市町村條例ヲ市町村ノ條例トシテ當該地域ニ引續キ施行スルコトヲ得

第三條　市町村ノ廢置分合アリタル場合ニ於テハ其ノ地域ノ新ニ屬シタル市町村其ノ事務ヲ承繼ス、其ノ地域ニ依リ難キトキハ府縣知事ハ事務ノ分界ヲ定メ又ハ承繼スヘキ市町村ヲ指定ス

前項ノ場合ニ於テ消滅シタル市町村ノ收支ハ消滅ノ日ヲ以テ打切リ其ノ市町村長（又ハ市町村長ノ職務ヲ行フ者）タリシ者之ヲ決算ス

前項ノ決算ハ事務ヲ承繼シタル各市町村ノ市町村長之ヲ市町村會ノ認定ニ付スヘシ
市制第百四十二條第三項又ハ町村制第百二十二條第四項ノ規定ハ前項ノ場合ニ之ヲ準用ス
第四條　市町村ノ境界變更アリタル爲事務ノ分割ヲ要スルトキハ其ノ事務ノ承繼ニ付テハ府縣知事之ヲ定ム
第五條　市制第八十二條第三項ノ市ニ於テ新ニ區ヲ劃シ又ハ其ノ區域ヲ變更セントスルトキハ市ハ内務大臣ノ許可ヲ受クヘシ但シ耕地整理若ハ區劃整理ノ爲區ノ區域ヲ變更セントスルトキ又ハ第六十條第一號若ハ第二號ノ場合ニ於テ區ノ區域ヲ變更セントスルトキハ此ノ限ニ在ラス
第六條　市制第十一條及町村制第九條ノ規定ニ依リ除外スヘキ學生生徒左ノ如シ
一　陸軍各部依託學生生徒
二　海軍軍醫學生藥劑學生主計學生造船學生造機學生造兵學生竝ニ海軍豫備生徒及海軍豫備練習生

第二章　市町村會議員ノ選擧

第七條　市制第二十一條ノ五第三項又ハ町村制第十八條ノ五第三項ノ規定ニ依リ選擧人名簿ノ調製、縱覽、確定及異議ノ決定ニ關スル期日及期間ヲ定メタルトキハ府縣知事ハ直ニ之ヲ告示スヘシ

第八條　市町村ノ境界變更アリタル場合ニ於テハ市町村長ハ選擧人名簿ヲ分割シ其ノ部分ヲ其ノ地域ノ新ニ屬シタル市町村ノ市町村長ニ送付スヘシ
市町村ノ廢置分合アリタル場合ニ於テ名簿ノ分割ヲ以テ足ルトキハ前項ノ例ニ依リ、其ノ他ノ場合ニ於テハ從前ノ市町村ノ市町村長（又ハ市町村長ノ職務ヲ行フ者）タリシ者ハ直ニ其ノ地域ノ新ニ屬シタル市町村ノ市町村長ニ選擧人名簿ヲ送付スヘシ
市町村長選擧人名簿ノ送付ヲ受ケタルトキハ直ニ其ノ旨ヲ告示シ併セテ之ヲ府縣知事ニ報告スヘシ
第九條　前條ノ規定ニ依リ送付ヲ受ケタル選擧人名簿ハ市町村ノ廢置分合又ハ境界變更ニ係ル地域ノ新ニ屬シタル市町村ノ選擧人名簿ト看做ス
第十條　第八條ノ規定ニ依リ送付ヲ受ケタル選擧人名簿確定前ナルトキハ名簿ノ縱覽、確定及異議ノ決定ニ關スル期日及期間ハ府縣知事ノ定ムル所ニ依ル
前項ノ規定ニ依リ期日及期間ヲ定メタルトキハ府縣知事ハ直ニ之ヲ告示スヘシ
第十一條　市制第二十五條第六項又ハ町村制第二十二條第六項ノ規定ニ依リ盲人カ投票ニ關スル記載ニ使用スルコトヲ得ル點字ハ別表ヲ以テ之ヲ定ム
點字ニ依リ投票ヲ爲サントスル選擧人ハ選擧長又ハ投票分會長ニ對シ其ノ旨ヲ申立ツヘシ、此

ノ場合ニ於テハ選擧長又ハ投票分會長ハ投票用紙ニ點字投票ナル旨ノ印ヲ押捺シテ交付スヘシ
點字ニ依ル投票ノ拒否ニ付テハ市制第二十五條ノ三又ハ町村制第二十二條ノ三ノ例ニ依ル、此ノ場合ニ於テハ封筒ニ點字投票ナル旨ノ印ヲ押捺シテ交付スヘシ
前項ノ規定ニ依リ假ニ爲サシメタル投票ハ市制第二十七條ノ二第二項及第三項又ハ町村制第二十四條ノ二第二項及第三項ノ規定ノ適用ニ付テハ市制第二十五條ノ三第二項及第四項又ハ町村制第二十二條ノ三第二項及第四項ノ投票ト看做ス
第十二條　市制第二十七條ノ四又ハ町村制第二十四條ノ四ノ規定ニ依リ開票分會ヲ設ケタルトキハ市町村長ハ直ニ其ノ區劃及開票分會場ヲ告示スヘシ
第十三條　開票分會ハ市町村長ノ指名シタル吏員開票分會長ト爲リ之ヲ開閉シ其ノ取締ニ任ス
第十四條　開票分會ノ區劃內ノ投票分會ニ於テ爲シタル投票ハ投票分會長少クトモ一人ノ投票立會人ト共ニ投票函ノ儘投票錄及選擧人名簿ノ抄本又ハ選擧人名簿ト併セテ之ヲ開票分會長ニ送致スヘシ
第十五條　投票ノ點檢終リタルトキハ開票分會長ハ直ニ其ノ結果ヲ選擧長ニ報告スヘシ
第十六條　開票分會長ハ開票錄ヲ作リ開票ニ關スル顚末ヲ記載シ之ヲ朗讀シ二人以上ノ開票立會

人ト共ニ之ニ署名シ直ニ投票錄及投票ト併セテ之ヲ選擧長ニ送致スヘシ

第十七條　選擧長ハ總テノ開票分會長ヨリ第十五條ノ報告ヲ受ケタル日若ハ其ノ翌日（又ハ總テノ投票函ノ送致ヲ受ケタル日若ハ其ノ翌日）選擧會ニ於テ選擧立會人立會ノ上其ノ報告ヲ調査シ市制第二十七條ノ二第三項又ハ町村制第二十四條ノ二第三項ノ規定ニ依リ爲シタル點檢ノ結果ト併セテ各被選擧人（市制第三十九條ノ二ノ市ニ於テハ各議員候補者）ノ得票總數ヲ計算スヘシ

第十八條　選擧ノ一部無效ト爲リ更ニ選擧ヲ行ヒタル場合ニ於テハ選擧長ハ前條ノ規定ニ準シ其ノ部分ニ付前條ノ手續ヲ爲シ他ノ部分ニ於ケル各被選擧人（市制第三十九條ノ二ノ市ニ於テハ各議員候補者）ノ得票數ト併セテ其ノ得票總數ヲ計算スヘシ

第十九條　開票分會ヲ設ケタル場合ニ於テハ市町村長ハ市制第三十二條第一項又ハ町村制第二十九條第一項ノ報告ニ開票錄ノ寫ヲ添附スヘシ

第二十條　市制第二十三條第五項及第六項竝ニ町村制第二十條第四項及第五項ノ規定ハ開票立會人ニ、市制第二十四條第一項及第二項竝ニ町村制第二十一條第一項及第二項ノ規定ハ開票分會場ニ、市制第二十七條ノ二、第二十七條ノ三及第二十九條竝ニ町村制第二十四條ノ二、第二十四條ノ三及第二十六條ノ規定ハ開票分會ニ於ケル開票ニ之ヲ準用ス

第二十一條　市制第八十二條第三項ノ市ハ其ノ區ヲ以テ選擧區ト爲シタル場合ニ於テハ市制第二章第一款（第十六條第三項ノ規定ヲ除ク）及本令第二十二條ノ規定ノ適用ニ付テハ之ヲ市制第六條ノ市ト看做ス

第三章　市制第三十九條ノ二ノ市ノ市會議員ノ選擧ニ關スル特例

第二十二條　議員候補者ハ選擧人名簿（選擧區アル場合ニ於テハ當該選擧區ノ選擧人名簿）ニ登錄セラレタル者ノ中ヨリ本人ノ承諾ヲ得テ選擧立會人タルヘキ者一人ヲ定メ選擧ノ期日前二日目迄ニ市長（市制第六條ノ市ニ於テハ區長）ニ屆出ツルコトヲ得

前項ノ規定ニ依リ屆出アリタル者（議員候補者死亡シ又ハ議員候補者タルコトヲ辭シタルトキハ其ノ屆出ニ係ル者ヲ除ク）十人ヲ超エサルトキハ直ニ其ノ者ヲ以テ選擧立會人トシ十人ヲ超ユルトキハ市長（市制第六條ノ市ニ於テハ區長）ハ其ノ者ノ中ニ就キ抽籤ニ依リ選擧立會人十人ヲ定ムヘシ

前項ノ抽籤ハ選擧ノ期日ノ前日之ヲ行フ第一項ノ屆出ヲ爲シタル議員候補者ハ之ニ立會フコトヲ得

前項ノ抽籤ヲ行フヘキ場所及日時ハ市長（市制六條ノ市ニ於テハ區長）ニ於テ豫メ之ヲ告示スヘシ

第二項ノ規定ニ依リ選擧立會人定マリタルトキハ市長（市制第六條ノ市ニ於テハ區長）ハ直ニ

之ヲ本人ニ通知スヘシ
議員候補者死亡シ又ハ議員候補者タルコトヲ辭シタルトキハ其ノ屆出ニ係ル選擧立會人ハ其ノ職ヲ失フ
第二項ノ規定ニ依ル選擧立會人三人ニ達セサルトキ若ハ三人ニ達セサルニ至リタルトキ又ハ選擧立會人ニシテ參會スル者選擧會ヲ開クヘキ時刻ニ至リ三人ニ達セサルトキ若ハ其ノ後三人ニ達セサルニ至リタルトキハ市長（市制第六條ノ市ニ於テハ區長）ハ選擧人名簿（選擧區アルトキハ當該選擧區ノ選擧人名簿）ニ登錄セラレタル者ノ中ヨリ三人ニ達スル迄ノ選擧立會人ヲ選任シ直ニ之ヲ本人ニ通知シ選擧ニ立會ハシムヘシ
前七項ノ規定ハ投票立會人及開票立會人ニ之ヲ準用ス但シ選擧人名簿ニ登錄セラレタル者トアルハ分會ノ區劃内ニ於ケル選擧人名簿ニ登錄セラレタル者トス
第二十三條　市制第二十五條第五項及第七項ノ規定中被選擧人トアルハ議員候補者トシ同規定ヲ適用ス
第二十四條　投票ノ拒否ハ選擧立會人又ハ投票立會人ノ意見ヲ聽キ選擧長又ハ投票分會長之ヲ決定スヘシ
市制第二十五條ノ三第二項乃至第四項ノ規定ハ前項ノ場合ニ之ヲ準用ス但シ投票分會長又ハ投票立會人トアルハ投票立會人トス

市制第二十五條ノ三第二項及第四項ノ投票ノ受理如何ハ市制第二十七條ノ二第二項ノ規定ニ拘ラス選擧立會人又ハ開票立會人ノ意見ヲ聽キ選擧長又ハ開票分會長之ヲ決定スヘシ

第二十五條　市制第二十八條ノ規定中被選擧人トアルハ議員候補者トシ同規定ヲ適用ス

前項ノ規定ニ依ルノ外議員候補者ニ非サル者ノ氏名ヲ記載シタル投票ハ之ヲ無效トス

第二十六條　投票ノ效力ハ選擧立會人又ハ開票立會人ノ意見ヲ聽キ選擧長又ハ開票分會長之ヲ決定スヘシ

第二十七條　市制第三十三條第一項ノ規定ハ同項第六號トシテ左ノ一號ヲ加ヘ之ヲ適用ス

六　府縣制第三十四條ノ二ノ規定ノ準用ニ依ル訴訟ノ結果當選無效ト爲リタルトキ

第二十八條　市制第三十六條第一項ノ規定中選擧人トアルハ選擧人又ハ議員候補者トシ同規定ヲ適用ス

第四章　市制第三十九條ノ二ノ市ノ市會議員ノ選擧運動及其ノ費用竝ニ公立學校等ノ設備ノ使用

第二十九條　選擧事務所ハ議員候補者一人ニ付議員ノ定數（選擧區アル場合ニ於テハ當該選擧區ノ配當議員數）ヲ以テ選擧人名簿（選擧區アル場合ニ於テハ當該選擧區ノ選擧人名簿）確定ノ日ニ於テ之ニ登錄セラレタル者ノ總數ヲ除シテ得タル數一千以上ナルトキハ二箇所ヲ、一千未滿ナルトキハ一箇所ヲ超ユルコトヲ得ス選擧ノ一部無效ト爲リ更ニ選擧ヲ行フ場合又ハ市制第二十二條第四項ノ規定ニ依リ投票ヲ行フ場合ニ於テハ選擧事務所ハ前項ノ規定ニ依ル數ヲ超エサル範圍內ニ於テ府縣知事（東京府ニ於テハ警視總監）ノ定メタル數ヲ超ユルコトヲ得ス

府縣知事（東京府ニ於テハ警視總監）ハ選擧ノ期日ノ告示アリタル後直ニ前二項ノ規定ニ依ル選擧事務所ノ數ヲ告示スヘシ

第三十條　選擧委員及選擧事務員ハ議員候補者一人ニ付議員ノ定數（選擧區アル場合ニ於テハ當該選擧區ノ配當議員數）ヲ以テ選擧人名簿（選擧區アル場合ニ於テハ當該選擧區ノ選擧人名簿）確定ノ日ニ於テ之ニ登錄セラレタル者ノ總數ヲ除シテ得タル數一千以上ナルトキハ通シテ十五人ヲ、一千未滿ナルトキハ通シテ十人ヲ超ユルコトヲ得ス

前條第二項及第三項ノ規定ハ選擧委員及選擧事務員ニ之ヲ準用ス

第三十一條　選擧運動ノ費用ハ議員候補者一人ニ付左ノ各號ノ額ヲ超ユルコトヲ得ス

一　議員ノ定數（選擧區アル場合ニ於テハ當該選擧區ノ配當議員數）ヲ以テ選擧人名簿（選擧區アル場合ニ於テハ當該選擧區ノ選擧人名簿）確定ノ日ニ於テ之ニ登錄セラレタル者ノ總數ヲ除シテ得クル數ヲ四十錢ニ乘シテ得タル額但シ三百圓未滿ナルモノハ三百圓トス

二　選擧ノ一部無效ト爲リ更ニ選擧ヲ行フ場合ニ於テハ議員ノ定數（選擧區アル場合ニ於テハ當該選擧區ノ配當議員數）ヲ以テ選擧人名簿（選擧區アル場合ニ於テハ當該選擧區ノ選擧人

名簿）確定ノ日ニ於テ關係區域ノ選擧人名簿ニ登錄セラレタル者ノ總數ヲ除シテ得タル數ヲ四十錢ニ乘シテ得タル額

三　市制第二十二條第四項ノ規定ニ依リ投票ヲ行フ場合ニ於テハ前號ノ規定ニ準シテ算出シタル額但シ府縣知事（東京府ニ於テハ警視總監）必要アリト認ムルトキハ之ヲ減額スルコトヲ得

府縣知事（東京府ニ於テハ警視總監）ハ選擧ノ期日ノ告示アリタル後直ニ前項ノ規定ニ依ル額ヲ告示スヘシ

第三十二條　衆議院議員選擧法施行令第八章、第九章及第十二章ノ規定ハ市制第三十九條ノ二ノ市ノ市會議員選擧ニ之ヲ準用ス

第五章　市町村吏員ノ賠償責任及身元保證

第三十三條　市町村吏員其ノ管掌ニ屬スル現金、證券其ノ他ノ財產ヲ亡失又ハ毀損シタルトキハ市町村ハ期間ヲ指定シ其ノ損害ヲ賠償セシムヘシ但シ避クヘカラサル事故ニ原因シタルトキ又ハ他ノ者ノ使用ニ供シタル場合ニ於テ合規ノ監督ヲ怠ラサリシトキハ市町村ハ其ノ賠償ノ責任ヲ免除スヘシ

第三十四條　收入役、副收入役若ハ收入役代理者又ハ收入役ノ事務ヲ兼掌スル町村長若ハ助役市制第百三十九條第二項又ハ町村制第百十九條第二項ノ規定ニ違反シテ支出ヲ爲シタルトキハ市町村ハ期間ヲ指定シ之ニ因リテ生シタル損害ヲ賠償セシムヘシ區收入役、區副收入役又ハ區收

入役代理者ニ付亦同シ

第三十五條　市町村吏員其ノ執務上必要ナル物品ノ交付ヲ受ケ故意又ハ怠慢ニ因リ之ヲ亡失又ハ毀損シタルトキハ市町村ハ期間ヲ指定シ其ノ損害ヲ賠償セシムヘシ

第三十六條　前三條ノ處分ヲ受ケタル者其ノ處分ニ不服アルトキハ府縣參事會ニ訴願シ其ノ裁決ニ不服アルトキハ行政裁判所ニ出訴スルコトヲ得

前項ノ裁決ニ付テハ府縣知事又ハ市町村ヨリモ訴訟ヲ提起スルコトヲ得

府縣參事會訴願ヲ受理シタルトキハ其ノ日ヨリ三月以內ニ之ヲ裁決スヘシ

市制第百六十條第一項乃至第三項又ハ町村制第百四十條第一項乃至第三項ノ規定ハ第一項及第二項ノ訴願及訴訟ニ之ヲ準用ス

第三十七條　賠償金ノ徵收ニ關シテハ市制第百三十一條又ハ町村制第百十一條ノ例ニ依ル

第三十八條　市町村吏員ニ對シ身元保證ヲ徵スルノ必要アリト認ムルトキハ市町村ハ其ノ種類、價格、程度其ノ他必要ナル事項ヲ定ムヘシ

第三十九條　本章中市町村ニ關スル規定ハ市制第六條ノ市ノ區及市制第百四十四條ノ市ノ一部及町村制第百二十四條ノ町村ノ一部ニ之ヲ準用ス

第六章　市町村稅ノ賦課徵收

第四十條　市町村ノ內外ニ於テ營業所ヲ設ケ營業ヲ爲ス者ニシテ其ノ營業又ハ收入ニ對スル本稅

ヲ分別シテ納メサル者ニ對シ附加税ヲ賦課セントスルトキハ市町村長ハ關係市長又ハ町村長（町村長ニ準スヘキ者ヲ含ム）ト協議ノ上其ノ本税額ノ步合ヲ定ムヘシ

前項ノ協議調ハサルトキハ府縣知事之ヲ定メ其ノ數府縣ニ渉ルモノハ内務大臣及大藏大臣之ヲ定ムヘシ

第一項ノ場合ニ於テ直接ニ收入ヲ生スルコトナキ營業所アルトキハ他ノ營業所ト收入ヲ共通スルモノト認メ前二項ノ規定ニ依リ本税額ノ步合ヲ定ムヘシ

府縣ニ於テ數府縣ニ渉ル營業又ハ其ノ收入ニ對シ營業税附加税、營業收益税附加税又ハ所得税附加税賦課ノ步合ヲ定メタルモノアルトキハ其ノ步合ニ依ル本税額ヲ以テ其ノ府縣ニ於ケル本税額ト看做ス

第四十一條　鑛區（砂鑛區域ヲ含ム以下之ニ同シ）カ市町村ノ内外ニ渉ル場合ニ於テ鑛區税（砂鑛區税ヲ含ム）ノ附加税ヲ賦課セントスルトキハ鑛區ノ屬スル地表ノ面積ニ依リ其ノ本税額ヲ分割シ其ノ一部ニノミ課賦スヘシ

市町村ノ内外ニ於テ鑛業ニ關スル事務所其ノ他ノ營業所ヲ設ケタル場合ニ於テ鑛産税ノ附加税ヲ賦課セントスルトキハ前條ノ例ニ依ル、鑛區カ營業所所在ノ市町村ノ内外ニ渉ル場合亦同シ

第四十二條　住所滯在カ市町村ノ内外ニ渉ル者ノ收入ニシテ土地家屋物件又ハ營業所ヲ設ケタル營業ヨリ生スル收入ニ非サルモノニ對シ市町村税ヲ賦課セントスルトキハ其ノ收入ヲ平分シ其

ノ一部ニノミ賦課スヘシ
前項ノ住所又ハ滯在カ其ノ時ヲ異ニシタルトキハ納税義務ノ發生シタル翌月ノ初メヨリ其ノ消滅シタル月ノ終迄月割ヲ以テ賦課スヘシ但シ賦課後納税義務者ノ住所又ハ滯在ニ異動ヲ生スルモ賦課額ハ變更セス其ノ新ニ住所ヲ有シ又ハ滯在スル市町村ニ於テハ賦課ナキ部分ニノミ賦課スヘシ
住所滯在カ同一府縣內ノ市町村ノ內外ニ渉ル者其ノ住所又ハ滯在ノ時ヲ異ニシタル場合ニ於テ其ノ者ニ對シ戶數割附加税ヲ賦課セントスルトキハ前項ノ規定ヲ準用ス
第四十三條　市町村税ヲ徵收セントスルトキハ市町村長ハ徵税令書ヲ納税人ニ交付スヘシ
第四十四條　徵税令書ヲ受ケタル納税人納期內ニ税金ヲ完納セサルトキハ市町村長ハ直ニ督促狀ヲ發スヘシ
第四十五條　督促ヲ爲シタル場合ニ於テハ一日ニ付税金額ノ萬分ノ四以內ニ於テ市町村ノ定ムル割合ヲ以テ納期限ノ翌日ヨリ税金完納又ハ財産差押ノ日ノ前日迄ノ日數ニ依リ計算シタル延滯金ヲ徵收スヘシ但シ左ノ各號ノ一ニ該當スル場合又ハ滯納ニ付市町村長ニ於テ酌量スヘキ情狀アリト認ムルトキハ此ノ限ニ在ラス
一　令書一通ノ税金額五圓未滿ナルトキ
二　納期ヲ繰上ケ徵收ヲ爲ストキ

三　納税者ノ住所及居所カ帝國内ニ在ラサル爲又ハ共ニ不明ナル爲公示送達ノ方法ニ依リ納税ノ命令又ハ督促ヲ爲シタルトキ
督促狀ノ指定期限迄ニ税金及督促手數料ヲ完納シタルトキハ延滯金ハ之ヲ徴收セス
第四十六條　納税人左ノ場合ニ該當スルトキハ徴税令書ヲ交付シタル市町村税ニ限リ納期前ト雖モ之ヲ徴收スルコトヲ得
一　國税徴收法ニ依ル滯納處分ヲ受クルトキ
二　强制執行ヲ受クルトキ
三　破産ノ宣告ヲ受ケタルトキ
四　競賣ノ開始アリタルトキ
五　法人カ解散ヲ爲シタルトキ
六　納税人脱税又ハ逋税ヲ謀ルノ所爲アリト認ムルトキ
第四十六條ノ二　相續人又ハ相續財團ハ被相續人ニ對シ相續開始前ノ事實ニ付賦課セラルヘキ市町村税ヲ納ムル義務ヲ負フ但シ戸主ノ死亡以外ノ原因ニ依リ家督相續ノ開始アリタルトキハ被相續人モ亦之ヲ納ムル義務ヲ負フ
國籍喪失ニ因ル相續人又ハ限定承認ヲ爲シタル相續人ハ相續ニ因リテ得タル財産ヲ限度トシ前項ノ義務ヲ負フ
第四十七條　相續開始ノ場合ニ於テハ市町村税、督促手數料、延滯金及滯納處分費ハ相續財團又

ハ相續人ヨリ之ヲ徴收スヘシ但シ戸主ノ死亡以外ノ原因ニ依リ家督相續ノ開始アリタルトキハ被相續人ヨリモ之ヲ徴收スルコトヲ得

國籍喪失ニ因ル相續人又ハ限定承認ヲ爲シタル相續人ハ相續ニ因リテ得タル財産ヲ限度トシテ市町村税、督促手數料、延滯金及滯納處分費ヲ納付スルノ義務ヲ有ス

法人合併ノ場合ニ於テハ合併ニ因リ消滅シタル法人ノ納付スヘキ市町村税、督促手數料、延滯金及滯納處分費ハ合併後存續スル法人又ハ合併ニ因リ設立シタル法人ヨリ之ヲ徴收スヘシ

第四十八條　共有物、共同事業、共同事業ニ因リ生シタル物件又ハ共同行爲ニ係ル市町村税、督促手數料、延滯金及滯納處分費ハ納税者連帶シテ其ノ義務ヲ負擔ス

第四十九條　同一年度ノ市町村税ニシテ既納ノ税金過納ナルトキハ爾後ノ納期ニ於テ徴收スヘキ同一税目ノ税金ニ充ツルコトヲ得

第五十條　納税義務者納税地ニ住所又ハ居所ヲ有セサルトキハ納税ニ關スル事項ヲ處理セシムル爲納税管理人ヲ定メ市町村長ニ申告スヘシ其ノ納税管理人ヲ變更シタルトキ亦同シ

第五十一條　徴税令書、督促狀及滯納處分ニ關スル書類ハ名宛人ノ住所又ハ居所ニ送達ス名宛人カ相續財團ニシテ財産管理人アルトキハ財産管理人ノ住所又ハ居所ニ送達ス

納税管理人アルトキハ納税ノ告知及督促ニ關スル書類ニ限リ其ノ住所又ハ居所ニ送達ス

第五十二條　書類ノ送達ヲ受クヘキ者カ其ノ住所若ハ居所ニ於テ書類ノ受取ヲ拒ミタルトキ又ハ其ノ者ノ住所及居所カ帝國內ニ在ラサルトキ若ハ共ニ不明ナルトキハ書類ノ要旨ヲ公告シ公告

ノ初日ヨリ七日ヲ經過シタルトキハ書類ノ送達アリタルモノト看做ス

第五十三條　市町村ハ内務大臣及大藏大臣ノ指定シタル市町村税ニ付テハ其ノ徴收ノ便宜ヲ有スル者ヲシテ之ヲ徴收セシムルコトヲ得

前項ノ市町村税ノ徴收ニ付テハ第四十三條ノ規定ニ依ラサルコトヲ得

第五十四條　前條第一項ノ規定ニ依リ市町村税ヲ徴收セシムル場合ニ於テハ納税人ハ其ノ税金ヲ徴收義務者ニ拂込ムニ依リテ納税ノ義務ヲ了ス

第五十五條　第五十三條第一項ノ規定ニ依ル徴收義務者ハ徴收スヘキ市町村税ヲ市町村長ノ指定シタル期日迄ニ市町村ニ拂込ムヘシ、其ノ期日迄ニ拂込マサルトキハ市町村長ハ相當ノ期間ヲ指定シ督促狀ヲ發スヘシ

第五十六條　市町村ハ前條ノ徴收ノ費用トシテ拂込金額ノ百分ノ四ヲ徴收義務者ニ交付スヘシ

第五十七條　第五十三條第一項ノ規定ニ依ル徴收義務者避クヘカラサル災害ニ依リ既收ノ税金ヲ失ヒタルトキハ其ノ税金拂込義務ノ免除ヲ市町村長ニ申請スルコトヲ得

市町村長前項ノ申請ヲ受ケタルトキハ七日以内ニ市參事會又ハ町村會ノ決定ニ付スヘシ市參事會又ハ町村會ハ其ノ送付ヲ受ケタル日ヨリ三月以内ニ之ヲ決定スヘシ

前項ノ決定ニ不服アル者ハ府縣參事會ニ訴願シ其ノ裁決又ハ第四項ノ裁決ニ不服アル者ハ内務大臣ニ訴願スルコトヲ得

第二項ノ決定ニ付テハ市町村長ヨリモ訴願ヲ提起スルコトヲ得

前二項ノ裁決ニ付テハ市町村長又ハ府縣知事ヨリモ內務大臣ニ訴願スルコトヲ得
府縣參事會訴願ヲ受理シタルトキハ其ノ日ヨリ三月以內ニ之ヲ裁決スヘシ
市制第百六十條第一項乃至第三項又ハ町村制第百四十條第一項乃至第三項ノ規定ハ第三項乃至第五項ノ訴願ニ之ヲ準用ス
第二項ノ決定ハ文書ヲ以テ之ヲ爲シ其ノ理由ヲ附シ之ヲ本人ニ交付スヘシ

第五十八條　第四十五條乃至第四十八條ノ規定ハ第五十三條第一項ノ規定ニ依リ市町村稅ヲ徵收セシムル場合ノ拂込金ニ之ヲ準用ス

第七章　市町村ノ監督

第五十九條　左ニ揭クル事件ハ內務大臣ノ許可ヲ受クヘシ
一　市町村會議員ノ定數增減ニ關スル條例（著シク人口ノ增減アリタルニ因ル町村會議員ノ定數增減ニ關スル條例ヲ除ク）ヲ設ケ又ハ改正スルコト
二　市會議員選擧區ニ關スル條例ヲ設ケ又ハ改正スルコト
三　町村制第四十五條第三項ノ規定ニ依リ議長及其ノ代理者ヲ置クコトニ關スル條例ヲ設クルコト
四　名譽職市長又ハ市參與ヲ置クコトニ關スル條例ヲ設ケ又ハ改正スルコト

第五十九條ノ二　左ニ揭クル事件ハ內務大臣及大藏大臣ノ許可ヲ受クヘシ但シ第三號及第四號ニ揭クル事件ニシテ傳染病豫防費又ハ急施ヲ要スル災害復舊工事費ニ充ツル爲借入ルル市町村

債、府縣ノ基金又ハ教育資金ヨリ借入ルル市町村債及市町村ニ轉貸ノ爲主務大臣ノ許可ヲ得テ借入レタル府縣債ノ收入金ヨリ借入ルル市町村債ニ付テハ此ノ限ニ在ラス

一　水道、電氣、瓦斯、鐵道、軌道及自動車竝ニ中央卸賣市場法ニ依ル市場ノ使用料ニ關スルコト

二　特別税段別割ヲ除クノ外特別税ヲ新設シ又ハ變更スルコト

三　小學校舍ノ建築、增築、改築其ノ他小學校設備ノ費用ニ充ツル爲借入ルル市町村債ニシテ据置期間ヲ通シ償還期限十年度ヲ超ユルモノニ關スルコト

四　前號ニ掲クル費用ニ充ツル爲借入ルル市町村債ヲ除クノ外据置期間ヲ通シ償還期限二年度ヲ超ユル市町村債及借入ノ翌年度ニ於テ借入金ヲ以テ償還スル市町村債ニ關スルコト

第六十條　左ニ掲クル事件ハ監督官廳ノ許可ヲ受クルコトヲ要セス

一　耕地整理又ハ區劃整理ノ爲市町村又ハ市制第六條ノ市ノ區ノ境界ヲ變更スルコト但シ關係アル市町村會又ハ區會ニ於テ意見ヲ異ニスルトキハ此ノ限ニ在ラス

二　所屬未定地ヲ市町村又ハ市制第六條ノ市ノ區ノ區域ニ編入スルコト但シ關係アル市町村會又ハ區會ニ於テ意見ヲ異ニスルトキハ此ノ限ニ在ラス

三　公告式、印鑑、書類送達、諸證明、市町村ノ一部ノ區會又ハ區總會ニ關スル條例ヲ設ケ又ハ改廢スルコト

四　公會堂、公園、水族館、動物園、植物園、鑛泉、浴場、共同宿泊所、消毒所、產婆、胞衣及產穢物燒却場、幼兒哺育場、商品陳列所、勸業館、農業倉庫、殺蛹乾燥場、種畜、牛馬種

付所、斃獸解剖場、獸醫、上屋、荷揚場、貯木場、土砂採取場、石材採取場、農具ノ管理及使用並ニ使用料ニ關スル條例ヲ設ケ又ハ改廢スルコト

五 手數料、加入金、延滯金及積立金穀等ニ關スル條例ヲ設ケ又ハ改廢スルコト

六 府縣費ノ全部ノ分賦ヲ受クル市ニ於テ特別稅特別地稅又ハ大正十五年勅令第三百三十九號第十七條第一項ニ揭クル種類ト同種類ノ特別稅ノ賦課ニ關スル條例ヲ設ケ又ハ改正スルコト但シ特別稅特別地稅ニ付テハ大正十五年勅令第百四十三號ニ依リ府縣知事ニ於テ許可スル課稅ノ限度ヲ超ユルモノ及新ニ漁業ニ對シ特別稅ヲ賦課シ又ハ其ノ賦課率若ハ賦課方法ヲ變更スルモノニ付テハ此ノ限ニ在ラス

七 特別稅戶數割ヲ新設シ又ハ變更スルコト及之ニ關スル條例ヲ設ケ又ハ改正スルコト

八 使用料、特別稅又ハ委員ニ關スル條例ヲ廢止スルコト

九 三年度ヲ超エサル繼續費ヲ定メ又ハ其ノ年期內ニ於テ之ヲ變更スルコト

十 繼續費ヲ減額スルコト

十一 市町村債ノ借入額ヲ減少シ又ハ利息ノ定率ヲ低減スルコト

十二 市町村債ノ借入先ヲ變更シ又ハ債券發行ノ方法ニ依ル市町村債ヲ其ノ他ノ方法ニ依ル市町村債ニ變更スルコト

十三 市町村債ノ償還年限ヲ短縮シ又ハ其ノ償還年限ヲ延長セスシテ低利借替ヲ爲シ若ハ繰上償還ヲ爲スコト但シ外資ニ依リタル市町村債ノ借替又ハ外資ヲ以テスル借替ニ付テハ此ノ限

ニ在ラス

十四　市町村債ノ償還年限ヲ延長セスシテ不均等償還ヲ元利均等償還ニ變更シ又ハ年度内ノ償還期若ハ償還期數ヲ變更スルコト

十五　市町村債ニ關スル條例ヲ設ケ又ハ改廢スルコト

第六十一條　府縣知事ハ市會ノ意見ヲ徵シ府縣參事會ノ議決ヲ經テ市條例ヲ設定シ新ニ區會ヲ設クルコトヲ得

第八章　市制第六條ノ市ノ區

第六十二條　區內ニ住所ヲ有スル市公民ハ總テ區會議員ノ選擧權ヲ有ス但シ公民權停止中ノ者又ハ市制第十一條ノ規定ニ該當スル者ハ此ノ限ニ在ラス

第六十三條　區會議員ノ選擧權ヲ有スル市公民ハ區會議員ノ被選擧權ヲ有ス

在職ノ檢事、警察官吏及收稅官吏ハ被選擧權ヲ有セス

選擧事務ニ關係アル官吏及市ノ有給吏員ハ其ノ關係區域內ニ於テ被選擧權ヲ有セス

市ノ有給ノ吏員敎員其ノ他ノ職員ニシテ在職中ノ者ハ其ノ所屬區ノ區會議員ト相兼ヌルコトヲ得ス

第六十四條　區會議員ハ市ノ名譽職トス

議員ノ任期ハ四年トシ總選擧ノ日ヨリ之ヲ起算ス

議員ノ定數ニ異動ヲ生シタル爲解任ヲ要スル者アルトキハ區長抽籤シテ之ヲ定ム但シ闕員アル

トキハ其ノ闕員ヲ以テ之ニ充ツヘシ
前條但書ノ場合ニ於テ闕員ノ數解任ヲ要スル者ノ數ニ滿チサルトキハ其ノ不足ノ員數ニ付區長抽籤シテ解任スヘキ者ヲ定メ闕員ノ數解任ヲ要スル者ノ數ヲ超ユルトキハ解任ヲ要スル者ニ充ツヘキ闕員ハ最モ先ニ闕員ト爲リタル者ヨリ順次之ニ充テ闕員ト爲リタル時同シキトキハ區長抽籤シテ之ヲ定ム
議員ノ定數ニ異動ヲ生シタル爲新ニ選擧セラレタル議員ハ總選擧ニヨリ選擧セラレタル議員ノ任期滿了ノ日迄在任ス

第六十五條　區會ノ組織及區會議員ノ選擧ニ關シテハ前數條ニ定ムルモノノ外市制第十三條、第十七條及第二十條乃至第三十九條竝ニ本令第七條乃至第二十條ノ規定ヲ準用ス但シ市制第十三條第四項ノ規定ノ準用ニ依ル市條例ノ設定ニ付テハ市ハ區會ノ意見ヲ徴スヘク、市制第三十二條及第三十四條ノ規定ノ準用ニ依ル報告ハ市長ヲ經テ之ヲ爲スヘシ

第六十六條　第三章及第四章ノ規定ハ市制第三十九條ノ二ノ區ノ區會議員選擧ニ之ヲ準用ス

第六十七條　區會ノ職務權限ニ關シテハ市會ノ職務權限ニ關スル規定ヲ準用ス
區長ト區會トノ關係ニ付テハ市長ト市會トノ關係ニ關スル規定及市制第九十二條ノ規定ヲ準用ス

第六十八條　區會ヲ設ケサル區ニ於テハ區會ノ職務ハ市會之ヲ行フ

第六十九條　市ハ區會ノ意見ヲ徴シ區ノ營造物ニ關シ市條例又ハ市規則ヲ設クルコトヲ得

市制第百二十九條ノ規定ハ前條ノ場合ニ之ヲ準用ス
區ハ前二項ノ市條例ノ定ムル所ニ依リ區ノ營造物ノ使用ニ付使用料ヲ徵收シ又ハ過料ヲ科スルコトヲ得

第七十條　區ハ其ノ財產及營造物ニ關シ必要ナル費用ヲ支辨スル義務ヲ負フ
前項ノ支出ハ區ノ財產ヨリ生スル收入、使用料其ノ他法令ニ依リ區ニ屬スル收入ヲ以テ之ニ充テ仍不足アルトキハ市ハ其ノ區ニ於テ特ニ賦課徵收スル市稅ヲ以テ之ニ充ツヘシ
前項ノ市稅ニ付市會ノ議決スヘキ事項ハ區會之ヲ議決ス但シ市ノ定メタル制限ヲ超ユルコトヲ得
市制第九十八條第四項ノ規定ニ依リ市ノ負擔スル費用ニ付テハ前二項ノ規定ヲ準用ス

第七十一條　前數條ニ定ムルモノノ外區ニ關シテハ市制第百十四條、第百十五條、第百三十條第二項乃至第六項、第百三十一條第一項、第二項、第四項乃至第八項及第百三十三條乃至第百四十三條竝ニ本令第一條乃至第四條ノ規定ヲ準用ス但シ第百三十條第三項中市參事會トアルハ區會第百四十一條第二項中名譽職參事會員トアルハ區會議員トス
前項ノ規定ニ依リ市制第百三十一條第一項ノ規定ヲ準用スル場合ニ於テハ市ハ區會ノ意見ヲ徵シ市條例ヲ定メ區ヲシテ手數料ヲ徵收セシムルコトヲ得

第七十二條　區ノ監督ニ付テハ市ノ監督ニ關スル規定ヲ準用ス

第八章　雜則

第七十三條　市町村組合又ハ町村組合ニ關シテハ第一條乃至第四條ノ規定ニ拘ラス組合規約ニ於テ別段ノ定ヲ爲スコトヲ得
第七十四條　本令中府縣、府縣知事又ハ府縣參事會ニ關スル規定ハ北海道ニ付テハ各北海道、北海道廳長官又ハ北海道參事會ニ、本令第一章中町村長又ハ町村條例ニ關スル規定ハ北海道ニ付テハ各町村長又ハ町村條例ニ準スヘキモノニ之ヲ適用ス
北海道二級町村ノ區域ノ境界ニ涉リ市ノ設置又ハ境界變更アリタル場合ニ於テ新ニ市ノ區域ニ屬シタル地域ニ關シ必要ナル選擧人名簿ハ其ノ地域ノ新ニ屬シタル市ノ市長之ヲ調製スヘシ
前項ノ選擧人名簿ニ關シ市制第二十一條乃至第二十一條ノ五ニ規定スル期日又ハ期間ニ依リ難キトキハ北海道廳長官ニ於テ其ノ期日又ハ期間ヲ定ムヘシ但シ其ノ選擧人名簿ハ次ノ選擧人名簿確定迄其ノ效力ヲ有ス
前項ノ規定ニ依リ期日又ハ期間ヲ定メタルトキハ北海道廳長官ハ直ニ之ヲ告示スヘシ
市ノ區域ノ境界ニ涉リ北海道二級町村ノ設置又ハ境界變更アリタル場合ニ於テハ市長ハ其ノ市ニ於ケル選擧人名簿中新ニ町村ノ區域ニ屬シタル地域ニ係ル部分ヲ抹消スヘシ

附　則

本令中公民權及議員選擧ニ關スル規定ハ次ノ總選擧ヨリ、其ノ他ノ規定ハ大正十五年七月一日ヨリ之ヲ施行ス
左ノ勅令ハ之ヲ廢止ス

明治四十四年勅令第二百四十號　明治四十四年勅令第二百四十一號
明治四十四年勅令第二百四十四號　明治四十四年勅令第二百四十五號
明治四十四年勅令第二百四十八號　大正九年勅令第百六十八號　大正十年勅令第四百十二號

從前ノ規定ニ依ル手續其ノ他ノ行爲ハ本令ニ別段ノ規定アル場合ヲ除クノ外之ヲ本令ニ依リ爲シタルモノト看做ス

大正十年勅令第四百十二號第二條ノ規定ニ依リ然シタル許可ノ申請ニシテ大正十五年六月三十日迄ニ許可ヲ得サルモノハ之ヲ本令第五十九條ノ規定ニ依リ府縣知事ニ爲シタル許可ノ申請ト看做ス

大正十五年市制中改正法律又ハ同年町村制中改正法律中選擧ニ關スル規定ノ施行セラレタル市町村及未タ施行セラレサル市町村ノ區域ノ境界ニ渉リ市町村ノ廢置分合又ハ境界變更アリタル場合ニ於テ右選擧ニ關スル規定ノ施行セラレサリシ市町村ノ區域ニ屬シタル地域ニ關シ必要ナル選擧人名簿ハ其ノ地域ノ新ニ屬シタル市町村ノ市町村長之ヲ調製スヘシ、此ノ場合ニ於テハ大正十五年市制中改正法律附則第二項又ハ同年町村制中改正法律附則第四項ノ例ニ依ル

明治四十四年勅令第二百四十五號第四條又ハ大正九年勅令第百六十八號第四條ノ規定ニ依リ爲シタル決定又ハ裁決ニ對スル訴願又ハ訴訟ノ提起期間ハ決定又ハ裁決アリタル日ノ翌日ヨリ之ヲ起算ス

從前市町村長ニ爲シタル申請ニシテ大正十五年六月三十日迄ニ市參事會又ハ町村會ノ決定ニ付セラレサルモノニ付テハ第五十七條第二項ノ期間ハ同年七月一日ヨリ之ヲ起算ス

從前市參事會若ハ町村會ノ決定ニ付セラレタル申請又ハ府縣參事會ニ於テ受理シタル訴願ニシテ大正十五年六月三十日迄ニ決定又ハ裁決ナキモノニ付テハ第三十六條第三項並ニ第五十七條第二項及第六項ノ期間ハ同年七月一日ヨリ之ヲ起算ス

本令ニ依リ初メテ區會議員ヲ選擧スル場合ニ於テ必要ナル選擧人名簿ニ關シ市制第二十一條乃至第二十五條ノ五ノ規定ノ準用ニ依ル期日又ハ期間ニ依リ難キトキハ命令ヲ以テ別ニ其ノ期日又ハ期間ヲ定ム但シ其ノ選擧人名簿ハ次ノ選擧人名簿確定迄其ノ效力ヲ有ス

本令中公民權及議員選擧ニ關スル規定施行ノ際大正十五年府縣制中改正法律中議員選擧ニ關スル規定若ハ同年市制中改正法律中公民權及議員選擧ニ關スル規定又ハ同年勅令第三號衆議院議員選擧法施行令未タ施行セラレサル場合ニ於テハ本令ノ適用ニ付テハ同規定又ハ同令ハ既ニ施行セラレタルモノト看做ス

昭和三年勅令第二百六十號附則

本令ハ公布ノ日ヨリ之ヲ施行ス

昭和二年勅令第二百六十九號北海道一級町村制中公民權及議員選擧ニ關スル規定ノ未タ施行セラ

レサル一級町村ノ區域ノ境界ニ渉リ市ノ設置又ハ境界變更アリタル場合ニ於テ其ノ異動アリタル地域ニ係ル市會議員選擧人名簿ニ付テハ第七十四條第二項乃至第五項ノ例ニ依ル

別表

點字（右側ノ記載ハ各點字ノ發音ヲ示スモノトス）

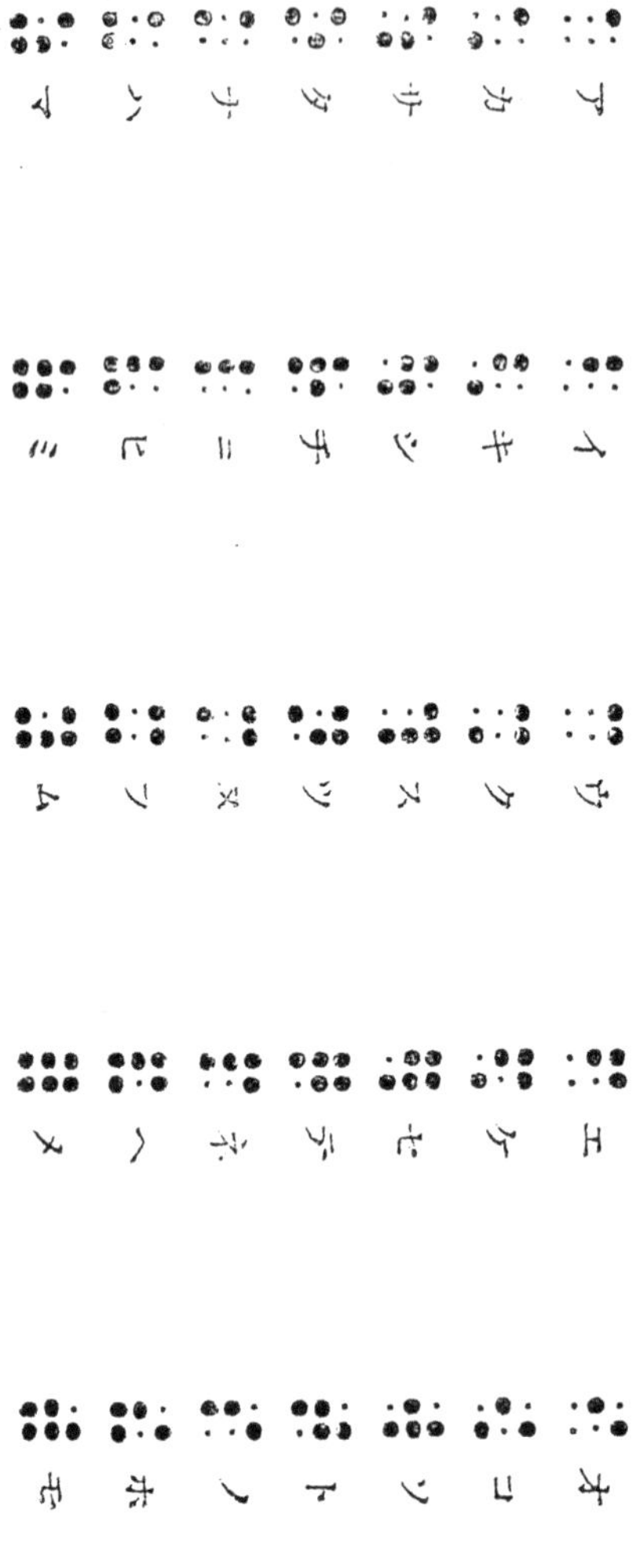

⠌ ヤ		⠬ ユ		⠜ ヨ
⠑ ラ	⠓ リ	⠙ ル	⠛ レ	⠚ ロ
⠄ ワ	⠆ ヰ		⠖ ヱ	⠔ ヲ
		⠴ ン		
⠐⠡ ガ	⠐⠣ ギ	⠐⠩ グ	⠐⠫ ゲ	⠐⠪ ゴ
⠐⠱ ザ	⠐⠳ ジ	⠐⠹ ズ	⠐⠻ ゼ	⠐⠺ ゾ
⠐⠕ ダ	⠐⠗ ヂ	⠐⠝ ヅ	⠐⠟ デ	⠐⠞ ド
⠐⠥ バ	⠐⠧ ビ	⠐⠭ ブ	⠐⠯ ベ	⠐⠮ ボ
⠠⠥ パ	⠠⠧ ピ	⠠⠭ プ	⠠⠯ ペ	⠠⠮ ポ

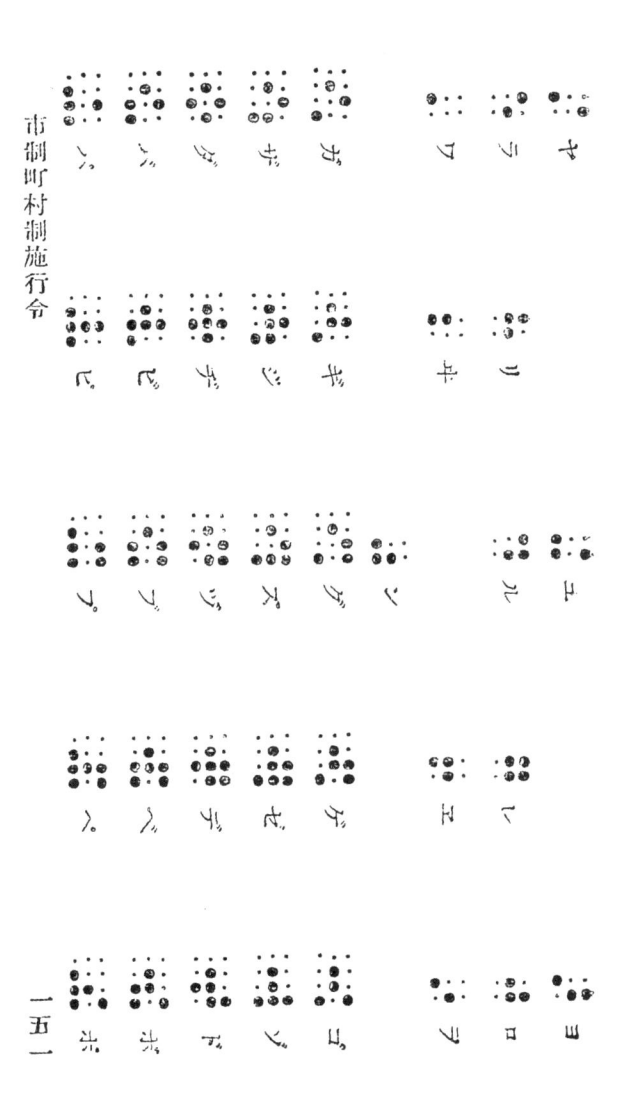

ガ　ギ　グ　ゲ　ゴ

キャ　キュ　キョ

シャ　シュ　ショ

チャ　チュ　チョ

ニャ　ニュ　ニョ

ヒャ　ヒュ　ヒョ

ミャ　ミュ　ミョ

リャ　リュ　リョ

ギャ　ギュ　ギョ

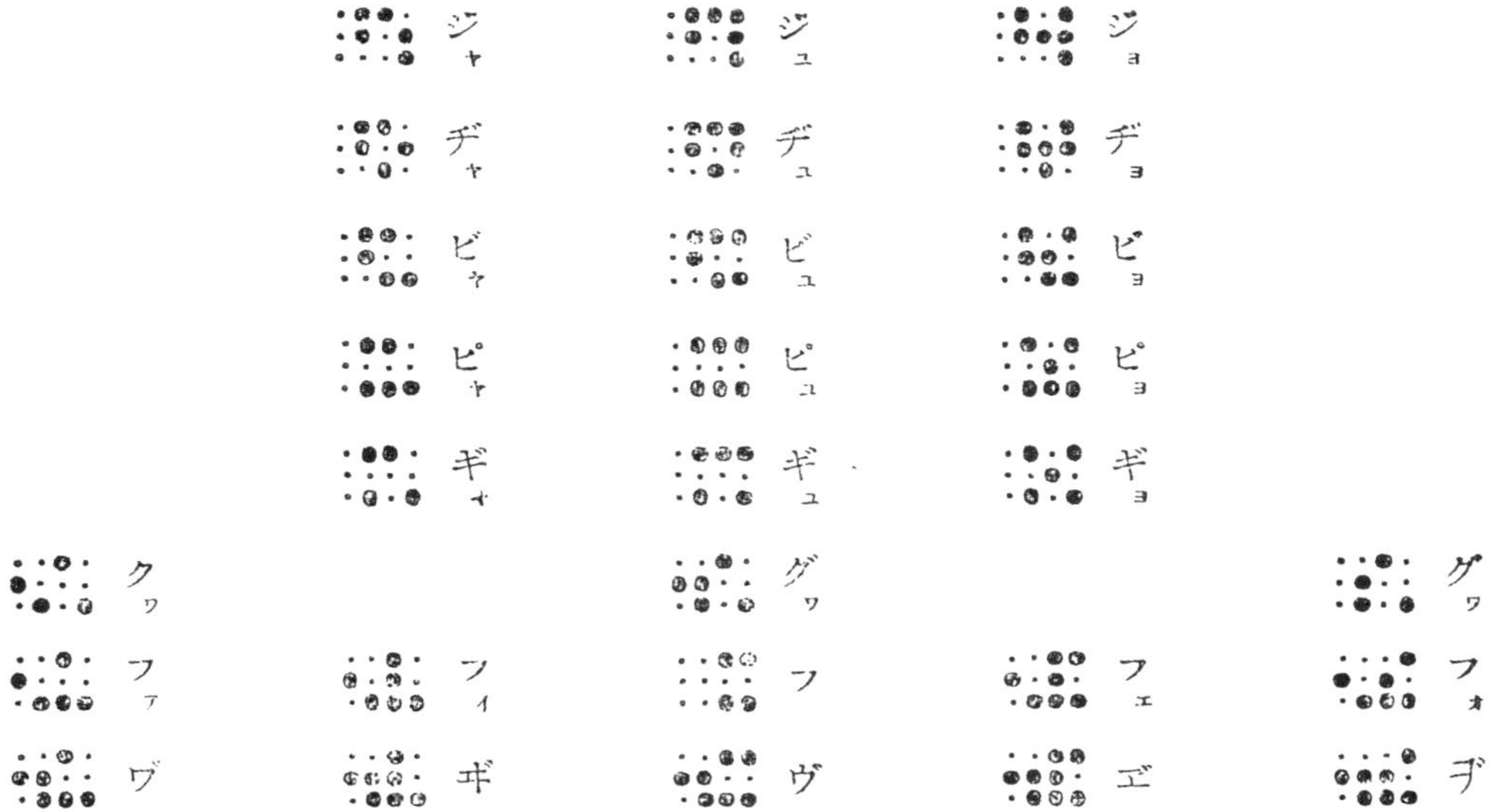
ジャ
ヂャ
ビャ
ピャ
ギャ
ジュ
ヂュ
ビュ
ピュ
ギュ
ジョ
ヂョ
ビョ
ピョ
ギョ
クヮ
ファ
ヷ
フィ
ヸ
グヮ
フ
ヴ
フェ
ヹ
グヮ
フォ
ヺ

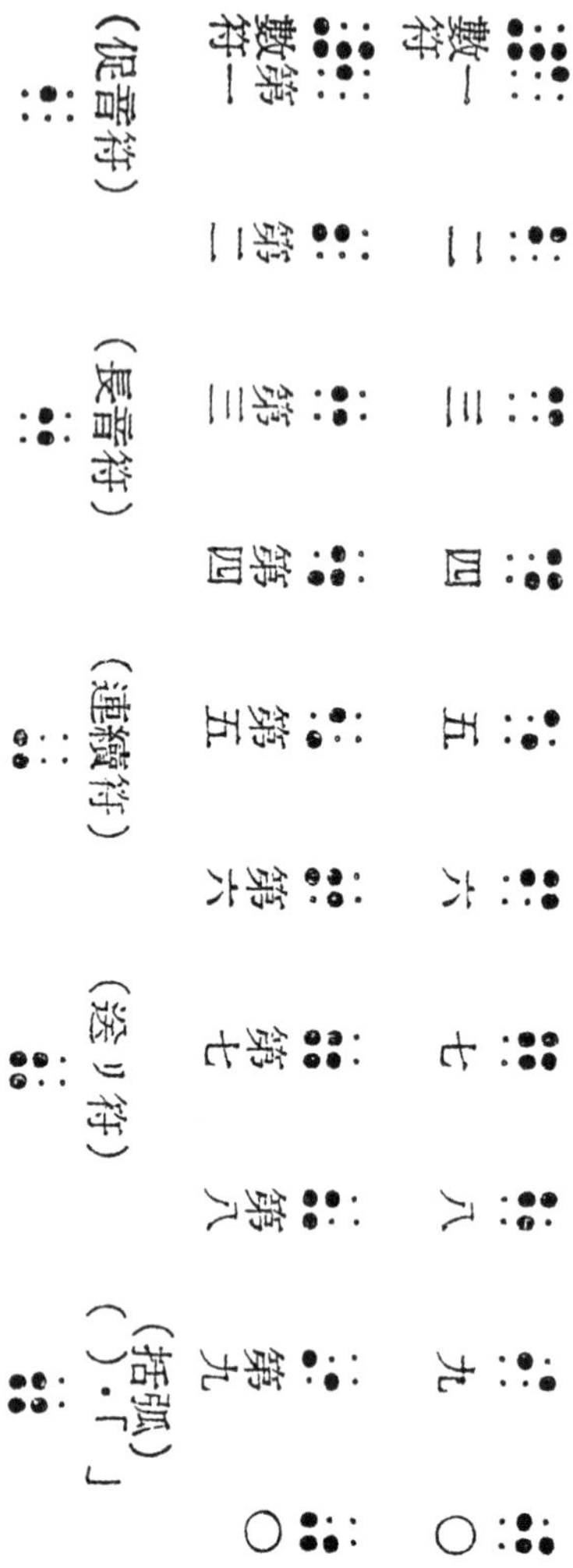

市制町村制施行規則

（大正十五年六月内務省令第十九號〇昭和三年十一月内務省令第三十九號、同四年一月内務省令第一號、同六月内務省令第二十二號改正）

第一章　市町村會議員ノ選擧

第一條　市制町村制ニ規定セル市區町村ノ人口ハ内閣ニ於テ官報ヲ以テ公示シタル最近ノ人口ニ

依ル

前項公示ノ人口現在ノ日以後ニ於テ市區町村ノ廢置分合、境界變更ヲ爲シ又ハ所屬未定地ヲ市區町村ノ區域ニ編入シタルトキハ關係市區町村ノ人口ハ左ノ區別ニ依リ府縣知事ノ告示シタル人口ニ依ル但シ市區町村ノ境界變更又ハ所屬未定地編入ノ地域ニ現住者ナキトキハ此ノ限ニ在ラス

一　一市區町村若ハ數市區町村ノ全部ノ區域ヲ以テ一市區町村ヲ置キタル場合又ハ一市區町村若ハ數市區町村ノ全部ノ區域ヲ他ノ市區町村ノ區域ニ編入シタル場合ニ於テハ關係市區町村ノ人口又ハ之ヲ集計シタルモノ

二　前號以外ノ場合ニ於テハ當該市區町村ノ人口ヲ廢置分合又ハ境界變更アリタリ日ノ現在ニ依リ府縣知事ノ調査シタル人口ニ按分シテ算出シタル當該地域ノ人口又ハ其ノ人口ヲ集計シタルモノ又ハ其ノ人口ヲ關係市區町村ノ人口ニ加算シ若ハ關係市區町村ノ人口ヨリ控除シタルモノ

三　所屬未定地ヲ市區町村ニ編入シタルトキハ編入ノ日ノ現在ニ依リ府縣知事ノ調査シタル其ノ地域ノ人口ヲ關係市區町村ノ人口ニ加算シタルモノ

四　前三號ノ規定ニ依ル人口ノ告示アリタル日以後ニ於テ市區町村ノ廢置分合若ハ境界變更又

ハ所屬未定地編入前ノ日ニ屬スル最近ノ人口ヲ內閣ニ於テ官報ヲ以テ公示アリタルトキハ更ニ其ノ公示ニ係ル人口ヲ基礎トシ前三號ノ規定ニ依リ算出シタルモノ

前項ノ規定ハ市區町村ノ境界確定シタル場合ニ之ヲ準用ス

前三項ノ人口中ニハ部隊艦船及監獄內ニ在リタル人員ヲ含マス

第二條　市町村長(市制第六條ノ市ニ於テハ區長)投票立會人(又ハ開票立會人)ヲ選任シタルトキハ直ニ之ヲ投票分會長(又ハ開票分會長)ニ通知スヘシ

第三條　市町村長(市制第六條ノ市ノ區ニ於テハ區長)必要アリト認ムルトキハ選擧會場入場劵(又ハ投票分會場入場劵)ヲ交付スルコトヲ得

第四條　投票記載ノ場所ハ選擧人ノ投票ヲ覗ヒ又ハ投票ノ交換其ノ他不正ノ手段ヲ用フルコト能ハサラシムル爲相當ノ設備ヲ爲スヘシ

第五條　投票函ハ二重ノ蓋ヲ造リ各別ニ鎖鑰ヲ設クヘシ

第六條　選擧長(又ハ投票分會長)ハ投票ヲ爲サシムルニ先チ選擧會場(又ハ投票分會場)ニ參會シタル選擧人ノ面前ニ於テ投票函ヲ開キ其ノ空虛ナルコトヲ示シタル後內蓋ヲ鎖スヘシ

第七條　選擧長(又ハ投票分會長)ハ選擧立會人(又ハ投票立會人)ノ面前ニ於テ選擧人ヲ選擧人名

簿（又ハ選擧人名簿ノ抄本）ニ對照シタル後投票用紙（假ニ投票ヲ爲サシムヘキ選擧人ニ對シテハ併セテ封筒）ヲ交付スヘシ

第八條　選擧人誤リテ投票ノ用紙又ハ封筒ヲ汚損シタルトキハ其ノ引換ヲ請求スルコトヲ得

第九條　投票ハ選擧長（又ハ投票分會長）及選擧立會人（又ハ投票立會人）ノ面前ニ於テ選擧人自ラ之ヲ投函スヘシ

第十條　選擧人投票前選擧會場（又ハ投票分會場）外ニ退出シ又ハ退出ヲ命セラレタルトキハ選擧長（又ハ投票分會長）ハ投票用紙（交付シタル封筒アルトキハ併セテ封筒）ヲ返付セシムヘシ

第十一條　投票ヲ終リタルトキハ選擧長（又ハ投票分會長）ハ投票函ノ內蓋ノ投票口及外蓋ヲ鎖シ其ノ內蓋ノ鑰ハ選擧立會人（投票分會ニ於テハ投票函ヲ送致スヘキ投票立會人）之ヲ保管シ外蓋ノ鑰ハ選擧長（又ハ投票分會長）之ヲ保管スヘシ

第十二條　投票函ハ其ノ閉鎖後選擧長（又ハ開票分會長）ニ送致ノ爲ノ外之ヲ會場外ニ搬出スルコトヲ得ス

第十三條　投票ヲ點檢スルトキハ選擧長ハ選擧會ノ事務ニ從事スル者二人ヲシテ各別ニ同一被選擧人（市制第三十九條ノ二ノ市ニ於テハ議員候補者以下之ニ同シ）ノ得票數ヲ計算セシムヘシ

第十四條　前條ノ計算終リタルトキハ選擧長ハ各被選擧人ノ得票數ヲ朗讀スヘシ

第十五條　前二條ノ規定ハ開票分會ヲ設ケタル場合ニ於ケル開票ニ之ヲ準用ス
開票分會ヲ設ケタル場合ニ於テハ選擧長ハ自ラ開票ヲ行ヒタル部分ニ付各被選擧人ノ得票數ヲ朗讀シタル後開票分會毎ニ各被選擧人ノ得票數ヲ朗讀シ終リニ各被選擧人ノ得票總數ヲ朗讀スヘシ

第十六條　選擧長（又ハ開票分會長）ハ投票ノ有效無效ヲ區別シ各之ヲ封筒ニ入レ二人以上ノ選擧立會人（又ハ開票立會人）ト共ニ封印ヲ施スヘシ
受理スヘカラスト決定シタル投票ハ其ノ封筒ヲ開披セス前項ノ例ニ依リ封印ヲ施スヘシ

第十七條　市制第三十九條ノ二ノ市ノ市會議員選擧ニ付テハ府縣制施行規則第五條、第七條及第二十二條ノ規定ヲ準用ス

第十八條　市制第三十九條ノ二ノ市ノ市會議員選擧ニ付開票分會ヲ設ケタルトキハ選擧長ハ豫メ議員候補者ノ氏名、職業、住所、生年月日其ノ他必要ナル事項ヲ當該開票分會長ニ通知スヘシ
議員候補者議員候補者タルコトヲ辭シタルトキ又ハ其ノ死亡シタルコトヲ知リタルトキ亦同シ

第十九條　點字投票ナル旨ノ印ハ投票用紙及封筒ノ表面ニ之ヲ押捺スヘシ

第二十條　市町村會議員選擧人名簿及其ノ抄本ハ別記樣式ニ依リ之ヲ調製スヘシ

第二十一條　選擧錄、投票錄及開票錄ハ別記樣式ニ依リテ之ヲ調製スヘシ

第二十二條　市制第三十九條ノ二ノ市ノ市會議員選擧ニ關スル立會人タルヘキ者ノ屆出書及之ニ添附スヘキ承諾書議員候補者ノ屆出書又ハ推薦屆出書議員候補者タルコトヲ辭スルコトノ屆出書竝ニ選擧運動ノ費用ノ精算屆書ハ府縣制施行規則別記ニ定ムル各樣式ニ準シ之ヲ調製スヘシ

第二章　市町村吏員ノ事務引繼

第二十三條　市町村長更迭ノ場合ニ於テハ前任者ハ退職ノ日ヨリ十日以内ニ其ノ擔任スル事務ヲ後任者ニ引繼クヘシ、後任者ニ引繼クコトヲ得サル事情アルトキハ之ヲ助役ニ引繼クヘシ、此ノ場合ニ於テハ助役ハ後任者ニ引繼クコトヲ得ルニ至リタルトキハ直ニ之ヲ後任者ニ引繼クヘシ

前項引繼ノ場合ニ於テハ書類帳簿及財產ノ目錄ヲ調製シ處分未濟若ハ未著手又ハ將來企畫スヘキ見込ノ事項ニ付テハ其ノ順序方法及意見ヲ記載スルコトヲ要ス

第二十四條　助役退職ノ場合ニ於テ其ノ分掌事務アルトキハ之ヲ市町村長ニ引繼クヘシ

前條ノ規定ハ前項ノ事務引繼ニ之ヲ準用ス

第二十五條　收入役更迭ノ場合ニ於テハ前任者ハ退職ノ日ヨリ十日以內ニ其ノ擔任スル事務ヲ後任者ニ引繼クヘシ、後任者ニ引繼クコトヲ得サル事情アルトキハ之ヲ副收入役又ハ收入役代理者ニ引繼クヘシ、此ノ場合ニ於テハ副收入役又ハ收入役代理者ハ後任者ニ引繼クコトヲ得ルニ

至リタルトキハ直ニ之ヲ後任者ニ引繼クヘシ
前項引繼ノ場合ニ於テハ現金書類帳簿其ノ他ノ物件ニ付テハ各目錄ヲ調製シ仍現金ニ付テハ各帳簿ニ對照シタル明細書ヲ添附シ帳簿ニ付テハ事務引繼ノ日ニ於テ最終記帳ノ次ニ合計高及年月日ヲ記入シ且引繼ヲ爲ス者及引繼ヲ受クル者之ニ連署スヘシ

第二十六條　副收入役退職ノ場合ニ於テ其ノ分掌事務アルトキハ之ヲ收入役ニ引繼クヘシ
前條ノ規定ハ前項ノ事務引繼ニ之ヲ準用ス

第二十七條　第二十三條第二項、第二十四條第二項、第二十五條第二項及前條第二項ノ規定ニ依リ調製スヘキ書類帳簿及財產ノ目錄ハ現ニ設備セル目錄又ハ臺帳ニ依リテ引繼ヲ爲ストキノ現在ヲ確認シ得ル場合ニ於テハ之ヲ以テ充用スルコトヲ得、此ノ場合ニ於テハ其ノ旨引繼書ニ記載スヘシ

第二十八條　第二十三條又ハ第二十五條乃至前條ノ規定ハ市制第六條又ハ第八十二條第三項ノ市ノ區長若ハ區收入役ノ更迭又ハ分掌事務アル區副收入役ノ退職ノ場合ニ、第二十四條及前條ノ規定ハ分掌事務アル町村區長ノ退職ノ場合ニ之ヲ準用ス

第二十九條　市町村ノ廢置分合ニ依リ新ニ市町村ヲ置キタル場合ニ於テハ前市町村ノ吏員ノ擔任スル事務ハ之ヲ市町村長、收入役又ハ市町村長ノ臨時代理者、若ハ事務管掌ノ官吏ニ引繼クヘ

シ、市町村ノ境界變更アリタルトキ亦同シ
第二十三條乃至第二十七條ノ規定ハ前項ノ事務引繼ニ之ヲ準用ス
第三十條　第二十三條乃至前條ノ場合ニ於テ所定ノ期間內ニ引繼ヲ了スルコトヲ得サルトキハ其ノ事由ヲ具シ府縣知事ノ許可ヲ受クヘシ
第三十一條　第二十三條乃至第二十九條ノ場合ニ於テ引繼ヲ拒ミタル者ニ對シテハ府縣知事ハ二十五圓以下ノ過料ヲ科スルコトヲ得、其ノ故ナク引繼ヲ遷延シタルカ爲市町村長ニ於テ期日ヲ指定シテ催告ヲ爲シ仍之ニ應セサル者ニ付亦同シ
第三十二條　第二十三條乃至前條ニ規定スルモノノ外市町村吏員ノ事務引繼ニ關シ必要ナル事項ハ府縣知事之ヲ定ム

第三章　市町村ノ財務

第三十三條　市町村稅其ノ他一切ノ收入ヲ歲入トシ一切ノ經費ヲ歲出トシ歲入歲出ハ豫算ニ編入スヘシ
第三十四條　各年度ニ於テ決定シタル歲入ヲ以テ他ノ年度ニ屬スヘキ歲出ニ充ツルコトヲ得ス
第三十五條　歲入ノ所屬年度ハ左ノ區分ニ依ル
一　納期ノ一定シダル收入ハ其ノ納期末日ノ屬スル年度

二　定期ニ賦課スルコトヲ得サルカ爲特ニ納期ヲ定メタル收入又ハ隨時ノ收入ニシテ徵稅令書賦課令書又ハ納額告知書ヲ發スルモノハ令書又ハ告知書ヲ發シタル日ノ屬スル年度
三　隨時ノ收入ニシテ徵稅令書、賦課令書又ハ納額告知書ヲ發セサルモノハ領收ヲ爲シタル日ノ屬スル年度但シ市町村債、交付金、補助金、寄附金、請負金、償還金其ノ他之ニ類スル收入ニシテ其ノ收入ヲ豫算シタル年度ノ出納閉鎖前ニ領收シタルモノハ其ノ豫算ノ屬スル年度

第三十六條　歲出ノ所屬年度ハ左ノ區分ニ依ル
一　費用辨償、報酬、給料、旅費、退隱料、退職給與金、死亡給與金、遺族扶助料、其ノ他ノ給與、傭人料ノ類ハ其ノ支給スヘキ事實ノ生シタル時ノ屬スル年度但シ別ニ定マリタル支拂期日アルトキハ其ノ支拂期日ノ屬スル年度
二　通信運搬費、土木建築費其ノ他物件ノ購入代價ノ類ハ契約ヲ爲シタル時ノ屬スル年度但シ契約ニ依リ定メタル支拂期日アルトキハ其ノ支拂期日ノ屬スル年度
三　市町村債ノ元利金ニシテ支拂期日ノ定アルモノハ其ノ支拂期日ノ屬スル年度
四　補助金、寄附金、負擔金ノ類ハ其ノ支拂ヲ豫算シタル年度
五　缺損補塡ハ其ノ補塡ノ決定ヲ爲シタル日ノ屬スル年度

六　前各號ニ掲クルモノヲ除クノ外ハ總テ支拂命令ヲ發シタル日ノ屬スル年度

第三十七條　各年度ニ於テ歳計ニ剩餘アルトキハ翌年度ノ歳入ニ編入スヘシ但シ市町村條例ノ規定又ハ市町村會ノ議決ニ依リ剩餘金ノ全部又ハ一部ヲ基本財産ニ編入スル場合ニ於テハ繰越ヲ要セス之カ支出ヲ爲スコトヲ得

第三十八條　市町村税ハ徴税令書ニ依リ夫役現品ハ賦課令書ニ依リ負擔金、使用料、手數料、加入金、過料、過怠金及物件ノ賃貸料類ハ納額告知書ニ依リ之ヲ徴收シ其ノ他ノ收入ハ納付書ニ依リ收入スヘシ但シ市制町村制施行令第五十三條ノ規定ニ依リ徴收スル市町村税及急迫ノ場合ニ賦課スル夫役竝ニ納額告知書又ハ納付書ニ依リ難キモノニ付テハ此ノ限ニ在ラス

第三十九條　支出ハ債主ニ對スルニ非サレハ之ヲ爲スコトヲ得ス

第四十條　左ノ經費ニ付テハ市町村吏員ヲシテ現金支拂ヲ爲サシムル爲其ノ資金ヲ當該吏員ニ前渡スルコトヲ得

一　市町村債ノ元利支拂

二　外國ニ於テ物品ヲ購入スル爲必要ナル經費

三　市町村外遠隔ノ地ニ於テ支拂ヲ爲ス經費

特別ノ必要アルトキハ前項ノ資金前渡ハ市町村吏員以外ノ者ニ之ヲ爲スコトヲ得

第四十一條　族費及訴訟費用ニ付テハ概算拂ヲ爲スコトヲ得

第四十二條　前二條ニ揭クルモノノ外必要アルトキハ市町村ハ府縣知事ノ許可ヲ得テ資金前渡又ハ概算拂ヲ爲スコトヲ得

第四十三條　前金支拂ニ非サレハ購入又ハ借入ノ契約ヲ爲シ難キモノニ付テハ前金拂ヲ爲スコトヲ得

第四十四條　歲入ノ誤納過納ト爲リタル金額ノ拂戾ハ各之ヲ收入シタル歲入ヨリ支拂フヘシ歲出ノ誤拂過渡ト爲リタル金額、資金前渡、概算拂、前金拂及繰替拂ノ返納ハ各之ヲ支拂ヒタル經費ノ定額ニ戾入スヘシ

第四十五條　出納閉鎖後ノ收入支出ハ之ヲ現年度ノ歲入歲出ト爲スヘシ前條ノ拂戾金戾入金ノ出納閉鎖後ニ係ルモノ亦同シ

第四十六條　繼續費ハ每年度ノ支拂殘額ヲ繼續年度ノ終リ迄遞次繰越使用スルコトヲ得

第四十七條　歲入歲出豫算ハ必要アルトキハ之ヲ經常臨時ノ二部ニ別ツヘシ歲入歲出豫算ハ之ヲ款項ニ區分スヘシ

第四十八條　歲入歲出豫算ニハ豫算說明ヲ附スヘシ

第四十九條　特別會計ニ屬スル歲入歲出ハ別ニ其ノ豫算ヲ調製スヘシ

第五十條　市町村歳入歳出豫算ハ別記市町村歳入歳出豫算樣式ニ依リ之ヲ調製スヘシ
第五十一條　繼續費ノ年期及支出方法ハ別記繼續費ノ年期及支出方法樣式ニ依リ之ヲ調製スヘシ
第五十二條　豫算ハ會計年度經過後ニ於テ更正又ハ追加ヲ爲スコトヲ得ス
第五十三條　豫算ニ定メタル各款ノ金額ハ彼此流用スルコトヲ得ス
豫算各項ノ金額ハ市町村會ノ議決ヲ經テ之ヲ流用スルコトヲ得
第五十四條　決算ハ豫算ト同一ノ區分ニ依リ之ヲ調製シ豫算ニ對スル過不足ノ說明ヲ附スヘシ
第五十五條　會計年度經過後ニ至リ歳入ヲ以テ歳出ニ充ツルニ足ラサルトキハ府縣知事ノ許可ヲ得テ翌年度ノ歳入ヲ繰上ケ之ニ充用スルコトヲ得
第五十六條　市ハ其ノ歳入歳出ニ屬スル公金ノ受拂ニ付郵便振替貯金ノ法ニ依ルコトヲ得
第五十七條　市町村ハ現金ノ出納及保管ノ爲市町村金庫ヲ置クコトヲ得
第五十八條　金庫事務ノ取扱ヲ爲サシムヘキ銀行ハ市町村會ノ議決ヲ經テ市町村長之ヲ定ム
第五十九條　金庫ハ收入役ノ通知アルニ非サレハ現金ノ出納ヲ爲スコトヲ得ス
第六十條　金庫事務ノ取扱ヲ爲ス者ハ現金ノ出納保管ニ付市町村ニ對シテ責任ヲ有ス
第六十一條　市町村ハ金庫事務ノ取扱ヲ爲ス者ヨリ擔保ヲ徵スヘシ、其ノ種類、價格及程度ニ關シテハ市町村會ノ議決ヲ經テ市町村長之ヲ定ム

第六十二條　金庫事務ノ取扱ヲ爲ス者ノ保管スル現金ハ市町村ノ歳入歳出ニ屬スルモノニ限リ支出ニ妨ケナキ限度ニ於テ市町村ハ其ノ運用ヲ許スコトヲ得
前項ノ場合ニ於テハ金庫事務ノ取扱ヲ爲ス者ハ市町村ノ定ムル所ニ依リ利子ヲ市町村ニ納付スヘシ
第六十三條　收入役ハ定期及臨時ニ金庫ノ現金帳簿ヲ檢査スヘシ
第六十四條　市町村ハ收入役ヲシテ其ノ保管ニ屬スル市町村歳計現金ヲ郵便官署又ハ銀行若ハ信用組合ニ預入セシムルコトヲ得
前項ノ銀行及信用組合ニ付テハ府縣知事ノ許可ヲ受クルコトヲ要ス
第六十五條　第三十三條乃至前條ニ規定スルモノノ外市町村ハ府縣知事ノ許可ヲ得テ必要ナル規定ヲ設クルコトヲ得
第六十六條　第三十三條乃至第五十五條及前條ノ規定ハ市町村ノ一部ニ之ヲ準用ス

第四章　市制第六條ノ市ノ區

第六十七條　第二條乃至第十六條及第十九條乃至第二十一條ノ規定ハ市制第六條ノ市ノ區ノ區會議員選擧ニ、第十七條、第十八條及第二十二條ノ規定ハ市制第三十九條ノ二ノ區ノ區會議員選擧ニ之ヲ準用ス

第六十八條　第三十三條乃至第六十五條ノ規定ハ市制第六條ノ市ノ區ニ之ヲ準用ス

附　則

本令中議員選擧ニ關スル規定ハ次ノ總選擧ヨリ、財務ニ關スル規定ハ大正十六年度分ヨリ、其ノ他ノ規定ハ大正十五年七月一日ヨリ之ヲ施行ス

左ノ内務省令ハ之ヲ廢止ス

明明四十四年内務省令第十五號

明治四十四年内務省令第十七號

大正元年内務省令第十八號

大正三年内務省令第九號

從前ノ規定ニ依ル手續其ノ他ノ行爲ハ本令ニ別段ノ規定アル場合ヲ除クノ外之ヲ本令ニ依リ爲シタルモノト看做ス

從前ノ規定ニ依リ郡長ニ爲シタル許可ノ申請ニシテ大正十五年六月三十日迄ニ許可ヲ得サルモノハ之ヲ新規定ニ依リ府縣知事ニ爲シタル許可ノ申請ト看做ス

本令中議員選擧ニ關スル規定施行ノ際府縣制施行規則中議員選擧ニ關スル規定未タ施行セラレサル場合ニ於テハ本令ノ適用ニ付テハ同規定ハ既ニ施行セラレタルモノト看做ス

（別記）

市町村會員選擧人名簿樣式

番號	住所	生年月日	氏名
番號	住所	生年月日	氏名

備考

一　名簿ハ大字若ハ小字毎ニ區別シテ調製スヘシ但シ一字若ハ數字毎ニ分綴シ又ハ必要ニ應シ適宜ニ分綴スルモ妨ケナシ

二　市制第九條第二項又ハ町村制第七條第二項ニ依ル者ニ付テハ氏名欄ニ「特免」ト附記シ又市制第七十六條、第七十九條第二項又ハ町村制第六十三條第四項、第六十七條第三項ノ規定ニ依リ公民タル者ニ付テハ末尾ニ其ノ職氏名ノミヲ記載スヘシ

三　決定、裁決、判決等ニ係リ名簿ヲ修正シタルトキハ其ノ旨及修正ノ年月日ヲ欄外ニ記載シ職印ヲ押捺スヘシ

四　名簿ノ表紙及卷末ニハ左ノ通記載スヘシ
五　選擧區アルトキハ前各號ニ準シ各選擧區毎ニ名簿ヲ調製スヘシ

（表紙）

大正何年何月何日現在調
市（町）（村）會議員選擧人名簿
何府（縣）何市（何選擧區）［何郡何町（村）］（大字若ハ小字何々何々）

（卷末）

此ノ選擧人名簿ハ大正何年何月何日ヨリ何日間何市役所［何町（村）役場］（何ノ場所）ニ於テ縱覽セシメ大正何年何月何日ヲ以テ確定セリ

何府（縣）何市［何郡何町（村）］長　氏　名　印

市町村會議員選擧人名簿抄本様式

番號	住所	生年月日	氏名

＝

番號	住所	生年月日	氏名

備考

一　選擧人名簿ヲ修正シタルトキハ此ノ選擧人名簿ノ抄本ヲモ修正シ其ノ旨及修正ノ年月日ヲ欄外ニ記載シ職印ヲ押捺スヘシ

二　名簿抄本ノ表紙及卷末ニハ左ノ通記載スヘシ

（表紙）

> 大正何年何月何日現在調
>
> 市（町）（村）會議員選擧人名簿抄本
>
> 何府（縣）何市（何選擧區）〔何郡何町（村）〕會議員選擧第一（何々）投票分會

（卷末）

此ノ選擧人名簿抄本ハ大正何年何月何日確定ノ選擧人名簿ニ依リ之ヲ調製セリ

何府（縣）何市〔何郡何町（村）〕長　氏　名　印

選擧錄樣式

大正何年何月何日執行　何府（縣）何市〔何郡何町（村）〕會議員選擧會選擧錄

一　選擧會場ハ何市役所〔何町（村）役場〕（何ノ場所）ニ之ヲ設ケタリ

二　左ノ選擧立會人ハ何レモ選擧會ヲ開クヘキ時刻迄ニ選擧會ニ參會シタリ

住所　氏　名

住所　氏　名

選擧會ヲ開クベキ時刻ニ至リ選擧立會人中何人參會セサルニ依リ市（町）（村）長ハ臨時ニ選擧人名簿ニ登錄セラレタル者ノ中ヨリ左ノ者ヲ選擧立會人ニ選任シタリ

住所　氏　名

三　選擧會ハ大正何年何月何日午前（午後）何時ニ之

ヲ開キタリ

四 選擧立會人中氏名ハ一旦參會シタルモ午前（午後）何時何々ノ事故ヲ以テ其ノ職ヲ辭シタル爲其ノ定數ヲ闕キタルニ依リ市（町）（村）長ハ臨時ニ選擧人名簿ニ登錄セラレタル者ノ中ヨリ午前（午後）何時左ノ者ヲ選擧立會人ニ選任シタリ

住所　氏　名

選擧立會人中氏名ハ一旦參會シタルモ午前（午後）何時何々ノ事故ヲ以テ其ノ職ヲ辭シタルモ尙選擧立會人ハ二人（三人）在リ其ノ闕員ヲ補フノ必要ナキヲ認メ其ノ補闕ヲ爲ササル旨ヲ宣言シタリ

五 選擧長ハ選擧立會人ト共ニ投票ニ先チ選擧會ニ參會シタル選擧人ノ面前ニ於テ投票函ヲ開キ其ノ空虛ナルコトヲ示シタル後內蓋ヲ鎖シ選擧長及選擧立會人ノ列席スル面前ニ之ヲ置キタリ

六 選擧長ハ選擧立會人ノ面前ニ於テ選擧人ヲ選擧人名簿ニ對照シタル後（到著番號札ト引換ニ）投票用紙ヲ交付シタリ

七 選擧人ハ自ラ投票ヲ認メ選擧長及選擧立會人ノ面前ニ於テ之ヲ投函シタリ

八 左ノ選擧人ハ選擧人名簿ニ登錄セラルヘキ確定裁決書（判決書）ヲ所持シ選擧會場ニ到リタルニ依リ選擧長ハ之ヲシテ投票ヲ爲サシメタリ

住所　氏　名

九 左ノ選擧人ハ點字ニ依リ投票ヲ爲サントスル旨ヲ申立テタルヲ以テ選擧長ハ投票用紙ニ點字投票ナル旨ノ印ヲ押捺シテ交付シ投票ヲ爲サシメタリ

住所　氏　名

十 左ノ選擧人ニ對シテハ何々ノ事由ニ依リ選擧立會人ノ決定ヲ以テ（選擧立會人可否同數ナルニ

依リ選擧長ノ決定ヲ以テ）投票ヲ拒否シタリ

住所氏名

十一　左ノ選擧人ニ對シテハ何々ノ事由ニ因リ選擧立會人ノ決定ヲ以テ（選擧立會人可否同數ナルニ依リ選擧長ノ決定ヲ以テ）點字投票ヲ拒否シタリ

住所氏名

十二　左ノ選擧人ハ誤リテ投票用紙（封筒）ヲ汚損シタル旨ヲ以テ更ニ之ヲ請求シタルニ依リ其ノ相違ナキヲ認メ之ト引換ニ投票用紙（封筒）ヲ交付シタリ

住所氏名

十三　左ノ選擧人ハ選擧會場ニ於テ演說討論ヲ爲シ（喧擾ニ渉リ）（投票ニ關シ協議ヲ爲シ）（何々ヲ爲シ）選擧會場ノ秩序ヲ紊シタルニ依リ選擧長ニ於テ之ヲ制止シタルモ其ノ命ニ從ハサ

ルヲ以テ投票用紙（到著番號札）ヲ返付セシメ之ヲ選擧會場外ニ退出セシメタリ

住所氏名

十四　選擧長ハ選擧會場外ニ退出ヲ命シタル左ノ選擧人ニ對シ選擧會場ノ秩序ヲ紊スノ虞ナシト認メ投票ヲ爲サシメタリ

住所氏名

選擧長ニ於テ選擧會場外ニ退出ヲ命シタル左ノ選擧人ハ最後ニ入場シテ投票ヲ爲シタリ

住所氏名

十五　午前（午後）何時ニ至リ選擧長ハ投票時間ヲ終リタル旨ヲ告ケ選擧會場ノ入口ヲ鎖シタリ

十六　午前（午後）何時選擧會場ニ在ル選擧人ノ投票結了シタルヲ以テ選擧長ハ選擧立會人ト共ニ投票函ノ內蓋ノ投票口及外蓋ヲ鎖シタリ

十七　投票函ヲ閉鎖シタルニ依リ其ノ內蓋ノ鑰ハ左

ノ選擧立會人之ヲ保管シ外蓋ノ鑰ハ選擧長之
ヲ保管ス

十八　選擧會ニ於テ投票ヲ爲シタル選擧人ノ總數

氏　名

何　人

内

選擧人名簿ニ登錄セラレタル選擧人ニシテ
投票ヲ爲シタル者　何　人

確定裁決書（判決書）ニ依リ投票ヲ爲シタル
者　何　人

投票拒否ノ決定ヲ受ケタル者ノ總數　何　人

十九　各投票分會長ヨリ投票函等左ノ如ク到著セ
リ

第一（何々）投票分會ノ投票函ハ投票分會長職
氏名及投票立會人氏名携帶シ何月何日午前
（午後）何時著之ヲ檢スルニ異狀ナシ

第二（何々）投票分會ノ投票函何々

二十　大正何年何月何日選擧長ハ［總テノ投票函ノ
送致ヲ受ケタルヲ以テ其ノ當日（翌日）］午前
（午後）何時ヨリ開票ヲ開始シタリ

二十一　選擧長ハ選擧立會人立會ノ上逐次投票函ヲ
開キ投票ノ總數ト投票人ノ總數トヲ計算シ
タルニ左ノ如シ

投票總數　何　票

投票人總數　何　人

外

假ニ爲シタル投票數　何　票

假ニ爲シタル投票人數　何　人

投票總數ト投票人總數ト符合ス［投票總數
ト投票人總數ト符合セス即チ投票總數ニ比
シ何票多シ（少シ）（其ノ理由ノ明カナルモ

ノハ之ヲ記載スヘシ）」

二十二　投票分會ニ於テ拒否ノ決定ヲ受ケタル者ニシテ假ニ投票ヲ爲シタル者左ノ如シ

住所　氏　名

住所　氏　名

二十三　選擧長ハ右ノ投票ヲ調査シ選擧立會人左ノ通之ヲ決定シタリ（選擧長ハ右ノ投票ヲ調査シ選擧立會人ノ決定ニ付シタルニ可否同數ナルニ依リ選擧長左ノ通リ之ヲ決定シタリ）

受理セシモノ

一事由何々　住所　氏　名

一事由何々　住所　氏　名

受理セサリシモノ

一事由何々　住所　氏　名

二十三　選擧長ハ（假ニ爲シタル投票ニシテ受理ス

ヘキモノト決定シタル投票ノ封筒ヲ開披シタル上）總テノ投票ヲ混同シ選擧立會人ト共ニ之ヲ點檢シタリ

二十四　選擧事務ニ從事スル職氏名及職氏名ノ二人ハ各別ニ同一被選擧人ノ得票數ヲ計算シタリ

二十五　有効又ハ無効ト決定シタル投票左ノ如シ

（一）選擧立會人ニ於テ決定シタル投票數　何票

内

一有効ト決定シタルモノ　何票

一無効ト決定シタルモノ　何票

内

一　成規ノ用紙ヲ用ヒサルモノ　何票

二　現ニ市（町（村））會議員ノ職

ニ在ル者ノ氏名ヲ記載シタ
ルモノ　何票
三　、、、、　何票
（二）選擧立會人ノ決定ニ付シタル
ニ可否同數ナルニ依リ選擧長
ニ於テ決定シタル投票數　何票
內
一有效ト決定シタルモノ　何票
一無效ト決定シタルモノ　何票
內
一　成規ノ用紙ヲ用ヒサルモノ　何票
二　現ニ市〔町（村）〕會議員ノ職
ニ在ル者ノ氏名ヲ記載シタ
ルモノ　何票
三　、、、、　何票
（三）投票總數　何票
內
一有效ト決定シタルモノ　何票
一無效ト決定シタルモノ　何票
內
一　成規ノ用紙ヲ用ヒサルモノ　何票
二　現ニ市〔町（村）〕會議員ノ職
ニ在ル者ノ氏名ヲ記載シタ
ルモノ　何票
三　、、、、　何票

二十六　午前（午後）何時投票ノ點檢ヲ終リタルヲ以テ選擧長ハ各被選擧人ノ得票數ヲ朗讀シタリ

二十七　各被選擧人ノ得票數左ノ如シ

何　票　氏　名
何　票　氏　名

二十八　選擧長ハ點檢濟ニ係ル投票ノ有效無効及受理スヘカラスト決定シタル投票ヲ大別シ尚有効ノ決定アリタル投票ニ在リテハ得票者毎ニ之ヲ區別シ無効ノ決定アリタル投票ニ在リテハ之ヲ類別シ各之ヲ一括シ更ニ有効無効及受理スヘカラスト決定シタル投票別ニ之ヲ封筒ニ入レ選擧立會人ト共ニ封印ヲ施シタリ

二十九　選擧長ハ選擧立會人立會ノ上逐次開票分會長ノ報告ヲ調査シ自ラ開票ヲ行ヒタル部分ニ付各被選擧人ノ得票數ヲ朗讀シタル後開票分會毎ニ各被選擧人ノ得票數ヲ朗讀シ終リニ各被選擧人ノ得票總數ヲ朗讀シタリ

三十　開票分會長ノ報告ノ結果ト選擧會ニ於テ爲シタル點檢ノ結果ト併セタル各被選擧人ノ得票總數左ノ如シ

何　票　氏　名
何　票　氏　名

三十一　議員定數何人ヲ以テ有効投票ノ總數何票ヲ除シテ得タル數ハ何票ニシテ此ノ六分ノ一ノ數ハ何票ナリ

被選擧人中其ノ得票數此ノ數ニ達スル者左ノ如シ

何　票　氏　名
何　票　氏　名

右ノ内有効投票ノ最多數ヲ得タル左ノ何人ヲ以テ當選者トナス

氏　名
氏　名

但シ氏名及氏名ハ得票ノ數相同シキニ依

リ共ノ年齢ヲ調査スルニ氏名ハ何年何月何日生、氏名ハ何年何月何日生ニシテ氏名年長者ナルヲ以テ氏名ヲ以テ當選者ト定メタリ（同年月日ナルヲ以テ選擧長ニ於テ抽籤シタルニ氏名當籤セリ依テ氏名ヲ以テ當選者ト定メタリ）

三十二　午前（午後）何時選擧事務ヲ結了シタリ

三十三　左ノ者ハ選擧會ノ事務ニ從事シタリ

職　氏　名

職　氏　名

三十四　選擧會ニ臨監シタル官吏左ノ如シ

官　職　氏　名

選擧長ハ此ノ選擧錄ヲ作リ之ヲ朗讀シタル上選擧立會人ト共ニ玆ニ署名ス

大正何年何月何日

選擧長

何府（縣）何市（何郡何町（村））長　氏　名

選擧立會人　氏　名

氏　名

備考

一　市制第三十九條ノ二ノ市ニ於ケル選擧錄ハ府縣制施行規則第二十九條投票錄樣式及選擧錄樣式ノ一ノ例ニ依リ之ヲ記載スヘシ

二　市制第三十九條ノ二ノ市ニ於テ屆出アリタル議員候補者ノ數選擧スヘキ議員ノ數ヲ超エサル爲投票ヲ行ハサルトキハ府縣制施行規則第二十九條選擧錄樣式ノ二ノ例ニ依リ之ヲ記載スヘシ

三　樣式ニ揭クル事項ノ外選擧長ニ於テ選擧ニ關シ緊要ト認ムル事項アルトキハ之ヲ記載

スヘシ

投票錄樣式

大正何年何月何日執行　何府(縣)何市(何郡何町(村))會議員選擧第一(何々)投票分會投票錄

一　投票分會ハ何市役所(何町(村)役場)(何ノ場所)ニ之ヲ設ケタリ

二　左ノ投票立會人ハ何レモ投票分會ヲ開クヘキ時刻迄ニ投票分會ニ參會シタリ

住所氏名

住所氏名

投票分會ヲ開クヘキ時刻ニ至リ投票立會人中何人參會セサルニ依リ市(町)(村)長ハ臨時ニ投票分會ノ區劃內ニ於ケル選擧人名簿ニ登錄セラレタル者ノ中ヨリ左ノ者ヲ投票立會人ニ選任シタリ

住所氏名

三　投票分會ハ大正何年何月何日午前(午後)何時ニ之ヲ開キタリ

四　投票立會人中氏名ハ一旦參會シタルモ午前(午後)何時何々ノ事故ヲ以テ其ノ職ヲ辭シタル爲其ノ定數ヲ闕キタルニ依リ市(町)(村)長ハ臨時ニ投票分會ノ區劃內ニ於ケル選擧人名簿ニ登錄セラレタル者ノ中ヨリ午前(午後)何時左ノ者ヲ投票立會人ニ選任シタリ

住所氏名

投票立會人中氏名ハ一旦參會シタルモ午前(午後)何時何々ノ事故ヲ以テ其ノ職ヲ辭シタルモ尙投票立會人ハ二人(三人)在リ其ノ闕員ヲ補フノ必要ナキヲ認メ其ノ補闕ヲ爲ササル旨ヲ宣言シタリ

五　投票分會長ハ投票立會人ト共ニ投票ニ先チ投票分會ニ參會シタル選擧人ノ面前ニ於テ投票函ヲ開キ其ノ空虛ナルコトヲ示シタル後內蓋ヲ鎖シ投票分會長及投票立會人ノ列席スル面前ニ之ヲ置キタリ

六　投票分會長ハ投票立會人ノ面前ニ於テ選擧人ヲ選擧人名簿ノ抄本又ハ選擧人名簿ニ對照シタル後(到著番號札ト引換ニ)投票用紙ヲ交付シタリ

七　選擧人ハ自ラ投票ヲ認メ投票分會長及投票立會人ノ面前ニ於テ之ヲ投函シタリ

八　左ノ選擧人ハ選擧人名簿ニ登錄セラルベキ確定裁決書(判決書)ヲ所持シ投票分會場ニ到リタルニ依リ投票分會長ハ之ヲシテ投票ヲ爲サシメタリ

住所　氏　名

九　左ノ選擧人ハ點字ニ依リ投票ヲ爲サントスル旨ヲ申立テタルヲ以テ投票分會長ハ投票用紙ニ點字投票ナル旨ノ印ヲ押捺シテ交付シ投票ヲ爲サシメタリ

住所　氏　名

十　左ノ選擧人ニ對シテハ何々ノ事由ニ因リ投票立會人ノ決定ヲ以テ(投票立會人可否同數ナルニ依リ投票分會長ノ決定ヲ以テ)投票ヲ拒否シタリ

住所　氏　名

左ノ選擧人ニ對シテハ何々ノ事由ニ因リ投票立會人ノ決定ヲ以テ(投票立會人可否同數ナルニ依リ投票分會長ノ決定ヲ以テ)投票ヲ拒否シタルモ同選擧人ニ於テ不服ヲ申立テタルヲ以テ(投票分會長又ハ投票立會人氏名ニ於テ異議アリシヲ以テ)投票用紙ト共ニ封筒ヲ交付シ假ニ投票ヲ爲サシメタリ

住所　氏名

十一　左ノ選擧人ニ對シテハ何々ノ事由ニ因リ投票立會人ノ決定ヲ以テ（投票立會人可否同數ナルニ依リ投票分會長ノ決定ヲ以テ）點字投票ヲ拒否シタリ

住　所　氏　名

左ノ選擧人ニ對シテハ何々ノ事由ニ因リ投票立會人ノ決定ヲ以テ（投票立會人可否同數ナルニ依リ投票分會長ノ決定ヲ以テ）投票ヲ拒否シタルモ同選擧人ニ於テ不服ヲ申立タルヲ以テ（投票分會長又ハ投票立會人氏名ニ於テ異議アリシヲ以テ）投票用紙及封筒ニ點字投票ナル旨ノ印ヲ押捺シテ交付シ假ニ點字投票ヲ爲サシメタリ

住　所　氏　名

十二　左ノ選擧人ハ誤リテ投票用紙（封筒）ヲ汚損シタル旨ヲ以テ更ニ之ヲ請求シタルニ依リ其ノ

相違ナキヲ認メ之ト引換ニ投票用紙（封筒）ヲ交付シタリ

住　所　氏　名

十三　左ノ選擧人ハ投票分會場ニ於テ演說討論ヲ爲シ（喧擾ニ渉リ）（投票ニ關シ協議ヲ爲シ）（何々ヲ爲シ）投票分會場ノ秩序ヲ紊シタルニ依リ投票分會長ニ於テ之ヲ制止シタルモ其ノ命ニ從ハサルヲ以テ投票用紙（投票用紙及封筒）（到著番號札）ヲ返付セシメ之ヲ投票分會場外ニ退出セシメタリ

住　所　氏　名

十四　投票分會長ハ投票分會場外ニ退出ヲ命シタル左ノ選擧人ニ對シ投票分會場ノ秩序ヲ紊スノ虞ナシト認メ投票ヲ爲サシメタリ

住　所　氏　名

投票分會長ニ於テ投票分會場外ニ退出ヲ命シ

タル左ノ選擧人ハ最後ニ入場シテ投票ヲ爲シタリ

住所　氏　名

十五　午前(午後)何時ニ至リ投票分會長ハ投票時間ヲ終リタル旨ヲ告ケ投票分會場ノ入口ヲ鎖シタリ

十六　午前(午後)何時投票分會場ニ在ル選擧人ノ投票結了シタルヲ以テ投票分會長ハ投票立會人ト共ニ投票函ノ内蓋ノ投票口及外蓋ヲ鎖シタリ

十七　投票函ヲ閉鎖シタルニ依リ其ノ内蓋ノ鑰ハ投票函ヲ送致スヘキ左ノ投票立會人之ヲ保管シ外蓋ノ鑰ハ投票分會長之ヲ保管ス

氏　名

十八　投票函及投票錄(選擧人名簿ノ抄本又ハ選擧人名簿)ヲ選擧長(第一(何々)開票分會長)ニ送致スヘキ投票立會人左ノ如シ

氏　名

十九　投票分會場ニ於テ投票ヲ爲シタル選擧人ノ總數　何人

内

選擧人名簿ノ抄本又ハ選擧人名簿ニ記載セラレタル選擧人ニシテ投票ヲ爲シタル者　何人

確定裁決書(判決書)ニ依リ投票ヲ爲シタル者　何人

投票拒否ノ決定ヲ受ケタル者ノ總數　何人

内

假ニ投票ヲ爲サシメタル者　何人

二十　午前(午後)何時投票分會ノ事務ヲ結了シタリ

二十一　左ノ者ハ投票分會ノ事務ニ從事シタリ

職　氏　名

職　氏　名

二十二　投票分會場ニ臨監シタル官吏左ノ如シ

官　職　氏　名

投票分會長ハ此ノ投票錄ヲ作リ之ヲ朗讀シタル上投票立會人ト共ニ茲ニ署名ス

大正何年何月何日

投票分會長

職　氏　名

投票立會人　氏　名

氏　名

備　考

一　市制第三十九條ノ二ノ市ニ於ケル投票錄ハ府縣制施行規則第二十九條投票錄樣式ノ例ニ依リ之ヲ記載スヘシ

二　樣式ニ掲クル事項ノ外投票分會長ニ於テ投

票ニ關シ緊要ト認ムル事項アルトキハ之ヲ記載スヘシ

開票錄樣式

大正何年何月何日執行何府(縣)何市(何郡何町(村))會議員選擧第一(何々)開票分會開票錄

一　開票分會ハ何市役所(何町(村)役場)(何ノ場所)ニ之ヲ設ケタリ

二　左ノ開票立會人ハ何レモ開票分會ヲ開クヘキ時刻迄ニ開票分會ニ參會シタリ

住所　氏　名

住所　氏　名

開票分會ヲ開クヘキ時刻ニ至リ開票立會人中何人參會セサルニ依リ市(町)(村)長ハ臨時ニ開票分會ノ區劃內ニ於ケル選擧人名簿ニ登錄セラレ

タル者ノ中ヨリ左ノ者ヲ開票立會人ニ選任シタリ

住所　氏　名

三　開票分會ハ大正何年何月何日午前（午後）何時ニ之ヲ開キタリ

四　開票立會人中氏名ハ一旦參會シタルモ午前（午後）何時何々ノ事故ヲ以テ其ノ職ヲ辭シタル爲其ノ定數ヲ闕キタルニ依リ市（町）（村）長ハ臨時ニ開票分會ノ區劃內ニ於ケル選擧人名簿ニ登錄セラレタル者ノ中ヨリ午前（午後）何時左ノ者ヲ開票立會人ニ選任シタリ

住所　氏　名

開票立會人中氏名ハ一旦參會シタルモ午前（午後）何時何々ノ事故ヲ以テ其ノ職ヲ辭シタルモ尙開票立會人ハ二人（三人）在リ其ノ闕員ヲ補フノ必要ナキヲ認メ其ノ補闕ヲ爲ササル旨ヲ宣言シタリ

五　開票分會ノ區劃內ノ各投票分會長ヨリ投票函等左ノ如ク到著セリ

第一（何々）投票分會ノ投票函ハ投票分會長職氏名及投票立會人氏名携帶シ何年何月何日午前（午後）何時著之ヲ檢スルニ異狀ナシ

第二（何々）投票分會ノ投票函何々

六　大正何年何月何日開票分會長ハ開票分會ノ區劃內ノ投票分會長ヨリ投票函ノ送致ヲ受ケタルヲ以テ其ノ當日（翌日）午前（午後）何時ヨリ開票ヲ開始シタリ

七　開票分會長ハ開票立會人立會ノ上逐次投票函ヲ開キ投票ノ總數ト投票人ノ總數トヲ計算シタルニ左ノ如シ

投票總數　何　票

投票人總數　何　人

外
假ニ爲シタル投票數　何　票
假ニ爲シタル投票人數　何　人
投票總數ト投票人總數ト符合ス（投票總數ト投票人總數ト符合セス即チ投票總數ニ比シ何票多シ（少シ）（其ノ理由ノ明カナルモノハ之ヲ記載スヘシ））

八　投票分會ニ於テ拒否ノ決定ヲ受ケタル者ニシテ假ニ投票ヲ爲シタル者左ノ如シ
住所　氏　各
住所　氏　名
開票分會長ハ右ノ投票ヲ調査シ開票立會人左ノ通之ヲ決定シタリ（開票分會長ハ右ノ投票ヲ調査シ開票立會人ノ決定ニ付シタルニ可否同數ナルニ依リ開票分會長左ノ通之ヲ決定シタリ）
受理セシモノ
一　事由何々　住所　氏　名
一　事由何々　住所　氏　名
受理セサリシモノ
一　事由何々　住所　氏　名

九　開票分會長ハ（假ニ爲シタル投票ニシテ受理スヘキモノト決定シタル投票ノ封筒ヲ開披シタル上）總テノ投票ヲ混同シ開票立會人ト共ニ之ヲ點檢シタリ

十　開票事務ニ從事スル職氏名及職氏名ノ二人ハ各別ニ同一選擧人ノ得票數ヲ計算シタリ

十一　有效又ハ無效ト決定シタル投票左ノ如シ
（一）開者立會人ニ於テ決定シタル投票數　何　票
内
一有效ト決定シタルモノ　何　票
一無效ト決定シタルモノ　何　票

内
一　成規ノ用紙ヲ用ヒサルモノ　何票
二　現ニ市〔町（村）〕會議員ノ職ニ在ル者ノ氏名ヲ記載シタルモノ　何票
三　、、、、、、　何票
（二）開票立會人ノ決定ニ付シタルニ可否同數ナルニ依リ開票分會長ニ於テ決定シタル投票數　何票
内
一有效ト決定シタルモノ　何票
一無效ト決定シタルモノ　何票
内
一　成規ノ用紙ヲ用サルモノ　何票

二　現ニ市〔町（村）〕會議員ノ職ニ在ル者ノ氏名ヲ記載シタルモノ　何票
三　、、、、、、　何票
（三）投票總數　何票
内
一有效ト決定シタルモノ　何票
一無效ト決定シタルモノ　何票
内
一　成規ノ用紙ヲ用ヒサルモノ　何票
二　現ニ市〔町（村）〕會議員ノ職ニ在ル者ノ氏名ヲ記載シタルモノ　何票
三　、、、、、、　何票
十二　午前（午後）何時投票ノ點檢ヲ終リタルヲ以テ

開票分會長ハ各被選擧人ノ得票數ヲ朗讀シタリ

十三　各被選擧人ノ得票數左ノ如シ

何票　氏名
何票　氏名

十四　開票分會長ハ點檢濟ニ係ル投票ノ有效無效及受理スヘカラスト決定シタル投票ヲ大別シ尙有效ノ決定アリタル投票ニ在リテハ得票者每ニ之ヲ區別シ無效ノ決定アリタル投票ニ在リテハ之ヲ類別シ各之ヲ一括シ更ニ有效無效及受理スヘカラスト決定シタル投票別ニ之ヲ封筒ニ入レ開票立會人ト共ニ封印ヲ施シタリ

十五　午前(午後)何時開票分會ノ事務ヲ結了シタリ

十六　左ノ者ハ開票分會ノ事務ニ從事シタリ

職氏名
職氏名

十七　開票分會ニ臨監シタル官吏左ノ如シ

官職氏名

開票分會長ハ此ノ開票錄ヲ作リ之ヲ朗讀シタル上開票立會人ト共ニ茲ニ署名ス

大正何年何月何日

開票分會長
職氏名
開票立會人
氏名
氏名

備考

一　市制第三十九條ノ二ノ市ニ於ケル開票錄ハ府縣制施行規則第二十九條開票錄樣式ノ例ニ依リ之ヲ記載スヘシ

二　樣式ニ揭クル事項ノ外開票分會長ニ於テ開票ニ關シ緊要ト認ムル事項アルトキハ之ヲ

記載スヘシ

市町村歳入歳出豫算様式

大正何年度何府(縣)何市(何郡何町(村))

歳入歳出豫算

歳入

一金　　歳入豫算高

又ハ

一金　　經常部豫算高

一金　　臨時部豫算高

合計金

歳出

一金　　歳出豫算高

又ハ

一金　　經常部豫算高

一金　　臨時部豫算高

合計金

歳入歳出差引

殘　金(ナシ)

歳計剰餘金ヲ翌年度ニ繰越サスシテ基本財産ニ編入セントスル場合ニハ左ノ通記載スヘシ

歳計剰餘金ハ全部基本財産ニ編入

又ハ

歳計剰餘金ノ内何歩基本財産ニ編入

歳入出豫算表

右省略ス

市制中改正法律附則第二項、町村制中改正法律附則第四項等（大正十五年改正）ノ規定ニ依ル命令ノ件（大正十五年六月内務省令第二十二號）

市制中改正法律附則第二項、町村制中改正法律附則第四項及市制町村制施行令附則第九項ノ規定ニ依ル命令ニ關スル件

大正十五年市制中改正法律又ハ同年町村制中改正法律ニ依リ初テ議員ヲ選擧スル場合ニ於テ必要ナル選擧人名簿ニ關シ市制第二十一條乃至第二十一條ノ五又ハ町村制第十八條乃至第十八條ノ五ノ規定ニ依ル期日又ハ期間ニ依リ難キトキハ府縣知事（北海道ニ於テハ北海道廳長官）ニ於テ其ノ期日又ハ期間ヲ定ムベシ

前項ノ規定ハ市制町村施行令附則第九項ノ場合ニ之ヲ準用ス

附　則

本令ハ次ノ總選擧ヨリ之ヲ施行ス

府縣市町村ノ境界變更アリタルトキノ選擧人名簿分割ニ關スル件

（大正三年内務省令第十號〇大正十五年内務省令第二十三號改正）

第一條　府縣市町村ノ境界變更アリタル爲選擧人名簿ノ分割ヲ要スルトキハ市町村長ガ選擧人名簿ヲ分割シ其ノ部分ヲ新ニ屬シタル市町村ノ市町村長ニ送付スヘシ

市町村ノ廢置分合アリタル爲選擧人名簿ノ分割ヲ要スルトキハ前項ノ例ニ依ル

第二條　削除

第三條　市町村長ニ於テ選擧人名簿ノ送付ヲ受ケタルトキハ直ニ其ノ旨ヲ告示スヘシ

第四條　府縣制第四條第二項但書ノ市ニ於テハ本令中市ニ關スル規定ハ區長ニ之ヲ適用ス

市町村內土地ノ字名改稱變更取扱方

（明治四十四年三月内務省訓令第二號〇大正四年八月内務省訓令第六號同九年同第一九號改正）

府縣（沖繩縣ヲ除ク）

從來公稱スル市町村內土地ノ字名ハ明治十四年第八十號公達ノ趣旨ニ依リ容易ニ改稱變更スヘキモノニアラサルモ已ムヲ得サル事實アリテ改稱變更ヲ必要トスルモノニ限リ左ノ規定ニ依リ取扱フヘシ

一　市町村內大字名（市制町村制施行ノ際分合シタル舊區町村名、從前獨立町村內ノ支鄕又ハ某組ト唱フル部落等ノ總稱）及市內ノ町名ヲ改稱シ又ハ其區域ノ變更ヲ要スルトキハ市町村會之ヲ議決シ府縣知事ノ許可ヲ受クヘシ但シ町村ニ屬スルモノハ、島司、郡長ヲ經由シ島司、郡長ハ意見ヲ副申スヘシ

二　市町村內ノ小字名（市內ノ町名ヲ除ク）ヲ改稱シ又ハ其ノ區域ノ變更ヲ要スルトキハ關係アル地主ノ意見ヲ聞キ市町村會之ヲ議決シ府縣知事ノ許可ヲ受クヘシ但シ町村ニ屬スルモノハ島司、郡長ヲ經由シ、島司、郡長ハ意見ヲ副申スヘシ

三　前項ノ場合ニ於テ其ノ區域全部カ國有林野ニ屬スルトキハ府縣知事之ヲ處分シ若其ノ區域カ國有林野ノ外民有地ニ屬スルトキハ關係アル市町村會及民有地主ノ意見ヲ開キ府縣知事之ヲ處分スヘシ但シ本項ノ處分ハ直ニ之ヲ關係市町村ニ通知スヘシ

四　第二項ノ場合ニ於テ其ノ區域カ御料地ニ屬スルトキハ前項ノ例ニ依ルヘシ但シ豫メ帝室林野管理局長官ニ協議スヘシ

五　耕地整理施行ノ爲市町村ノ大字若ハ字ノ名稱ヲ改メ又ハ其ノ區域ヲ變更スルノ必要アルトキ

ハ關係アル市村町會ノ意見ヲ聞キ府縣知事之ヲ處分スヘシ但シ本項ノ處分ハ直ニ之ヲ關係市町村ニ通知スヘシ

六　水面埋立其ノ他新開地等新ニ字名稱ヲ付スルトキハ第二項ノ例ニ依ルヘシ

七　市町村ノ境界ニ關スル爭議ノ裁決及民事訴訟ノ判決ニ依リ字名ノ訂正又ハ其ノ區域ヲ變更スヘキトキハ市參事會町村長第八項ノ島嶼ニ在リテハ町村長ニ準スヘキ職務ヲ行フ者ヨリ府縣知事ニ申報セシムヘシ但シ町村ニ屬スルモノハ島司、郡長ヲ經由スヘシ

八　東京府伊豆七島ノ內八丈島及大島ヲ除ク外竝小笠原島ニ於テハ仍從前ノ手續ニ依ル其ノ小字ノ名稱及區域ニ關スルモノハ府縣知事ニ於テ處分スベシ

九　第一項乃至第六項及第八項ノ許可又ハ處分ヲ爲シタルトキ竝第七項ノ申報ヲ受ケタルトキハ府縣知事ハ直ニ其ノ府縣ニ於ケル公布式ニ依リ之ヲ公告シ同時ニ其ノ公報ヲ內務大臣ニ報告シ且左ノ官廳ニ送付スヘシ

一　土地臺帳主管廳タル所轄稅務署

二　當該要塞司令部、陸地測量部、當該師團司令部近衞師團ヲ含マス當該聯隊區司令部

三　司法省、所轄地方裁判所、同區裁判所、同區裁判所出張所

四　遞信省通信局、同管船局、同電信局、當該所轄遞信局

市町村行政事務監督

（明治二十五年五月内務省訓第三百四十八號
明治三十一年八月内務省訓第七〇二號改正）

市町村行政事務監督ノ儀ニ付テハ是迄示達シタル儀モ有之各地方共漸次監督ノ方法ヲ設ケ實施シ來候處客年來已ニ郡制府縣制ヲ實施シタル地方モ不少又其他ノ府縣ニ在テモ不遠施行セラルヘキニ付從テ其下級團體タル市町村行政事務ノ監督ハ此際一層之ヲ嚴密ニシ以テ其事務ノ整理ヲ計リ新制度ノ實效ヲ擧ルコトニ注意セラル可シ今其監督ヲ行フヘキ事項ノ要項ヲ左ニ列擧ス其方法順序ノ詳細ニ至テハ各地方適宜酌量スルコトアルヘシ

一　市町村ノ事務ハ國及府縣郡ノ行政ニ係ルモノハ勿論市町村ノ共同事務ニ屬スルモノト雖モ其事務報告ヲ徵シ之ニ依テ其事務ノ整理ヲ檢察シ其違法若クハ不當ナルモノアルトキハ夫々相當ノ處分ヲ施シ又將來ニ向テ訓戒ヲ加フルコトアルヘシ依テ各府縣ニ於テ市町村事務報告例ヲ定メ確實ノ報告ヲ徵スルヲ要ス尤モ定例報告ノ外ト雖モ必要ノ時ハ隨時報告ヲ徵スルコトアルヘシ又天災時變其他重要ノ事件アルトキハ監督官廳ノ命令ヲ竢タスシテ臨時報告スヘキハ當然ノ事ナリトス

二　市町村ノ行政事務ヲ監督スルタメニ監督官廳ハ各市町村ノ巡視ヲ行フヘシ其巡視規定ハ各府縣ニ於テ適宜規定スルヲ要ス

三　市役所町村役場事務ノ整理ヲ計ルニハ其處務ノ順序一定ノ例式ニ依ルヲ要ス各府縣ニ於テハ其處務規定ノ準則ヲ示達シ各市町村ヲシテ此準則ニ依リ適宜之ヲ設定シ第一次監督官廳ノ認可ヲ受ケシムヘシ

四　市町村會計ノ整理ヲ計ル爲メニ出納帳簿ノ例式ヲ一定スルヲ要ス依テ各府縣ニ於テ可成精密明白ノ簿式ヲ制定シ且出納檢閲例規ヲ設ケ漸次精密ノ檢査ヲ施行ス可シ

五　市町村長及收入役等交代ノ節事務引繼ノ事ハ最愼重ヲ要スルニ付特ニ視察ヲ加ヘ時宜ニ依リ主任官ヲシテ臨檢セシムルコトアルヘシ其事務引繼ノ順序ハ豫メ各府縣ニ於テ一定ノ例ヲ設ルヲ要ス

六　市町村ノ事務ヲ整理スルニハ簿冊ノ種類員數樣式ヲ一定スルヲ要ス依テ各府縣ニ於テ適宜其準則ヲ定メ漸次施行スヘシ

七　市町村ノ事務ハ最簡易誠實ヲ主トシ虛飾ニ流レス繁細ニ涉ラサルヲ要ス其經濟ニ勤儉ヲ守リ勉テ資力ヲ充實スルノ法ヲ講シ冗費濫出ノ弊ヲ防制スヘシ

八　市町村基本財産ハ之ヲ維持保存シ之ヲ增殖スルヲ務ムヘキハ勿論市町村經濟ノ許ス限リハ力メテ之ヲ蓄積セシメンコトヲ誘導スルヲ要ス然レトモ其方法宜キヲ得サルトキハ負擔ヲ加重シ經濟上ノ不利タルヲ免レス宜ク特ニ注意ヲ加フヘシ

九　市町村行政事務ノ擧否ハ主トシテ市町村長ノ責任ニ在リ故ニ其選任ニ付テハ最愼重ヲ加フヘク特ニ市長ハ其任重ク裁可ヲモ仰クヘキニ付其推薦ヲ誤ラサル樣厚ク注意スヘキハ勿論町村長ハ知事ニ於テ之ヲ認可スルノ職權ヲ有スルニ付其選任ノ當否ハ詳ニ之ヲ監査シ犯罪不正ノ行爲アル者若クハ懲戒處分ヲ受ケタル者ノ如キハ言フヲ待タス（但懲戒處分ノ輕キモノハ別段ナリ）其經歴上其任ニ適セスト認ムルモノハ之ヲ認可セス又就職後ト雖モ職務ノ內外ニ拘ラス不都合ノ行爲アルモノハ嚴正ニ訓諭ヲ加ヘ再三ニ及テ猶之ヲ遵奉セサル者ノ如キニ至テハ假借スル所ナク處分ヲ行ヒ且以テ紀律ヲ嚴肅ニスルノ良習慣ヲ養成スルヲ要ス

十　市町村吏員タル者ハ政論ノ外ニ立テ一ニ市町村ノ公益ヲ計リ黨派ニ偏セス公平ヲ持スルヲ以テ最專要トス故ニ假令其人名ヲ政黨ニ列スルコトアルモ市町村行政ノ職務ヲ行フニ方リテハ自治ノ本旨ヲ恪守シ毫モ黨派關係ヲ及ホスコトアルヘカラス監督官廳ハ厚ク之ヲ監査シ其行爲公平ヲ失スト認ムル者ハ前項ト同ク嚴ニ訓諭ヲ加ヘ事實ニ依リテハ相當ノ處分ヲ行フヘシ

十一　市町村吏員ノ任期アル者ハ其任期中ハ自已ノ意思ニ依リ法律ノ規定ニ從テ退職スルノ外他ヨリ容易ニ進退セシムルヲ得ス然ルニ其任期內ニ在テ市長ノ俸給ヲ減額シ町村長助役ヲ有給吏員ト爲シ若クハ其有給ノ例ヲ廢シ以テ容易ニ吏員ノ交代ヲ促スカ如キコトナシトセス又法律ノ規定外特ニ議員ノ定數ヲ增減スルコト往々アリ是或ハ黨派ノ私ニ起因シ其實吏員ヲ進退スルノ

意ニ出ツルコトアランモ知ル可カラス若シ右等ノ事アルニ於テハ獨リ法律ノ旨趣ニ戻ルノミナラス其弊少カラサルニ付嚴ニ其事實ヲ審明シ事宜ニ依リ一面ハ訓誡ヲ加ヘ一面ハ事狀ヲ具申スヘシ

市町村巡視規程概則（明治二十五年五月内務省訓第三百四十九號 同三十一年内務省訓第七百一號改正）

市町村巡視規程ハ左ノ概則ニ準シ適宜制定セラルヘシ
郡長ハ少クモ毎年一度部内各町村ヲ巡視ス可シ其他郡書記府縣官ノ巡視スルハ便宜知事郡長ノ指揮スル所ニ依ル
巡視ス可キ事項ハ各府縣適宜之ヲ定ム可シト雖モ今左ノ概例ヲ擧ケテ其標準ヲ示ス
一　市町村内全體ノ狀況（平穩無異ナリヤ否ヤ黨派軋轢ノ弊アリヤ否ノ類）
二　吏員ノ勤惰能否及事務ノ成績（土木事業敎育勸業ノ擧否若クハ兵事戸籍等ノ整否ノ類）
三　市役所町村役場事務分課及執務ノ體裁
四　市町村事務ノ狀況（事務ノ繁簡便否ノ類）
五　市町村吏員ノ處置法律命令ノ規定ニ違背スル所ナキヤ否
六　吏員ノ部民ニ對スル接遇

七　市町村會議ノ景況
八　市町村會議員ノ選擧ノ景況
九　豫算決算ノ整理
十　營造物及財產ノ管理
十一　簿書ノ整頓並保存
十二　出納ノ正否及現金ノ保管
十三　市町村經濟ノ狀況（負擔ノ輕重課稅ノ適否財產及負債多寡等ノ類）
以上ハ巡視スヘキ事件ノ綱領ヲ擧クルノミ其細節目ハ各府縣ニ於テ便宜之ヲ規定スヘシ
巡視ノ時檢査スヘキ簿冊及事業ノ成績ヲ視察スルニ付注意スヘキ事項ハ各府縣ニ於テ之ヲ規定スルコトアルヘシ
巡視復命書ノ樣式ハ豫メ各府縣ニ於テ之ヲ一定シ置クヘシ
郡長郡吏員ヲ派遣シテ巡視セシメ其復命ヲ受ケタルトキハ郡長ニ於テ之ヲ勘査シ將來ノ處分ニ付意見アルモノハ之ヲ付シ共ニ府縣知事ニ報告スヘシ府縣及郡ニ於テ屬員ヲ派遣シテ巡視セシムルトキハ管內ヲ數區ニ分チ豫メ巡視ノ擔當區ヲ定ムルコトヲ得ヘシ
巡視員巡視シタル事項ニ付テハ知事郡長ニ復命スルノ外秘密ニ取扱ヒ漏泄スルコト無之樣注意ス

ヘシ
府縣知事郡長ニ於テ職權ヲ以テ指揮スルハ格別其他巡視事項ヲ視察スルノ外知事郡長ノ命令ヲ待タスシテ直ニ指揮スルコトヲ得ス但法律命令ニ違ヒ又錯誤アルコトヲ發見シ事輕微ニシテ直ニ更正シ得ヘキモノハ市町村長ニ注意ヲ與フルコトヲ得若シ錯誤違法ノ廉輕微ナラスシテ差置キ難キモノハ即時知事郡長ニ報告セシムヘシ

市町村事務報告例概則（明治二十五年五月九日内務省訓第三百五十號）

市町村事務報告例ハ左ノ概則ニ準シ適宜制定セラルヘシ
市町村事務報告例ハ特別ニ規定スルモノノ外即報トシ其事件ノ生シタル即日報告スルモノトス但必要ト認ムルトキハ豫報ヲ爲サシムルコトアルヘシ市ノ報告ハ府縣知事ニ町村ノ報告ハ郡長ニ提出スルヲ例トス但別段ノ規定アルモノハ其規定ニ依ル
町村ノ報告ヲ郡長ヨリ更ニ府縣知事ニ報告シ市町村及郡長ヨリ提出シタル報告ヲ府縣知事ヨリ更ニ内務大臣ニ報告スルハ別段ノ規定アル事項ニ限ル但天災時變等異常ノ事項ハ隨時必要ノ報告ヲ爲スヘシ市町村事務報告ノ項目ハ各府縣ニ於テ適宜規定スヘシト雖モ今左ニ概例ヲ擧ケテ其標準ヲ示ス

一　市町村會議員選擧ノ結果及其選擧錄謄本
二　市町村會議員ノ退任辭職
三　市町村會開閉及其議事ノ事項並其議事錄謄本
四　市町村會ノ決議諸件
五　市町村會決議ノ執行停止及再議ニ付シタル事件
六　市町村會議員選擧ノ効力ニ關スル處分
七　市町村公民權ノ特免停止及市町村費增課處分
八　市町村內ニ區ヲ設置シ區長及代理者ヲ置クコト及之ヲ廢スルコト
九　常設及臨時ノ委員ヲ設置シ及廢止スルコト
十　市町村吏員ノ選擧ノ結果
十一　市町村長助役及收入役ノ就任及退任
十二　市町村助役及市參事會員分掌事項
十三　市町村會議事細則及役場內諸規定
十四　市町村吏員事務引繼ノ顚末
十五　市町村吏員ノ懲戒處分

十六　市町村歳入歳出豫算及決算
十七　市町村事務報告書寫及市町村財產明細表
十八　一時借入金及三年以內ノ公債募集
十九　學藝美術ニ關スル物品ノ異動
二十　市町村稅滯納處分ニ係ル人員及金額
前項類目ノ外法律命令ニ規定アルモノ並國及府縣郡ノ行政事務（戶籍兵事學事勸業等）ニシテ法律命令ヲ以テ報告ヲ徵スルモノハ各其規定ニ依ルヘシ

市町村吏員服務紀律

（明治四十四年九月內務省令第十六號
大正十五年六月內務省令第二十五號改正）

第一條　市町村吏員ハ忠實勤勉ヲ旨トシ法令ニ從ヒ其ノ職務ニ盡スヘシ
第二條　市町村吏員ハ職務ノ內外ヲ問ハス廉恥ヲ破リ其ノ他品位ヲ傷フノ所爲アルヘカラス
市町村吏員ハ職務ノ內外ヲ問ハス職權ヲ濫用セス懇切公平ナルコトヲ務ムヘシ
第三條　市町村吏員ハ總テ公務ニ關スル機密ヲ私ニ漏洩シ又ハ未發ノ事件又ハ文書ヲ私ニ漏示スルコトヲ得ス其ノ職ヲ退クノ後ニ於テモ亦同シ
裁判所ノ召喚ニ依リ證人又ハ鑑定人ト爲リ職務上ノ秘密ニ就キ訊問ヲ受クルトキハ指揮監督者

ノ許可ヲ得タル件ニ限リ供述スルコトヲ得事實參考ノ爲訊問ヲ受ケタル者ニ付テモ亦同シ

前項ノ場合ニ於テ市町村吏員ノ掌ル國府縣其ノ他公共團體ノ事務ニ付テハ國府縣其ノ他公共團體ノ代表者ノ許可又ハ承認ヲ得ルコトヲ要ス

第三條ノ二　有給市參與、市町村助役、市町村收入役及市町村副收入役並ニ市制第六條ノ市ノ區長又ハ市制第八十二條第三項ノ市ノ區長ハ市町村長ノ許可ヲ受クルニ非サレハ他ノ報償アル業務ニ從事スルコトヲ得ス

第四條　市町村吏員ハ其ノ職務ニ關シ直接ト間接トヲ問ハス自己若ハ其ノ他ノ者ノ爲ニ贈與其ノ他ノ利益ヲ供給セシムルノ約束ヲ爲スコトヲ得ス

市町村吏員ハ指揮監督者ノ許可ヲ受クルニ非サレハ其ノ職務ニ關シ直接ト間接トヲ問ハス自己若ハ其ノ他ノ者ノ爲ニ贈與其ノ他ノ利益ヲ受クルコトヲ得ス

第五條　左ニ掲クル者ト直接ニ關係ノ職務ニ在ル市町村吏員ハ其ノ者又ハ其ノ者ノ爲ニスル者ノ饗應ヲ受クルコトヲ得ス

一　市町村ニ對シ工事ノ請負又ハ物件勞力供給ノ契約ヲ爲ス者

二　市町村ニ屬スル金錢ノ出納保管ヲ擔任スル者

三　市町村ヨリ補助金又ハ利益ノ保證ヲ受クル起業者

四　市町村ト土地物件ノ賣買贈與貸借又ハ交換ノ契約ヲ爲ス者
五　其ノ他市町村ヨリ現ニ利益ヲ得又ハ得ムトスル者

市制第六條ノ市ノ指定ニ關スル件（明治四十四年九月勅令第二百三十九號）

市制第六條ノ規定ニ依リ市ヲ指定スルコト左ノ如シ

東京市
京都市
大阪市

市制第六十五條第一項但書ノ規定ニ依ル市ノ指定（昭和四年六月勅令第百八十九號）

市制第六十五條第一項但書ノ規定ニ依リ市ヲ指定スルコト左ノ如シ

東京市　京都市　大阪市　橫濱市　神戶市　名古屋市

市制第八十二條第三項ノ規定ニ依ル市ノ指定（明治四十四年九月內務省令第十四號）

市制第八十二條第三項ノ規定ニ依リ市ヲ指定スルコト左ノ如シ
名古屋市

府縣制準用選擧市區指定令（大正十五年六月勅令第二百十一號○昭和三年四月勅令第七十五號、同九月勅令第二百二十號改正）

第一條　市制第三十九條ノ二ノ規定ニ依リ市ヲ指定スルコト左ノ如シ
東京市　京都市　大阪市　堺　市　横濱市　横須賀市　川崎市　神戸市
姫路市　長崎市　佐世保市　新潟市　長岡市　前橋市　宇都宮市　津　市
名古屋市　豐橋市　靜岡市　濱松市　甲府市　岐阜市　長野市　松本市
仙臺市　青森市　山形市　福井市　金澤市　富山市　岡山市　廣島市
呉　市　下關市　和歌山市　德島市　高松市　松山市　高知市　福岡市
久留米市　門司市　大牟田市　八幡市　大分市　熊本市　鹿兒島市　那覇市
札幌市　函館市　小樽市　旭川市　室蘭市　高崎市　盛岡市　小倉市
岡崎市
第二條　市制第三十九條ノ二ノ規定ニ依リ區ヲ指定スルコト左ノ如シ

東京市ノ區

附　則

本令ハ次ノ總選擧ヨリ之ヲ施行ス

六大都市行政監督特例（大正十五年六月勅令第二百十二號〇昭和四年六月勅令第百八十八號改正）

市行政ニ關シ府縣知事ノ許可ヲ要スル事項中左ニ揭クルモノハ東京市、京都市、大阪市、横濱市神戶市及名古屋市ニ於テハ其ノ許可ヲ受クルコトヲ要セス

一　市制中府縣知事ノ許可ヲ要スル事項但シ市制第百六十七條第六號及第十一號ニ揭クルコト、市長カ他ノ報償アル業務ニ從事スルコト、市町村組合ニ關スルコト及三年度ヲ超ユル繼續費ニ關スルコトヲ除ク

二　借入ノ翌年度ニ於テ償還スル市債ニ關スルコト但シ借入金ヲ以テ償還スルモノヲ除ク

附　則

本令ハ大正十五年七月一日ヨリ之ヲ施行ス

大正十一年勅令第四百二十四號ハ之ヲ廢止ス

選擧運動ノ爲ニスル文書圖畫ニ關スル件

（大正十五年二月内務省令第五號〇昭和四年二月内務省令第三號改正）

第一條　選擧運動ノ爲文書圖畫（信書ヲ除ク以下之ニ同シ）ヲ領布シ又ハ掲示スル者ハ其ノ氏名及住所ヲ記載スヘシ但シ名刺及選擧事務所ニ掲示スルモノニ付テハ此ノ限ニ在ラス

第二條　選擧運動ノ爲領布スル引札ハ二度刷又ハ二色以下トシ長一尺幅七寸ヲ超ユルコトヲ得ス

選擧運動ノ爲ニスル名刺ノ用紙ハ白色ノモノニ限ル

第三條　選擧運動ノ爲使用スル立札、看板ノ類ハ議員候補者一人ニ付通シテ百五十箇以内トシ白色ニ黑色ヲ用ヒタルモノニ限リ且縱九尺横二尺ヲ超ユルコトヲ得ス

第四條　選擧運動ノ爲使用スル立札看板ノ類ハ選擧事務所ヲ設ケタル場所ノ入口ヨリ一町以内ノ區域ニ於テハ選擧事務所一箇所ニ付通シテ二箇ヲ超ユルコトヲ得ス

第五條　選擧運動ノ爲ニスル文書圖畫ハ選擧當日ニ限リ投票所ヲ設ケタル場所ノ入口ヨリ三町以内ノ區域ニ於テ之ヲ領布シ又ハ掲示スルコトヲ得ス

第六條　選擧運動ノ爲ニスル文書圖畫ハ航空機ニ依リ之ヲ領布スルコトヲ得ス

第七條　選擧運動ノ爲ニスル文書圖畫ハ立札、看板ノ類ヲ除ク外之ヲ帖付シ又ハ掲示スルコトヲ得ス但シ演說會ノ爲ニスル張札ニシテ其ノ會場ニ於テ使用スルモノニ付テハ此ノ限ニアラス
選擧運動ノ爲ニスル立札、看板ノ類ハ承認ヲ得スシテ他人ノ土地又ハ工作物ニ之ヲ掲示スルコトヲ得ス

國庫出納金端數計算法（大正五年一月法律第二號）

第一條　國庫ノ收入金又ハ仕拂金ニシテ一錢未滿ノ端數アルトキハ其ノ端數ハ之ヲ切捨ツ其ノ全額一錢未滿ナルトキハ之ヲ一錢トス
第二條　國稅ノ課稅標準額ノ算定ニ付テハ前條ノ規定ヲ準用ス命令ヲ以テ指定スル國稅ノ課稅標準額ニシテ一錢未滿ノ端數アルトキハ其ノ端數ハ之ヲ切捨ツ
第三條　分割シテ收入シ又ハ仕拂フ金額ニ在リテハ其ノ總額ニ付第一條ノ規定ヲ準用ス
第四條　分割シテ收入又ハ仕拂ヲ爲ス場合ニ於テ分割金額一錢未滿ナルトキ又ハ之ニ一錢未滿ノ端數ヲ生シタルトキハ其ノ分割金額又ハ端數ハ最初ノ收入金又ハ仕拂金ニ之ヲ合算ス但シ地租ノ分納額ニ付テハ此ノ限ニ在ラス
第五條　賣藥印紙及郵便切手ヲ以テ納ムル郵便料金ニ付テハ本法ヲ適用セス
法律ニ別段ノ定アルモノノ外本法ヲ適用セサルモノハ命令ヲ以テ之ヲ定ム
第六條　本法ハ北海道府縣郡市町村其ノ他勅令ヲ以ヲ指定シタル公共團體ノ收入及仕拂ニ之ヲ準用ス

公共團體ノ收入及仕拂ニ關シ國庫出納金端數計算法準用ノ件（大正五年八月勅令第二百九號）

第一條　國庫出納金端數計算法第六條ノ規定ニ依リ公共團體ヲ指定スルコト左ノ如シ
郡組合　市制第六條ノ市ノ區　北海道及沖繩縣ノ區　水利組合　北海道土功組合　朝鮮ノ地方費　朝鮮ノ府　朝鮮ノ學校組合　朝鮮ノ水利組合

第二條　國庫出納金端數計算法第六條ノ公共團體ノ收入及仕拂中左ニ揭クル種目ニハ同法ヲ準用セス

一、法令ニ依リ當然公共團體ニ歸屬スル收入金
二、貨幣交換差金
三、外國貨幣ヲ基礎トスル收入金及仕拂金
四、缺損補塡金

公共體團ニ於テ使用料手數料等徵收上ノ便宜ノ爲收入證紙發行ニ付テハ經伺ニ及ハサル件

（大正元年十一月内、訓令第十七號）

公共團體ニ於テ使用料、手數料徵收上ノ便宜ノ爲收入證紙發行ニ付テハ今後經伺ニ及ハス但シ從來指示ノ事項ヲ遵守シ已ヲ得ス金額ヲ表示スル場合ハ算用數字ヲ用ヰ政府發行ノ收入印紙ニ紛ハシカラサル樣注意スヘシ

直接稅及間接稅ノ種類、類別ニ關スル件

（大正十五年五月内務省告示第六十八號）

北海道會法第十五條、府縣制第百四十五條、市制第百七十五條、町村制第百五十五條、北海道一級町村制第百二十三條、北海道二級町村制第七十條及島嶼町制第百二條ノ規定ニ依リ直接稅及間

接稅ノ種類、類別左ノ通之ヲ定ム

一　北海道會法第十五條直接國稅ノ種類

地租　所得稅(所得稅法第三條第二種ノ所得中無記名債券ノ所得ニ係ル所得稅ヲ除ク)

營業稅　營業收益稅　資本利子稅（資本利子稅法第一條甲種ノ資本利子中無記名債券ノ資本利子ニ係ル資本利子稅ヲ除ク）　鑛業稅　砂鑛區稅

一　府縣制第百四十五條直接稅ノ種類

地租　所得稅(所得稅法第三條第二種ノ所得中無記名債券ノ所得ニ係ル所得稅ヲ除ク)

國稅營業稅　營業收益稅　資本利子稅（資本利子稅法第一條甲種ノ資本利子中無記名債券ノ資本利子ニ係ル資本利子稅ヲ除ク）　鑛業稅　砂鑛區稅

一　市制第百七十五條及町村制第百五十五條直接稅及間接稅ノ種類

國　稅

左ノ諸稅ヲ直接稅トシ其ノ他ヲ間接稅トス

地租　所得稅(所得稅法第三條第二種ノ所得中無記名債券ノ所得ニ係ル所得稅ヲ除ク)

營業稅　營業收益稅　資本利子稅（資本利子稅法第一條甲種ノ資本利子中無記名債券ノ資本利子ニ係ル資本利子稅ヲ除ク）　鑛業稅　砂鑛區稅　取引所營業稅

府縣稅

左ノ諸稅ヲ直接稅トシ其ノ他ヲ間接稅トス
特別地稅　戸數割　家屋稅　營業稅　雜種稅（遊興稅、觀覽稅ヲ除ク）

市町村稅

左ノ諸稅ヲ間接稅トシ其ノ他ヲ直接稅トス
遊興稅　觀興稅　宴席消費稅　特別消費稅　觀覽稅　入湯稅　遊興稅附加稅　觀覽稅附加稅

一　北海道一級町村制第百二十三條及北海道二級町村制第七十條直接稅及間稅接ノ類別

國稅

左ノ諸稅ヲ直接稅トシ其ノ他ヲ間接稅トス
地租　所得稅（所得稅法第三條第二種ノ所得中無記名債劵ノ所得ニ係ル所得稅ヲ除ク）
營業稅　營業收益稅　資本利子稅（資本利子稅法第二條甲種ノ資本利子中無記名債劵ノ資本利子ニ係ル資本利子稅ヲ除ク）　鑛業稅　砂鑛區稅　取引所營業稅

北海道地方稅

左ノ諸稅ヲ直接稅トシ其ノ他ヲ間接稅トス
特別地稅　戸數割　家屋稅　營業稅　雜種稅（遊興稅ヲ除ク）

町村稅

左ノ諸稅ヲ間接稅トシ其ノ他ヲ直接稅トス

遊興稅附加稅

一　島嶼町村制第百二條直接國稅ノ種類

地租　所得稅(所得稅法第三條第二種ノ所得中無記名債券ノ所得ニ係ル所得稅ヲ除ク)

營業稅　營業收益稅　資本利子稅（資本利子稅法第二條甲種ノ資本利子中無記名債券ノ資本利子ニ係ル資本利子稅ヲ除ク）　鑛業稅　砂鑛區稅

國稅營業稅ハ大正十五年分迄北海道地方稅及府縣稅中戶數割ハ大正十五年度迄營業收益稅ハ大正十六年分ヨリ資本利子稅ハ大正十五年分ヨリ特別地稅ハ大正十五年度分ヨリ之ヲ適用ス

明治三十四年內務省告示第二十六號、明治三十二年內務省告示第六十九號、大正十二年內務省告示第百六十七號、明治三十二年內務省告示第九十六號及明治四十一年內務省告示第二十六號ハ之ヲ廢止ス

市町村ニ於テ徴收スヘキ國稅に關スル件

（明治三十年六月勅令第一九五號、同三十二年勅令第二一九號
三十三年同第四八號、同年同第一四五號、大正七年同第六五號改正）

左ノ諸稅ハ市町村ニ於テ徴收スヘシ

一　第三種ノ所得ニ係ル所得稅
二　營業稅
三　自家用醬　稅
四　賣藥營業稅
五　個人ノ利得ニ係ル戰時利得稅

市町村交付金交付規程

（大正三年五月
大藏省令第八號）

第一條　國稅徴收法第五條第二項ニ依ル市町村交付金ハ左ノ二期ニ分チテ之ヲ交付ス

前期　其ノ年四月ヨリ其ノ年九月迄
後期　其ノ年十月ヨリ翌年三月迄

第二條　納税告知書ニ對スル交付金ハ毎期中ニ發付シタル納税告知書數、徴收金額ニ對スル交付金ハ毎期中國庫ニ送付濟ノ金額ニ依リ之ヲ計算ス
國税徴收法第八條ニ依リ送付ノ責任ヲ免除セラレタル金額ニ付テハ其ノ免除セラレタル日ニ於テ國庫ニ送付シタルモノト看做ス
第三條　市町村ハ毎期中ニ發付シタル地租ノ納税告知書數ヲ前期分ハ十月五日迄ニ後期分ハ四月五日迄ニ所轄税務署ニ通知スヘシ
第四條　税務署長ハ毎期中各市町村ニ於テ發付シタル納税告知書數及國庫ニ送付濟ノ金額ヲ税目別ニ調査シ前期分ハ十月十五日迄ニ後期分ハ四月十五日迄ニ税務監督局長ニ報告スヘシ

地方税ニ關スル件（大正十五年三月法律第二十四號）

第一條　北海道、府縣ハ本法ニ依リ特別地税、家屋税、營業税及雜種税ヲ賦課スルコトヲ得
第二條　特別地税ハ地租條例第十三條ノ二ノ規定ニ依リ地租ヲ徴收セサル田畑ニ對シ地租條例第一條ノ地價ヲ標準トシテ之ヲ賦課ス
特別地税ノ徴收ニ關シテハ地租條例第十三條ノ規定ヲ準用ス
第三條　特別地税ノ賦課率ハ北海道ニ在リテハ地價百分ノ二・六以内、府縣ニ在リテハ地價百分ノ

三・七以内トス

特別地税ニ對シ市町村其ノ他ノ公共團體ニ於テ賦課スヘキ附加税ノ賦課率ハ前項ニ規定スル制限ノ百分ノ八十以内トス

第四條　府縣費ノ全部ノ分賦ヲ受ケタル市ハ第二條ノ例ニ依リ地税百分ノ一・九ノ外其ノ分賦金額以内ニ限リ前條第一項ニ規定スル制限ニ達スル迄特別地税ヲ賦課スルコトヲ得

北海道地方費又ハ府縣費ノ一部ノ分賦ヲ受ケタル市町村ハ前條第二項ニ規定スル制限ノ外其ノ分賦金額以内ニ限リ特別地税附加税ヲ賦課スルコトヲ得但シ北海道府縣ノ賦課額ト市町村ノ賦課額トノ合算額ハ前條第一項ニ規定スル制限ヲ超ユルコトヲ得ス

第五條　特別地税又ハ其ノ附加税ト段別割トヲ併課スル場合ニ於テハ段別割ノ總額ハ第三條又ハ前條ノ規定ニ依リテ其ノ地目ノ土地ニ對シ賦課シ得ベキ制限額ト特別地税額又ハ其ノ附加税額トノ差額ヲ超ユルコトヲ得ス

第六條　特別地税又ハ其ノ附加税ノ賦課カ第三條乃至前條ニ規定スル制限ニ達シタル場合ニ非サレハ明治四十一年法律第三十七號第五條ノ規定ニ依ル地租、營業收益税又ハ所得税附加税ノ制限外課税ヲ爲スコトヲ得ス

特別地税又ハ其ノ附加税ト段別割トヲ併課シタル場合ニ於テ一地目ニ對スル賦課ガ前條ニ規定

スル制限ニ達シタルトキハ前項ノ規定ノ適用ニ付テハ特別地税又ハ其ノ附加税ガ制限ニ達シタルモノト看做ス

第七條　特別ノ必要アル場合ニ於テハ内務大臣及大藏大臣ノ許可ヲ受ケ第三條乃至第五條ニ規定スル制限ヲ超過シ其ノ百分ノ十二以内ニ於テ特別地税又ハ其ノ附加税ヲ賦課スルコトヲ得

左ニ掲クル場合ニ於テハ特ニ内務大臣及大藏大臣ノ許可ヲ受ケ前項ニ規定スル制限ヲ超過シテ課税スルコトヲ得

一　内務大臣及大藏大臣ノ許可ヲ受ケテ起シタル負債ノ元利償還ノ爲費用ヲ要スルトキ

二　非常ノ災害ニ因リ復舊工事ノ爲費用ヲ要スルトキ

三　水利ノ爲費用ヲ要スルトキ

四　傳染病豫防ノ爲費用ヲ要スルトキ

前二項ノ規定ニ依リ制限ヲ超過シテ課税スルハ營業收益税及所得税ノ附加税ノ賦課カ明治四十一年法律第三十七號第二條及第三條ニ規定スル制限ニ達シタルトキニ限ル

第八條　特別地税及其ノ附加税ノ賦課率ハ當該年度ノ豫算ニ於テ定メタル田畑ニ對スル地租附加税ノ賦課率ヲ以テ算定シタル地租附加額税ノ當該田畑ノ地價ニ對スル比率ヲ超ユルコトヲ得ス

第九條　家屋税ハ家屋ノ賃貸價格ヲ標準トシテ家屋ノ所有者ニ之ヲ賦課ス

第十條　家屋ノ賃貸價格ハ家屋稅調査委員ノ調査ニ依リ北海道ニ在リテハ北海道廳長官、府縣ニ在リテハ府縣知事之ヲ決定ス
第十一條　左ニ揭クル家屋ニ對シテハ命令ノ定ムル所ニ依リ家屋稅ヲ賦課セサルコトヲ得
一　一時ノ使用ニ供スル家屋
二　賃貸價格一定額以下ノ家屋
三　公益上其ノ他ノ事由ニ因リ課稅ヲ不適當トスル家屋
第十二條　府縣費ノ全部ノ分賦ヲ受ケタル市ハ第九條乃至前條ノ例ニ依リ家屋稅ヲ賦課スルコトヲ得此ノ場合ニ於テハ府縣知事ノ職務ハ市長之ヲ行フ
第十三條　家屋稅及其ノ附加稅ノ賦課率及賦課ノ制限竝家屋ノ賃貸價格ノ算定及家屋稅調査委員ノ組織ニ關シテハ勅令ヲ以テ之ヲ定ム
第十四條　營業稅ハ營業收益稅ノ賦課ヲ受ケサル營業者及營業收益稅ヲ賦課セサル營業ヲ爲ス者ニ之ヲ賦課ス
第十五條　營業稅ヲ賦課スヘキ營業ノ種類ハ營業收益稅法第二條ニ揭クルモノ及勅令ヲ以テ定ムルモノニ限ル
第十六條　府縣費ノ全部ノ分賦ヲ受ケタル市ハ第十四條及前條ノ例ニ依リ營業稅ヲ賦課スルコト

ヲ得

第十七條　第十一條第三號ノ規定ハ營業税ニ之ヲ準用ス

第十八條　營業税ノ課税標準竝營業税及其ノ附加税ノ賦課ノ制限ニ關シテハ勅令ヲ以テ之ヲ定ム

第十九條　雜種税ヲ賦課スルコトヲ得ヘキモノノ種類ハ勅令ヲ以テ定ムルモノ竝内務大臣及大藏大臣ノ許可ヲ受ケタルモノニ限ル

第二十條　第十一條第三號ノ規定ハ雜種税ニ之ヲ準用ス

第二十一條　雜種税ノ課税標準竝雜種税及其ノ附加税ノ賦課ノ制限ニ關シテハ勅令ヲ以テ之ヲ定ム

第二十二條　市町村ハ本法ニ依リ戸數割ヲ賦課スルコトヲ得

第二十三條　戸數割ハ一戸ヲ構フル者ニ之ヲ賦課ス

戸數割ハ一戸ヲ構ヘサルモ獨立ノ生計ヲ營ム者ニ之ヲ賦課スルコトヲ得

第二十四條　戸數割ハ納税義務者ノ資力ヲ標準トシテ之ヲ賦課ス

第二十五條　戸數割ノ課税標準タル資力ハ納税義務者ノ所得額及資産ノ狀況ニ依リ之ヲ算定ス

第二十六條　第十一條第三號ノ規定ハ戸數割ニ之ヲ準用ス

第二十七條　戸數割ノ賦課ノ制限、納税義務者ノ資産ノ狀況ニ依リ資力ヲ算定シテ賦課スヘキ額

其ノ他納税義務者ノ資力算定ニ關シテハ勅令ヲ以テ之ヲ定ム

第二十八條　北海道府縣以外ノ公共團體ニ對スル第七條ノ許可ノ職權ハ勅令ノ定ムル所ニ依リ之ヲ地方長官ニ委任スルコトヲ得

附　則

本法ハ大正十五年度分ヨリ之ヲ適用ス但シ家屋税營業税及雜種税其ノ附加税竝戸數割ニ關スル規定ハ大正十六年度分ヨリ之ヲ適用ス

明治十三年第十六號布告及同年第十七號布告ハ大正十五年度分限リ之ヲ廢止ス

第六條及第七條中營業收益税トアルハ大正十五年度分特別地税及其ノ附加税ニ付テハ國税營業税トス

家屋税ハ大正十八年度分迄ニ限リ第九條乃至第十二條ノ規定ニ拘ラス別ニ勅令ノ定ムル所ニ依リ之ヲ賦課スルコトヲ得

地方税制限ニ關スル件

（明治四十一年法律第三七號、四十三年法律第二七號、四十四年同第三二號、大正九年同第三七號、十二年第三〇號、大正十五年同第二十五號改正）

第一條　北海道、府縣其ノ他ノ公共團體ハ左ノ制限以内ノ地租附加税又ハ段別割ヲ課スルノ外土地ニ對シテ課税スルコトヲ得ス

一　北海道、府縣

附加税ノミヲ課スルトキ

宅地地租　百分ノ三十四

其ノ他ノ土地地租　百分ノ八十三

段別割ノミヲ課スルトキ

一段ニ付　毎地目平均一圓

附加税及段別割ヲ併課スル場合ニ於テハ段別割ノ總額ハ其ノ地目ノ地租額宅地ニ在リテハ百分ノ三十四、其ノ他ノ土地ニ在リテハ百分ノ八十三ト附加税トノ差額ヲ超ユルコトヲ得ス

二　其ノ他ノ公共團體

附加税ノミヲ課スルトキ

宅地地租　百分ノ二十八

其ノ他ノ土地地租　百分ノ六十六

段別割ノミヲ課スルトキ
一段ニ付　每地目平均一圓
附加税及段別割ヲ併課スル場合ニ於テハ段別割ノ總額ハ其ノ地目ノ地租額宅地ニ在リテハ百分ノ二十八、其ノ他ノ土地ニ在リテハ百分ノ六十六ト附加税トノ差額ヲ超ユルコトヲ得ス

第二條　北海道、府縣其ノ他ノ公共團體ハ左ノ制限以內ノ營業收益税附加税ヲ課スルノ外營業收益税ヲ納ムル者ノ營業ニ對シ課税スルコトヲ得ス
一　北海道、府縣　營業收益税百分ノ四十一
二　其ノ他ノ公共團體　營業收益税百分ノ六十
營業收益税附加税ノ賦課ニ付テハ營業收益税法第十條第二項ノ規定ニ依ル資本利子税額ノ控除ヲ爲サザルモノヲ以テ營業收益税額ト看做ス

第三條　北海道、府縣ハ所得税百分ノ二十四以內ノ所得税附加税ヲ課スルノ外所得税ヲ納ムル者ノ所得ニ對シ課税スルコトヲ得ス
北海道、府縣以外ノ公共團體ハ府縣費ノ全部又ハ一部ノ分賦ヲ受ケタル場合ヲ除クノ外所得税ヲ納ムル者ノ所得ニ對シ課税スルコトヲ得ス

戸數割ヲ賦課シ難キ市町村ニ於テハ前項ノ規定ニ拘ラス内務大藏兩大臣ノ許可ヲ受ケ所得税附加附税ヲ課スルコトヲ得但シ其ノ賦課率ハ所得税百分ノ七ヲ超ユルコトヲ得ス
所得税附加税ノ賦課ニ付テハ所得税法第二十一條第二項ノ規定ニ依ル第二種ノ所得税額ノ控除ヲ爲ササルモノヲ以テ第一種ノ所得税額ト看做ス
第二種ノ所得ニ對シテハ附加税ヲ課スルコトヲ得ス
第四條　府縣費ノ全部ヲ市ニ分賦シタル場合ニ於テハ市ハ前三條ノ市税制限ノ外其ノ分賦金額以内ニ限リ府縣税制限ニ達スル迄課税スルコトヲ得
府縣費ノ一部ヲ市町村ニ分賦シタル場合ニ於テハ市町村ハ前三條ノ市町村税制限ノ外其ノ分賦金額以内ニ限リ課税スルコトヲ得但シ府縣ノ賦課額ト市町村ノ賦課額トノ合算額ハ府縣税ノ制限ヲ超過スルコトヲ得ス
第五條　特別ノ必要アル場合ニ於テハ内務大藏兩大臣ノ許可ヲ受ケ第一條乃至第三條ノ制限ヲ超過シ其ノ百分ノ十二以内ニ於テ課税スルコトヲ得
左ニ掲クル場合ニ於テハ特ニ内務大藏兩大臣ノ許可ヲ受ケ前項ノ制限ヲ超過シテ課税スル事ヲ得
一　内務大藏兩大臣ノ許可ヲ受ケテ起シタル負債ノ元利償還ノ爲費用ヲ要スルトキ
二　非常ノ災害ニ因リ復舊工事ノ爲費用ヲ要スルトキ

三　水利ノ爲費用ヲ要スルトキ
四　傳染病豫防ノ爲費用ヲ要スルトキ
前二項ニ依リ制限ヲ超過シテ課税スルハ第一條乃至第三條ニ定メタル各税目ニ對スル賦課カ各其ノ制限ニ達シタルトキニ限ル但シ地租附加税及段別割ヲ併課シタル場合ニ於テハ一地目ニ對スル賦課カ制限ニ達シタルトキハ附加税カ制限ニ達シタルモノト看做ス其ノ段別割ノミヲ賦課シタル場合ニ於テ一地目ニ對スル賦課カ制限ニ達シタルトキ亦同シ
前三項ノ規定ハ前條ノ場合ニ之ヲ準用ス
第六條　北海道、府縣以外ノ公共團體ニ對スル前條ノ許可ノ職權ハ勅令ノ定ムル所ニ依リ之ヲ地方長官ニ委任スルコトヲ得
第七條　本法ノ規定ハ特ニ賦課率ヲ定メタル特別法令ノ適用ヲ妨ケス

大正十五年法律第二十五號附則

本法ハ大正十六年度分ヨリ之ヲ適用ス但シ第三條第一項ノ改正規定中第四項ノ規定及附則第二項ノ規定ハ大正十五年度分ヨリ之ヲ適用ス
營業税法廢止法律ニ依リ免除セラルル營業税額ハ大正十五年度分營業税附加税ノ賦課ニ付テハ免除セラレタシモノト看做ス

地方稅制限ニ關スル法律第六條ノ規定ニ依ル職權委任ノ件（大正九年六月勅令第二百八十二號）

明治四十一年法律第三十七號第六條ノ規定ニ依リ左ニ掲クル事項ニ付テノ許可ノ職權ハ北海道廳長官又ハ府縣知事ニ之ヲ委任ス

一　同法第五條第一項ノ規定ニ依リ制限ヲ超過シ課稅スルコト

二　同法第五條第二項ノ規定ニ依リ同法第五條第一項ノ制限ヲ超過シ同法第一條乃至第三條ニ規定スル制限率又ハ制限額ノ百分ノ五十以上ニ於テ課稅スルコト

大正十五年法律第二十四號ノ職權委任ノ件（大正十五年勅令第百四十三號）

大正十五年法律第二十四號第二十八條ノ規定ニ依リ左ニ掲クル事項ニ付テノ許可ノ職權ハ北海道廳長官又ハ府縣知事ニ之ヲ委任ス

一　同法第七條第一項ノ規定ニ依リ制限ヲ超過シ課税スルコト
二　同法第七條第二項ノ規定ニ依リ同法第七條第一項ノ制限ヲ超過シ同法第三條乃至第五條ニ規定スル制限率又ハ制限額ノ百分ノ五十以内ニ於テ課税スルコト

附　則

本令ハ大正十五年度分ヨリ之ヲ適用ス

租税其ノ他ノ收入徵收處分囑託ニ關スル件

（明治四十年四月法律第三十四號）

第一條　法令ノ規定ニ依リ國税ヲ徵收セラルヘキ者又ハ其ノ者ノ財産ニシテ其ノ法令施行地外ニ在ルトキハ當該官吏ハ本人又ハ財産所在地ノ當該官吏又ハ吏員ニ其ノ徵收ヲ囑託スルコトヲ得

前項ノ場合ニ於ケル國税ノ徵收ハ囑託ヲ受ケタル地ノ當該法令ニ依ル

第二條　前項ノ規定ハ公共團體又ハ之ニ準スヘキモノノ租税其ノ他ノ收入ヲ徵收セラルヘキ者又ハ其ノ者ノ財産ガ其ノ公共團體又ハ之ニ準スヘキモノノ區域外ニ在ル場合ニ之ヲ準用ス

大正十五年法律第二十四號ノ職權委任ノ件　租税其ノ他ノ收入徵收處分囑託ニ關スル件

地方税ニ關スル法律施行ニ關スル件（大正十五年十一月勅令第三百三十九號）

第一條　大正十五年法律第二十四號第九條ノ家屋トハ住家、倉庫、工場其ノ他各種ノ建物ヲ謂フ

第二條　家屋ノ賃貸價格ハ貸主ガ公課、修繕費其ノ他家屋ノ維持ニ必要ナル經費ヲ負擔スル條件ヲ以テ家屋ヲ賃貸スル場合ニ於テ賦課期日ノ現狀ニ依リ貸主ノ收得スベキ金額ノ年額ヲ以テ之ヲ算定ス

第三條第一項及第二項ノ場合ニ於テハ其ノ家屋ノ賃貸價格ハ前項ノ規定ニ依リテ算定シタル類似ノ他ノ家屋ノ賃貸價格ニ比準シテ之ヲ定ム

第三條　家屋税ノ賦課期日後建築セラレタル家屋ニ付テハ工事竣成ノ翌月ヨリ月割ヲ以テ家屋税ヲ賦課ス

大正十五年法律第二十四號第十一條ノ規定ニ基キテ家屋税ヲ賦課セザル家屋又ハ法律ニ依リテ家屋税ヲ賦課スルコトヲ得ザル家屋ガ家屋税ノ賦課期日後之ヲ賦課スルコトヲ得ベキモノト爲リタルトキハ其ノ翌月ヨリ月割ヲ以テ家屋税ヲ賦課ス

家屋税ノ賦課期日後家屋ガ滅失シ其ノ他家屋トシテノ效用ヲ失ヒタルトキハ納税義務者ノ申請

ニ依リ其ノ月迄月割ヲ以テ家屋稅ヲ賦課ス大正十五年法律第二十四號第十一條ノ規定ニ基キテ家屋稅ヲ賦課セザル家屋又ハ法律ニ依リテ家屋稅ヲ賦課スルコトヲ得ザル家屋ト爲リタルトキ亦同ジ
家屋稅ノ賦課後前項ノ事實ヲ生ズルモ其ノ賦課額ハ之ヲ變更セズ
第四條　大正十五年法律第二十四號附則第四項ノ規定ニ依リテ府縣ニ於テ家屋稅ヲ賦課スル場合ニ於テハ建物ノ構造、坪數、用途及敷地ノ地位ニ依リ家屋ニ等差ヲ設ケテ之ヲ賦課ス
第五條　大正十五年法律第二十四號附則第四項ノ規定ニ依リテ家屋稅ヲ賦課スル場合ニ於テハ府縣ハ家屋稅總額ヲ市町村ニ配當スルコトヲ得此ノ場合ニ於テハ家屋稅總額ノ半額ハ之ヲ豫算ノ屬スル年度ノ前年度始ニ於ケル市町村內宅地地價ニ、他ノ半額ハ之ヲ豫算ノ屬スル年度ノ前年度始ニ於ケル市町村ノ戶數（法人ノ本店及支店ノ數ヲ含ム）ニ比例シテ配當スベシ
家屋稅ヲ賦課スベキ年度ノ前年度又ハ家屋稅ノ配當前ニ於テ市町村ノ廢置分合又ハ境界變更アリタルトキハ關係市町村ニ於ケル配當標準ハ府縣知事之ヲ定ム但シ配當標準ニ異動ナキ場合ハ此ノ限ニ在ラズ
家屋稅ノ配當額ハ配當標準ニ異動アルモ配當後ハ之ヲ改定セス但シ配當標準ニ錯誤アリタルトキハ當該市町村ニ限リ當初ノ配當率ヲ以テ其ノ配當額ヲ改定スルコトヲ得

家屋稅ノ配當後其ノ賦課前ニ於テ市町村ノ廢置分合又ハ境界變更アリタルトキハ府縣知事關係市町村ノ配當額ヲ新ニ定メ又ハ改定ス但シ配當標準ニ異動ナキ場合ハ此ノ限ニ在ラス

第六條　前二條ノ規定ニ依リ難キ特別ノ事情アル府縣ハ內務大臣及大藏大臣ノ許可ヲ受ケ別ノ賦課方法ニ依リ家屋稅ヲ賦課スルコトヲ得

第七條　第四條及前條ノ規定ハ府縣費ノ全部ノ分賦ヲ受ケタル市ニ於テ大正十五年法律第二十四號附則第四項ノ規定ニ依リテ家屋稅ヲ賦課スル場合ニ關シ之ヲ準用ス

第八條　家屋ノ賃貸價格ニ對スル賦課率ハ內務大臣及大藏大臣ノ許可ヲ受ケ府縣ニ於テ之ヲ定ム第四條乃至第六條ノ規定ニ依リテ家屋稅ヲ賦課セントスル場合ニ於テハ府縣ハ其ノ豫算總額ニ付內務大臣及大藏大臣ノ許可ヲ受クヘシ

第九條　前條ノ規定ハ府縣費ノ全部ノ分賦ヲ受ケタル市ニ於テ賦課スヘキ家屋稅ニ關シ之ヲ準用ス

第十條　戶數割ヲ賦課スル市町村ニ於テ賦課スヘキ家屋稅附加稅ノ賦課率ハ本稅百分ノ五十以內トス

特別ノ必要アル場合ニ於テハ內務大臣及大藏大臣ノ許可ヲ受ケ前項ニ規定スル制限ヲ超過シ其ノ百分ノ十二以內ニ於テ課稅スルコトヲ得

左ニ掲クル場合ニ於テハ特ニ内務大臣及大藏大臣ノ許可ヲ受ケ前項ニ規定スル制限ヲ超過シテ課稅スルコトヲ得

一　内務大臣及大藏大臣ノ許可ヲ受ケテ起シタル負債ノ元利償還ノ爲費用ヲ要スルトキ

二　非常ノ災害ニ因リ復舊工事ノ爲費用ヲ要スルトキ

三　水利ノ爲費用ヲ要スルトキ

四　傳染病豫防ノ爲費用ヲ要スルトキ

前二項ノ規定ニ依リテ制限外課稅ヲ爲スハ特別地稅附加稅ガ大正十五年法律第二十四號第七條ノ規定ニ依リテ制限外課稅ヲ爲ス場合ニ限ル但シ特別地稅附加稅ナキトキハ地租附加稅又ハ段別割ガ明治四十一年法律第三十七號第五條ノ規定ニ依リテ制限外課稅ヲ爲ス場合ニ限ル

第十一條　内務大臣及大藏大臣カ戶數割ヲ賦課シ難キモノト認メタル市町村ニ於テ賦課スヘキ家屋稅附加稅ハ左ノ制限ヲ超ユルコトヲ得ス

一　市ニ在リテハ其ノ總額當該年度ニ於ケル市稅豫算總額ノ百分ノ三十六但シ明治四十一年法律第三十七號第三條第三項ノ規定ニ依リテ所得稅附加稅ヲ賦課スル場合ニ於テハ當該年度ニ於ケル市稅豫算總額ノ百分ノ三十

二　町村ニ在リテハ其ノ總額當該年度ニ於ケル町村稅豫算總額ノ百分ノ六十但シ明治四十一年

法律第三十七號第三條第三項ノ規定ニ依リテ所得稅附加稅ヲ賦課スル場合ニ於テハ當該年度ニ於ケル町村稅豫算總額ノ百分ノ五十五

特別ノ必要アル場合ニ於テハ內務大臣及大藏大臣ノ許可ヲ受ケ前項ニ規定スル制限ヲ超過シテ課稅スルコトヲ得

第十二條　大正十五年法律第二十四號第十五條ノ規定ニ依リ營業稅ヲ賦課スヘキ營業ノ種類ヲ定ムルコト左ノ如シ

運河業

棧橋業

船舶碇繫場業

貨物陸揚場業

兩替業

湯屋業

理髮業

寄席業

遊技場業

遊覧所業
藝妓置屋業
第十三條　營業收益税法第二條ニ揭クル營業ニ對スル營業税ノ賦課額ハ同法ニ依ル個人ノ營業收益税額ノ最低額未滿トス
第十四條　營業税ノ課税標準ハ內務大臣及大藏大臣之ヲ定ム
第十五條　年税又ハ期税タル營業税ノ賦課期日後納税義務ノ發生シタル者ニ對シテハ其ノ發生ノ翌月ヨリ月割ヲ以テ營業税ヲ賦課ス
前項ノ營業税ノ賦課期日後納税義務ノ消滅シタル者ニ對シテハ其ノ消滅シタル月迄月割ヲ以テ營業税ヲ賦課ス
第一項ノ營業税ニ付テハ其ノ賦課後營業ノ承繼アリタル場合ニ於テハ前營業者ノ納税ヲ以テ後ノ營業者ノ納税ト看做シ前二項ノ規定ヲ適用セス
月税タル營業税ノ賦課期日後其ノ月十五日迄ニ納税義務發生シタルトキハ其ノ營業税ノ全額、十六日以後納税義務發生シタルトキ又ハ十五日迄ニ納税義務消滅シタルトキハ其ノ半額ヲ賦課ス
前二項ノ場合ニ一ノ府縣ニ於テ納税義務消滅シ他ノ府縣ニ於テ納税義務發生シタルトキハ納税

義務ノ發生シタル府縣ハ納稅義務ノ消滅シタル府縣ニ於テ賦課シタル部分ニ付テハ營業稅ヲ賦課スルコトヲ得ス

第十六條　營業稅附加稅ノ賦課率ハ本稅百分ノ八十以內トス

特別ノ必要アル場合ニ於テハ府縣知事ノ許可ヲ受ケ前項ニ規定スル制限ヲ超過シテ課稅スルコトヲ得

第十七條　大正十五年法律第二十四號第十九條ノ規定ニ依リ雜種稅ヲ賦課スルコトヲ得ヘキモノノ種類ヲ定ムルコト左ノ如シ

船

車

水車

市場

電柱

金庫

牛馬

犬
狩獵
屠畜
不動產收得
漁業
遊藝師匠、遊藝人、相撲、俳優、藝妓其ノ他之ニ類スル者
演劇其ノ他ノ興行
遊興
前項ニ掲クル課目ハ府縣ニ於テ之ヲ取捨スルコトヲ得
特別ノ必要アル場合ニ於テ第一項ノ種類以外ノモノニ對シ雜種税ヲ賦課セントスルトキハ內務大臣及大藏大臣ノ許可ヲ受クヘシ
第十八條　第十五條ノ規定ハ雜種税ノ賦課ニ之ヲ準用ス
第十九條　雜種税ノ課税標準及其ノ制限率其ノ他ノ他賦課ニ關シ必要ナル事項ハ內務大臣及大藏大臣之ヲ定ム
第二十條　雜種税附加税ノ總額ハ本税總額ノ百分ノ八十九以內トス
特別ノ必要アル場合ニ於テハ府縣知事ノ許可ヲ受ケ前項ニ規定スル制限ヲ超過シテ賦課スルコ

トヲ得

第二十一條　戸數割總額中納稅義務者ノ資產ノ狀況ニ依リ資力ヲ算定シテ賦課スヘキ額ハ戸數割總額ノ十分ノ二ヲ超ユルコトヲ得ス

第二十二條　戸數割納稅義務者ト生計ヲ共ニスル同居者ノ所得ハ之ヲ其ノ納稅義務者ノ所得ト看做ス但シ其ノ納稅義務者ヨリ受クル所得ハ此ノ限ニ在ラス

第二十三條　同一人ニ對シ數市町村ニ於テ戸數割ヲ賦課スル場合ニ於テハ各其ノ市町村ニ於ケル所得ヲ以テ其ノ者ノ資力算定ノ標準タル所得トス其ノ所得ニシテ分別シ難キモノアルトキハ關係市町村ニ平分ス

戸數割ヲ納ムル市町村以外ノ地ニ於ケル所得ハ納稅義務者ノ資力算定ニ付住所地市町村ニ於ケル所得ト看做ス

前二項ニ規定スル所得計算ニ付關係市町村異議アル場合ニ於テ其ノ府縣內ニ止マルモノハ府縣知事、數府縣ニ涉ルモノハ內務大臣之ヲ定ム

第二十四條　所得ニ依ル資力算定方法ニ關シテハ第二十一條乃至前條ニ定ムルモノノ外內務大臣及大藏大臣之ヲ定ム

第二十五條　戸數割ノ賦課期日後納稅義務ノ發生シタル者ニ對スル賦課額ハ大正十五年法律第二

十四號第二十四條乃至第二十七條及本令第二十一條（又ハ附則第六項）乃至前條ノ規定ニ依リテ定マリタル他ノ納稅義務者ノ賦課額ニ比準シテ之ヲ定ム

第十五條第一項、第二項及第五項ノ規定ハ戶數割ノ賦課ニ之ヲ準用ス但シ賦課後納稅義務消滅スルモ其ノ賦課額ハ之ヲ變更セス

第二十六條　市町村長ハ其ノ市町村住民ニ非サル者（法人ヲ除ク）ノ當該市町村內ニ於テ生スル其ノ年度分所得及其ノ所得ノ基本タル事實ヲ每年四月末日迄ニ其ノ住所地市町村長ニ通報スヘシ但シ當該市町村ニ於テ其ノ者ニ戶數割ヲ賦課スルトキ又ハ其ノ住所地市町村ニ於テ戶數割ノ賦課ナキトキハ此ノ限ニ在ラス

第二十七條　戶數割ハ左ノ制限ヲ超ユルコトヲ得ス

一　市ニ在リテハ其ノ總額當該年度ニ於ケル市稅豫算總額ノ百分ノ三十七

二　町村ニ在リテハ其ノ總額當該年度ニ於ケル町村稅豫算總額ノ百分ノ六十

特別ノ必要アル場合ニ於テハ內務大臣及大藏大臣ノ許可ヲ受ケ前項ニ規定スル制限ヲ超過シテ課稅スルコトヲ得

第二十八條　本令中市町村ニ對スル許可ノ職權ハ內務大臣及大藏大臣ノ定ムル所ニ依リ之ヲ府縣知事ニ委任スルコトヲ得

第二十九條　本令中府縣、府縣知事又ハ町村ニ關スル規定ハ北海道ニ付テハ各北海道、北海道廳長官又ハ町村ニ準スルモノニ之ヲ適用ス
町村組合ニシテ町村ノ事務ノ全部ヲ共同處理スルモノハ第五條ノ規定ノ適用ニ付テハ之ヲ一町村ト看做ス
第三十條　北海道移住民ニシテ主トシテ耕作又ハ牧畜ノ事業ニ引續キ從事シ移住ノ日ヨリ三年ヲ經過セサル者ニ對シテハ戸數割ヲ賦課スルコトヲ得ス

附　則

本令ハ大正十六年度分ヨリ之ヲ適用ス
明治三十二年勅令第二百七十六號府縣税戸數割規則及大正十一年勅令第二百八十二號ハ大正十五年度分限リ之ヲ廢止ス
明治十三年第十七號布告第九條ノ規定ニ依リテ爲シタル處分ニシテ第十七條第一項ノ課目ニ該當セサルモノニ對スルモノハ本令施行ノ際内務大臣及大藏大臣ノ指定スル雜種税ノ課目ニ對スルモノニ限リ之ヲ第十七條第三項ノ規定ニ依リテ爲シタル許可ト看做ス
本令施行ノ際現ニ府縣税家屋税附加税ヲ賦課スル市町村ハ第十一條ノ規定ニ依ル承認ヲ受ケタルモノト看做ス

市町村特別稅家屋稅及之ニ類スル特別稅ニ關スル條門ニシテ本令施行ノ際內務大臣及大藏大臣ノ指定スルモノハ大正十五年度分限リ共ノ效力ヲ失フ
戶數割總額中納稅義務者ノ資產ノ狀況ニ依リテ資力ヲ算定シ賦課スヘキ額ハ特別ノ事情アル市町村ニ於テハ當分ノ間戶數割總額ノ十分ノ四迄ト爲スコトヲ得

地方稅ニ關スル法律施行規則（大正十五年十一月內務大藏省令）

第一條　大正十五年法律第二十四號第十一條各號ノ家屋ノ範圍ハ府縣ニ於テ之ヲ定ムヘシ
第二條　營業稅ハ營業ノ純益ヲ標準トシ又ハ營業ノ收入金額（賣上金額、請負金額、報償金額ノ類ヲ含ム）資本金額、營業用建物ノ賃貸價格若ハ從業者ノ數ヲ標準トシテ之ヲ賦課シ又ハ定額ヲ以テ之ヲ賦課ス
前項ノ課稅標準其ノ他營業稅ノ賦課方法ニ付テハ當分ノ間內務大臣及大藏大臣ノ許可ヲ受クヘシ
第三條　營業收益稅法第七條ノ規定ハ營業稅ノ賦課ニ之ヲ準用ス
專ラ行商又ハ露店營業ヲ爲ス者ニ對シテハ營業稅ヲ賦課スルコトヲ得ス

大正十五年法律第二十四號第十七條ノ規定ニ基キ營業稅ヲ賦課スルヲ不適當トスルモノハ前二項ニ定ムルモノノ外府縣ニ於テ之ヲ定ムヘシ

第四條　船ニ對シテハ主タル碇繋場所在ノ府縣ニ於テ其ノ所有者ニ雜種稅ヲ賦課ス

前項ノ主タル碇繋場ナキトキ又ハ主タル碇繋場ノ所在地ニ付關係府縣ニ於テ異議アルトキハ內務大臣及大藏大臣之ヲ定ム

第五條　車ニ對シテハ主タル定置場所在ノ府縣ニ於テ其ノ所有者ニ雜種稅ヲ賦課ス

第六條　水車、電柱及金庫ニ對シテハ所在地府縣ニ於テ其ノ所有者ニ雜種稅ヲ賦課ス

第七條　市場ニ對シテハ所在地府縣ニ於テ其ノ經營者ニ雜種稅ヲ賦課ス

第八條　牛馬及犬ニ對シテハ飼育地府縣ニ於テ其ノ所有者ニ雜種稅ヲ賦課ス

第九條　狩獵ノ免許ヲ受クル者ニ對シテハ其ノ住所地府縣ニ於テ雜種稅ヲ賦課ス

第十條　屠畜ニ對シテハ屠殺地府縣ニ於テ其ノ家畜ノ所有者ニ雜種稅ヲ賦課ス

第十一條　不動產ヲ取得スル者ニ對シテハ其ノ不動產所在ノ府縣ニ於テ雜種稅ヲ賦課ス

第十二條　左ニ揭クル不動產ノ取得ニ對シテハ雜種稅ヲ賦課スルコトヲ得ス

一　家督相續又ハ遺產相續ニ因ル不動產ノ取得

二　法人ノ合併ニ因ル不動產ノ取得

三　信託財産ニシテ委託者ガ信託行爲ニ依リ信託利益ノ全部ヲ享受スヘキ不動産ヲ委託者ヨリ受託者ニ移ス場合ニ於ケル不動産ノ取得但シ當該不動産ニ付其ノ後受益者ヲ變更シタル場合及信託法第二十二條ノ規定ニ依リ固有財産ト爲シタル場合ニ於テハ其ノ時ニ不動産ノ取得アリタルモノト看做シ雜種税ヲ賦課ス
四　信託ニ付受益者又ハ歸屬權利者ノ不動産ノ取得
五　信託ノ受託者交迭ノ場合ニ於ケル新受託者ノ不動産ノ取得
第十三條　漁業ニ對スル雜種税ハ當分ノ間從來ノ例ニ依リ之ヲ賦課ス
新ニ漁業ニ對シ雜種税ヲ賦課セントスルトキ又ハ其ノ賦課率若ハ賦課方法ノ變更ヲ爲サントスルトキハ内務大臣及大藏大臣ノ許可ヲ受クヘシ但シ其ノ舊慣ヲ改メ其ノ他賦課方法ヲ變更スルコトナクシテ賦課率ヲ低減スル場合ハ此限ニ在ラス
第十四條　遊藝師匠、遊藝人、相撲、俳優、藝妓其ノ他之ニ類スル者ニ對シテハ其ノ住所地府縣ニ於テ雜種税ヲ賦課ス其ノ住所地府縣ニ於テ課セサルトキハ三月以上滯在ノ府縣ニ於テ之ヲ賦課ス
第十五條　同一人ニシテ遊藝師匠、遊藝人、相撲、俳優、藝妓其ノ他之ニ類スル者ノ二以上ニ該當スルトキハ其ノ一ニ就キ雜種税ヲ賦課ス其ノ税額異ルトキハ多キニ從フ

第十六條　演劇其ノ他ノ興行ヲ爲ス者及遊興ヲ爲ス者ニ對シテハ其ノ行爲地府縣ニ於テ雜種稅ヲ賦課ス

第十七條　遊興ニ對シ消費金額ノ全部ヲ標準トシテ賦課スル雜種稅ハ遊興者一人當一回ノ消費金額二圓ニ滿チサルモノニ之ヲ賦課スルコトヲ得ス

第十八條　第四條乃至前條ニ定ムルモノノ外雜種稅ノ課稅標準及其ノ賦課率又ハ賦課額其ノ他賦課ニ關シ必要ナル事項ハ府縣ニ於テ之ヲ定ムヘシ

第十九條　第三條第三項ノ規定ハ雜種稅ノ賦課ニ之ヲ準用ス

第二十條　戶數割納稅義務者ノ資力算定ノ標準タル所得額ハ左ノ各號ノ規定ニ依リ計算ス

一　營業ニ非サル貸金ノ利子竝公債、社債、預金及貯金ノ利子ハ前年中ノ收入金額

二　山林ノ所得ハ前年中ノ總收入金額ヨリ必要ノ經費ヲ控除シタル金額

三　賞與又ハ賞與ノ性質ヲ有スル給與ハ前年三月一日ヨリ其ノ年二月末日迄ノ收入金額

四　法人ヨリ受クル利益若ハ利息ノ配當又ハ剩餘金ノ分配ハ前年三月一日ヨリ其ノ年二月末日迄ノ收入金額但シ無記名株式ノ配當ニ付テハ同期間內ニ於テ支拂ヲ受ケタル金額

株式ノ消却ニ因リ支拂ヲ受クル金額又ハ退社ニ因リ持分ノ拂戾トシテ受クル金額ガ其ノ株式ノ拂込濟金額又ハ出資金額ヲ超過スルトキハ其ノ超過金額ハ之ヲ法人ヨリ受クル利益ノ配當

ト看做ス

五　俸給、給料、歳費、年金、恩給、退隱料及此等ノ性質ヲ有スル給與ハ前年中ノ收入金額但シ前年一月一日ヨリ引續キ支給ヲ受ケタルニ非サルモノニ付テハ其ノ年ノ豫算年額

六　前各號以外ノ所得ハ前年中ノ總收入金額ヨリ必要ノ經費ヲ控除シタル金額但シ前年一月一日ヨリ引續キ有シタルニ非サル資産、營業又ハ職業ノ所得ニ付テハ其ノ年ノ豫算年額

信託財産ニ付生スル所得ニ關シテハ其ノ所得ヲ信託ノ利益トシテ享受スヘキ受益者ガ信託財産ヲ有スルモノト看做シテ所得額ヲ計算ス

第一項第一號、第二號及第四號ノ所得ニ付テハ被相續人ノ所得ハ之ヲ相續人ノ所得ト看做シ第六號ノ所得ニ付テハ相續シタル資産又ハ營業ハ相續人ガ引續キ之ヲ有シタルモノト看做シテ其ノ所得額ヲ計算ス但シ被相續人ノ資力算定ノ標準タル所得額ニ算入シタルモノハ此ノ限ニ在ラス

年度開始ノ日ノ屬スル年ノ翌年ニ戸數割ヲ賦課スル場合ニ於テハ最近ノ戸數割賦課ノ時ニ算定シタル所得額ヲ以テ其ノ資力算定ノ標準トス但シ未タ其ノ所得ノ算定ナカリシ者ニ關シテハ年度開始ノ日ノ屬スル年ヲ基準トシ第一項各號ノ規定ニ依リ之ヲ算定ス

第二十一條　前條第一項第二號及第六號ノ規定ニ依リ總收入金額ヨリ控除スヘキ經費ハ種苗蠶種

肥料ノ購買費、家畜其ノ他ノモノノ飼養料、仕入品ノ原價、原料品ノ代價、場所物件ノ修繕料又ハ借入料、場所物件又ハ業務ニ係ル公課、雇人ノ給料其ノ他收入ヲ得ルニ必要ナルモノニ限ル但シ家事上ノ費用及之ニ關聯スルモノハ之ヲ控除セス

第二十二條　第二十條第一項第六號ノ規定ニ依ル所得計算ニ付損失アルトキハ同條第一項第五號ノ規定ニ依ル所得ヨリ之ヲ差引キテ計算ス

第二十三條　第二十條乃至前條ノ規定ニ依リ算出シタル金額一萬二千圓以下ナルトキハ其ノ所得中俸給、給料、歳費、年金、恩給、退隱料、賞與及此等ノ性質ヲ有スル給與ニ付テハ其ノ十分ノ一、六千圓以下ナルトキハ同十分ノ二、三千圓以下ナルトキハ同十分ノ三、千五百圓以下ナルトキハ同十分ノ四、八百圓以下ナルトキハ同十分ノ五ニ相當スル金額ヲ控除ス

第二十四條　第二十條乃至前條ノ規定ニ依リ算出シタル金額三千圓以下ナル場合ニ於テ納税義務者及之ト生計ヲ共ニスル同居者中年度開始ノ日ニ於テ年齢十四歳未滿若ハ六十歳以上ノ者又ハ不具癈疾者アルトキハ納税義務者ノ申請ニ依リ其ノ所得ヨリ左ノ各號ノ規定ニ依ル金額ヲ控除ス

一　所得千圓以下ナルトキ

年齢十四歳未滿若ハ六十歳以上ノ者又ハ不具癈疾者

二　所得二千圓以下ナルトキ　一人ニ付　百圓以內

同

三　所得三千圓以下ナルトキ　一人ニ付　七十圓以內

同　一人ニ付　五十圓以內

前項ノ不具癈疾者トハ心神喪失ノ常況ニ在ル者、聾者、啞者、盲者其ノ他重大ナル傷痍ヲ受ケ又ハ不治ノ疾患ニ罹リ常ニ介護ヲ要スル者ヲ謂フ

第二十五條　左ノ各號ノ一ニ該當スルモノハ戶數割納稅義務者ノ資力算定ノ標準タル所得額ニ之ヲ算入セス

一　軍人從軍中ノ俸給及手當

二　扶助料及傷痍疾病者ノ恩給又ハ退隱料

三　旅費、學資金、法定扶養料及救助金

四　營利ノ事業ニ屬セサル一時ノ所得

五　日本ノ國籍ヲ有セサル者ノ外國ニ於ケル資產、營業又ハ職業ヨリ生スル所得

第二十六條　戶數割納稅義務者第二十條第一項第五號及第六號ノ所得額二分ノ一以上ヲ減損シ

タルトキハ年度開始ノ日ノ屬スル年ノ翌年一月三十一日迄ニ戸數割ノ賦課額ノ更訂ヲ請求スルコトヲ得但シ第二十條第四項但書ニ該當スル者ハ賦課後十四日迄ニ賦課額ノ更訂ヲ請求スルコトヲ得

市町村前項ノ請求ヲ受ケタルトキハ其ノ者ノ當該所得額ヲ査覈シ其ノ二分ノ一以上ノ減損アルトキハ所得額ヲ更訂シ之ヲ基準トシテ更ニ其ノ者ノ資力ヲ算定シ其ノ者ニ付テノミ戸數割ノ賦課額ヲ減スルコトヲ得

年度開始ノ日ノ屬スル年ノ翌年ニ戸數割ヲ賦課スル場合ニ於テハ前二項ノ規定ニ依リ更訂シタル所得額ニ依リ其ノ者ノ資力ヲ算定シ戸數割賦課後前二項ノ事實ヲ生シタルトキハ其ノ者ニ付テノミ戸數割ノ賦課額ヲ減スルコトヲ得

第二十七條　大正十五年法律第二十四號第二十六條ノ規定ニ依リ戸數割ヲ賦課スルヲ不適當トスル者ハ市町村ニ於テ之ヲ定ムヘシ

第二十八條　大正十五年勅令第三百三十九號第二十八條ノ規定ニ依リ左ニ掲クル事項ニ付テノ許可ノ職權ハ府縣知事ニ之ヲ委任ス

一　同令第十條第二項ノ規定ニ依リ制限ヲ超過シ課税スルコト

二　同令第十條第三項ノ規定ニ依リ同條第二項ノ制限ヲ超過シ同條第一項ノ制限率ノ百分ノ五

十以内ニ於テ課稅スルコト

三　同令第二十七條第二項ノ規定ニ依リ同條第一項ノ制限ヲ超過シ市ニ於テ戸數割總額ガ當該年度ノ市稅豫算總額ノ百分ノ四十七以内ニ於テ課稅スルコト

四　同令第二十七條第二項ノ規定ニ依リ同條第一項ノ制限ヲ超過シ町村ニ於テ戸數割總額ガ當該年度ノ町村稅豫算總額ノ百分ノ七十以内ニ於テ課稅スルコト

第二十九條　本令中府縣、府縣知事又ハ町村ニ關スル規定ハ北海道ニ付テハ各北海道、北海道廳長官又ハ町村ニ準スルモノニ之ヲ適用ス

附　則

本令ハ大正十六年度分ヨリ之ヲ施行ス

府縣稅戸數割規則施行細則ハ大正十五年度分限リ之ヲ廢止ス

市稅及町村稅ノ徵收ニ關スル件ニ依リ市稅、區稅及町村稅指定（大正九年五月内務省令第十一號 大正十一年六月同省令第一三號改正）

大正九年勅令第百六十八號第二條第一項及第六條ノ規定ニ依リ左ノ市稅、區稅及町村稅ヲ指定ス

遊興稅
歡興稅
安席消費稅
特別消費稅
觀覽稅
遊覽稅附加稅
觀覽稅附加稅

大正十五年勅令第三百三十九號附則第三項ノ規定ニ依ル雜種稅ノ課目指定（昭和二年一月廿六日 内務省大藏省告示第一號）

雜種税課目

一　流木（木流、流材、流竹木、木材川下、木材川流等ヲ含ム）
一　立木伐採（立竹木伐採ヲ含ム）
一　橇（馬橇ヲ含ム）
一　煽風機（旋風器、扇風機等ヲ含ム）
一　傭人（雇傭ヲ含ム）
一　代書人（代書業、代書等ヲ含ム）
一　溫泉（鑛泉、鑛泉使用、鑛泉湯槽、溫泉場、鑛泉浴場、鑛泉溫泉、溫泉內湯、鑛泉場等ヲ含ム）
一　筏
一　玉突臺（球戯臺ヲ含ム）
一　廣告
一　鵜（鵜使ノ含ム）
一　船舶取得
一　段別割
一　觀覽
一　遊漁

（參照）

衆議院議員選擧法抄（大正十四年五月法律第四十七號）

第十章　選擧運動

第八十八條　議員候補者ハ選擧事務長一人ヲ選任スヘシ但シ議員候補者自ラ選擧事務長ト爲リ又ハ推薦届出者（推薦届出者數人アルトキハ其ノ代表者）議員候補者ノ承諾ヲ得テ選擧事務長ヲ選任シ若ハ自ラ選擧事務長ト爲ルコトヲ妨ケス

議員候補者ノ承諾ヲ得スシテ其ノ推薦ノ届出ヲ爲シタル者ハ前項但書ノ承諾ヲ得ルコトヲ要セス

議員候補者ハ文書ヲ以テ通知スルコトニ依リ選擧事務長ヲ解任スルコトヲ得選擧事務長ヲ選任シタル推薦届出者ニ於テ議員候補者ノ承諾ヲ得タルトキ亦同シ

選擧事務長ハ文書ヲ以テ議員候補者及選任者ニ通知スルコトニ依リ辭任スルコトヲ得

選擧事務長ノ選任者（自ラ選擧事務長ト爲リタル者ヲ含ム以下之ニ同シ）ハ直ニ其ノ旨ヲ選擧區内警察官署ノ一ニ届出ツヘシ

選擧事務長ニ異動アリタルトキハ前項ノ規定ニ依リ届出ヲ爲シタル者直ニ其ノ届出ヲ爲シタル警察官署ニ其ノ旨ヲ届出ツヘシ

第九十五條ノ規定ニ依リ選擧事務長ニ代リテ其ノ職務ヲ行フ者ハ前項ノ例ニ依リ届出ツヘシ其ノ之ヲ罷

メタルトキ亦同シ

第八十九條　選擧事務長ニ非サレハ選擧事務所ヲ設置シ又ハ選擧委員若ハ選擧事務員ヲ選任スルコトヲ得ス

選擧事務長ハ文書ヲ以テ通知スルコトニ依リ選擧委員又ハ選擧事務員ヲ解任スルコトヲ得

選擧委員又ハ選擧事務員ハ文書ヲ以テ選擧事務長ニ通知スルコトニ依リ辭任スルコトヲ得

選擧事務長選擧事務所ヲ設置シ又ハ選擧委員若ハ選擧事務員ヲ選任シタルトキハ直ニ其ノ旨ヲ前條第五項ノ届出アリタル警察官署ニ届出ツヘシ選擧事務所又ハ選擧委員若ハ選擧事務員ニ異動アリタルトキ亦同シ

第九十條　選擧事務所ハ議員候補者一人ニ付七箇所ヲ超ユルコトヲ得ス

選擧ノ一部無效ト爲リ更ニ選擧ヲ行フ場合又ハ第三

十七條ノ規定ニ依リ投票ヲ行フ場合ニ於テハ選擧事務所ハ前項ニ掲クル數ヲ超エサル範圍内ニ於テ地方長官(東京府ニ在リテハ警視總監)ノ定メタル數ヲ超ユルコトヲ得ス

地方長官(東京府ニ在リテハ警視總監)前項ノ規定ニ依リ選擧事務所ノ數ヲ定メタル場合ニ於テハ選擧ノ期日ノ告示アリタル後直ニ之ヲ告示スヘシ

第九十一條　選擧事務所ハ選擧ノ當日ニ限リ投票所ヲ設ケタル場所ノ入口ヨリ三町以内ノ區域ニ之ヲ置クコトヲ得ス

第九十二條　休憩所其ノ他之ニ類似スル設備ハ選擧運動ノ爲之ヲ設クルコトヲ得ス

第九十三條　選擧委員及選擧事務員ハ議員候補者一人ニ付通シテ五十人ヲ超ユルコトヲ得ス

第九十條第二項及第三項ノ規定ハ選擧委員及選擧事務員ニ關シ之ヲ準用ス

第九十四條　選擧事務長選擧權ヲ有セサル者ナルトキ又ハ第九十九條第二項ノ規定ニ依リ選擧運動ヲ爲スコトヲ得サル者ナルトキハ地方長官（東京府ニ在リテハ警視總監）ハ直ニ其ノ解任又ハ退任ヲ命スヘシ

第八十九條第一項ノ規定ニ違反シテ選擧事務所ノ設置アリト認ムルトキハ地方長官（東京府ニ在リテハ警視總監）ハ直ニ其ノ選擧事務所ノ閉鎖ヲ命スヘシ第九十條第一項又ハ第二項ノ規定ニ依ル定數ヲ超エテ選擧事務所ノ設置アリト認ムルトキハ其ノ超過シタル數ノ選擧事務所ニ付亦同シ

前條ノ規定ニ依ル定數ヲ超エテ選擧委員又ハ選擧事務員ノ選任アリト認ムルトキハ地方長官（東京府ニ在リテハ警視總監）ハ直ニ其ノ超過シタル數ノ選擧委員又ハ選擧事務員ノ解任ヲ命スヘシ選擧委員又ハ選擧事務員選擧權ヲ有セサル者ナルトキ又ハ第九十九條第二項ノ規定ニ依リ選擧運動ヲ爲スコトヲ得サル者ナルトキ其ノ選擧委員又ハ選擧事務員ニ付亦同シ

第九十五條　選擧事務長故障アルトキハ選任者代リテ其ノ職務ヲ行フ

推薦屆出者タル選任者モ亦故障アルトキハ議員候補者ノ承諾ヲ得スシテ其ノ推薦ノ屆出ヲ爲シタル場合ヲ除クノ外議員候補者代リテ其ノ職務ヲ行フ

第九十六條　議員候補者、選擧事務長、選擧委員又ハ選擧事務員ニ非サレハ選擧運動ヲ爲スコトヲ得ス但シ演說又ハ推薦狀ニ依ル選擧運動ハ此ノ限ニ在ラス

第九十七條　選擧事務長、選擧委員又ハ選擧事務員ハ選擧運動ノ爲ニ要スル飲食物、船車馬等ノ供給又ハ旅費、休泊料其ノ他ノ實費ノ辨償ヲ受クルコトヲ得演說又ハ推薦狀ニ依リ選擧運動ヲ爲ス者其ノ運動ヲ爲スニ付亦同シ

選擧事務員ハ選擧運動ヲ爲スニ付報酬ヲ受クルコト

ヲ得

第九十八條　何人ト雖投票ヲ得若ハ得シメ又ハ得シメサルノ目的ヲ以テ戸別訪問ヲ爲スコトヲ得ス

何人ト雖前項ノ目的ヲ以テ連續シテ個々ノ選擧人ニ對シ面接シ又ハ電話ニ依リ選擧運動ヲ爲スコトヲ得ス

第九十九條　選擧權ヲ有セサル者ハ選擧事務長、選擧委員又ハ選擧事務員ト爲ルコトヲ得ス

選擧事務ニ關係アル官吏及吏員ハ其ノ關係區域內ニ於ケル選擧運動ヲ爲スコトヲ得ス

第百條　內務大臣ハ選擧運動ノ爲頒布シ又ハ掲示スル文書圖畫ニ關シ命令ヲ以テ制限ヲ設クルコトヲ得

第十一章　選擧運動ノ費用

第百一條　立候補準備ノ爲ニ要スル費用ヲ除クノ外選擧運動ノ費用ハ選擧事務長ニ非サレハ之ヲ支出スルコトヲ得ス但シ議員候補者、選擧委員又ハ選擧事務員ハ選擧事務長ノ文書ニ依ル承諾ヲ得テ之ヲ支出スルコトヲ妨ケス

議員候補者、選擧事務長、選擧委員又ハ選擧事務員ニ非サル者ハ選擧運動ノ費用ヲ支出スルコトヲ得ス但シ演說又ハ推薦狀ニ依ル選擧運動ノ費用ハ此ノ限ニ在ラス

第百二條　選擧運動ノ費用ハ議員候補者一人ニ付左ノ各號ノ額ヲ超ユルコトヲ得ス

一　選擧區內ノ議員ノ定數ヲ以テ選擧人名簿確定ノ日ニ於テ之ニ記載セラレタル者ノ總數ヲ除シテ得タル數ヲ四十錢ニ乘シテ得タル額

二　選擧ノ一部無效ト爲リ更ニ選擧ヲ行フ場合ニ於テハ選擧區內ノ議員ノ定數ヲ以テ選擧人名簿確定ノ日ニ於テ關係區域ノ選擧人名簿ニ記載セラレタル者ノ總數ヲ除シテ得タル數ヲ四十錢ニ乘シテ得タル額

三　第三十七條ノ規定ニ依リ投票ヲ行フ場合ニ於テハ前號ノ規定ニ準シテ算出シタル額但シ地方長官（東京府ニ在リテハ警視總監）必要アリト認ムルトキハ之ヲ減額スルコトヲ得

地方長官（東京府ニ在リテハ警視總監）ハ選擧ノ期日ノ公布又ハ告示アリタル後直ニ前項ノ規定ニ依ル額ヲ告示スヘシ

第百三條　選擧運動ノ爲財産上ノ義務ヲ負擔シ又ハ建物、船車馬、印刷物、飲食物其ノ他ノ金錢以外ノ財産上ノ利益ヲ使用シ若ハ費消シタル場合ニ於テハ其ノ義務又ハ利益ヲ時價ニ見積リタル金額ヲ以テ選擧運動ノ費用ト看做ス

第百四條　左ノ各號ニ揭クル費用ハ之ヲ選擧運動ノ費用ニ非サルモノト看做ス

一　議員候補者ガ乘用スル船車馬等ノ爲ニ要シタル費用

二　選擧ノ期日後ニ於テ選擧運動ノ殘務整理ノ爲ニ要シタル費用

三　選擧委員又ハ選擧事務員ノ支出シタル費用ニシテ議員候補者又ハ選擧事務長ト意思ヲ通シテ支出シタル費用以外ノモノ但シ第百一條第一項ノ規定ノ適用ニ付テハ此ノ限ニ在ラス

四　第六十七條第一項乃至第三項ノ屆出アリタル後議員候補者、選擧事務長、選擧委員又ハ選擧事務員ニ非サル者ノ支出シタル費用ニシテ議員候補者又ハ選擧事務長ト意思ヲ通シテ支出シタル費用以外ノモノ但シ第百一條第二項ノ規定ノ適用ニ付テハ此ノ限ニ在ラス

五　立候補準備ノ爲ニ要シタル費用ニシテ議員候補者若ハ選擧事務長ト爲リタル者ノ支出シタル費用又ハ其ノ者ト意思ヲ通シテ支出シタル費用以外ノモノ

第百五條　選擧事務長ハ勅令ノ定ムル所ニ依リ帳簿ヲ備ヘ之ニ選擧運動ノ費用ヲ記載スヘシ

第百六條　選擧事務長ハ勅令ノ定ムル所ニ依リ選擧運動ノ費用ヲ精算シ選擧ノ期日ヨリ十四日以內ニ第八十八條第五項ノ屆出アリタル警察官署ヲ經テ之ヲ地方長官（東京府ニ在リテハ警視總監）ニ屆出ツヘシ

地方長官（東京府ニ在リテハ警視總監）ハ前項ノ規定ニ依リ屆出アリタル選擧運動ノ費用ヲ告示スヘシ

第百七條　選擧事務長ハ前條第一項ノ屆出ヲ爲シタル日ヨリ一年間選擧運動ノ費用ニ關スル帳簿及書類ヲ保存スヘシ

前項ノ帳簿及書類ノ種類ハ勅令ヲ以テ之ヲ定ム

第百八條　警察官吏ハ選擧ノ期日後何時ニテモ選擧事務長ニ對シ選擧運動ノ費用ニ關スル帳簿又ハ書類ノ提出ヲ命シ、之ヲ檢査シ又ハ之ニ關スル說明ヲ求ムルコトヲ得

第百九條　選擧事務長辭任シ又ハ解任セラレタル場合ニ於テハ遲滯ナク選擧運動ノ費用ノ計算ヲ爲シ新ニ選擧事務長ト爲リタル者ニ對シ、新ニ選擧事務長ト爲リタル者ナキトキハ第九十五條ノ規定ニ依リ選擧事務長ノ職務ヲ行フ者ニ對シ選擧事務所、選擧委員、選擧事務員其ノ他ニ關スル事務ト共ニ其ノ引繼ヲ爲スヘシ第九十五條ノ規定ニ依リ選擧事務長ノ職務ヲ行フ者事務ノ引繼ヲ受ケタル後新ニ選擧事務長定リタルトキ亦同シ

第百十條　議員候補者ノ爲支出セラレタル選擧運動ノ費用が第百二條第二項ノ規定ニ依リ告示セラレタル額ヲ超エタルトキハ其ノ議員候補者ノ當選ヲ無效トス但シ議員候補者及推薦屆出者が選擧事務長又ハ之ニ代リテ其ノ職務ヲ行フ者ノ選任及監督ニ付相當ノ注意ヲ爲シ且選擧事務長又ハ之ニ代リテ其ノ職務ヲ行フ者ニ於テ選擧運動ノ費用ノ支出ニ付過失ナカリ

シトキハ此ノ限ニ在ラス

第十二章　罰　則

第百十一條　詐僞ノ方法ヲ以テ選擧人名簿ニ登錄セラレタル者又ハ第二十五條第二項ノ場合ニ於テ虛僞ノ宣言ヲ爲シタル者ハ百圓以下ノ罰金ニ處ス

第百十二條　左ノ各號ニ揭クル行爲ヲ爲シタル者ハ二年以下ノ懲役若ハ禁錮又ハ千圓以下ノ罰金ニ處ス

一　當選ヲ得若ハ得シメ又ハ得シメサル目的ヲ以テ選擧人又ハ選擧運動者ニ對シ金錢、物品其ノ他ノ財產上ノ利益若ハ公私ノ職務ノ供與、其ノ供與ノ申込若ハ約束ヲ爲シ又ハ饗應接待、其ノ申込若ハ約束ヲ爲シタルトキ

二　當選ヲ得若ハ得シメ又ハ得シメサル目的ヲ以テ選擧人又ハ選擧運動者ニ對シ其ノ者又ハ其ノ者ノ關係アル社寺、學校、會社、組合、市町村等ニ對スル用水、小作、債權、寄附其ノ他特殊ノ直接利害關係ヲ利用シテ誘導ヲ爲シタルトキ

三　投票ヲ爲シ若ハ爲ササルコト、選擧運動ヲ爲シ若ハ止メタルコト又ハ其ノ周旋勸誘ヲ爲シタルコトノ報酬ト爲ス目的ヲ以テ選擧人又ハ選擧運動者ニ對シ第一號ニ揭クル行爲ヲ爲シタルトキ

四　第一號若ハ前號ノ供與、饗應接待ヲ受ケ若ハ要求シ、第一號若ハ前號ノ申込ヲ承諾シ又ハ第二號ノ誘導ニ應シ若ハ之ヲ促シタルトキ

五　前各號ニ揭クル行爲ニ關シ周旋又ハ勸誘ヲ爲シタルトキ

第百十三條　左ノ各號ニ揭クル行爲ヲ爲シタル者ハ三年以下ノ懲役若ハ禁錮又ハ二千圓以下ノ罰金ニ處ス

一　議員候補者タルコト若ハ議員候補者タラムトスルコトヲ止メシムル目的ヲ以テ議員候補者若ハ議員候補者タラムトスル者ニ對シ又ハ當選ヲ辭セシムル目的ヲ以テ當選人ニ對シ前條第一號又ハ第二

號ニ揭クル行爲ヲ爲シタルトキ

二　議員候補者タルコト若ハ議員候補者タラムトスルコトヲ止メタルコト、選擧ヲ辭シタルコト又ハ其ノ周旋勸誘ヲ爲シタルコトノ報酬ト爲ス目的ヲ以テ議員候補者タリシ者、議員候補者タラムトシタル者又ハ當選人タリシ者ニ對シ前條第一號ニ揭グル行爲ヲ爲シタルトキ

三　前二號ノ供與、饗應接待ヲ受ケ若ハ要求シ、前二號ノ申込ヲ承諾シ又ハ第一號ノ誘導ニ應シ若ハ之ヲ促シタルトキ

四　前各號ニ揭グル行爲ニ關シ周旋又ハ勸誘ヲ爲シタルトキ

第百十四條　前二條ノ場合ニ於テ收受シタル利益ハ之ヲ沒收ス其全部又ハ一部ヲ沒收スルコト能ハザルトキハ其價額ヲ追徵ス

第百十五條　選擧ニ關シ左ノ各號ニ揭クル行爲ヲ爲シタル者ハ三年以下ノ懲役若ハ禁錮又ハ二千圓以下ノ罰金ニ處ス

一　選擧人、議員候補者、議員候補者タラムトスル者、選擧運動者又ハ當選人ニ對シ暴行若ハ威力ヲ加ヘ又ハ之ヲ拐引シタルトキ

二　交通若ハ集會ノ便ヲ妨ケ又ハ演說ヲ妨害シ其ノ他僞計詐術等不正ノ方法ヲ以テ選擧ノ自由ヲ妨害シタルトキ

三　選擧人、議員候補者、議員候補者タラムトスル者、選擧運動者若ハ當選人又ハ其ノ關係アル社寺學校、會社、組合、市町村等ニ對スル用水、小作、債權、寄附其ノ他特殊ノ利害關係ヲ利用シテ選擧人、議員候補者、議員候補者タラシトスル者、選擧運動者又ハ當選人ヲ威逼シタルトキ

第百十六條　選擧ニ關シ官吏又ハ吏員故意ニ其ノ職務ノ執行ヲ怠リ又ハ職權ヲ濫用シテ選擧ノ自由ヲ妨害

シタトキハ三年以下ノ禁錮ニ處ス
官吏又ハ吏員選擧人ニ對シ其ノ投票セムトシ又ハ投票シタル被選擧人ノ氏名ノ表示ヲ求メタルトキハ三月以下ノ禁錮又ハ百圓以下ノ罰金ニ處ス
第百十七條　選擧事務ニ關係アル官吏、吏員、立會人又ハ監視者選擧人ノ投票シタル被選擧人ノ氏名ヲ表示シタルトキハ二年以下ノ禁錮又ハ千圓以下ノ罰金ニ處ス其ノ表示シタル事實虛僞ナルトキ亦同シ
第百十八條　投票所又ハ開票所ニ於テ正當ノ事由ナクシテ選擧人ノ投票ニ關涉シ又ハ被選擧人ノ氏名ヲ認知スルノ方法ヲ行ヒタル者ハ一年以下ノ禁錮又ハ五百圓以下ノ罰金ニ處ス
法令ノ規定ニ依ラスシテ投票函ヲ開キ又ハ投票函中ノ投票ヲ取出シタル者ハ三年以下ノ懲役若ハ禁錮又ハ二千圓以下ノ罰金ニ處ス
第百十九條　投票管理者、開票管理者、選擧長、立會人若ハ選擧監視者ニ暴行若ハ脅迫ヲ加ヘ、選擧會場、開票所若ハ投票所ヲ騷擾シ又ハ投票、投票函其ノ他關係書類ヲ抑留、毀壞若ハ奪取シタル者ハ四年以下ノ懲役又ハ禁錮ニ處ス
第百二十條　多衆聚合シテ第百十五條第一號又ハ前條ノ罪ヲ犯シタル者ハ左ノ區別ニ從テ處斷ス
一　首魁ハ一年以上七年以下ノ懲役又ハ禁錮ニ處ス
二　他人ヲ指揮シ又ハ他人ニ率先シテ勢ヲ助ケタル者ハ六月以上五年以下ノ懲役又ハ禁錮ニ處ス
三　附和隨行シタル者ハ百圓以下ノ罰金又ハ科料ニ處ス
第百十五條第一號又ハ前條ノ罪ヲ犯ス爲多衆聚合シ當該公務員ヨリ解散ノ命ヲ受クルコト三回以上ニ及フモ仍解散セサルトキハ首魁ハ二年以下ノ禁錮ニ處シ其ノ他ノ者ハ百圓以下ノ罰金又ハ科料ニ處ス
第百二十一條　選擧ニ關シ銃砲、刀劍、棍棒其ノ他人

ヲ殺傷スルニ足ルヘキ物件ヲ携帶シタル者ハ二年以下ノ禁錮又ハ千圓以下ノ罰金ニ處ス

警察官吏又ハ憲兵ハ必要ト認ムル場合ニ於テ前項ノ物件ヲ領置スルコトヲ得

第百二十二條　前條ノ物件ヲ携帶シテ選擧會場開票所又ハ投票所ニ入リタル者ハ三年以下ノ禁錮又ハ二千圓以下ノ罰金ニ處ス

第百二十三條　前二條ノ罪ヲ犯シタル場合ニ於テハ其ノ携帶シタル物件ヲ沒收ス

第百二十四條　選擧ニ關シ多衆集合シ若ハ隊伍ヲ組ミテ往來シ又ハ煙火、松明ノ類ヲ用ヒ若ハ鐘鼓、喇叭ノ類ヲ鳴ラシ旗幟其ノ他ノ標章ヲ用フル等氣勢ヲ張ルノ行爲ヲ爲シ警察官吏ノ制止ヲ受クルモ仍其ノ命ニ從ハサル者ハ六月以下ノ禁錮又ハ三百圓以下ノ罰金ニ處ス

第百二十五條　演說又ハ新聞紙、雜誌、引札、張札其ノ他何等ノ方法ヲ以テスルニ拘ラス第百十二條、第百十三條、第百十五條、第百十八條乃至第百二十二條及前條ノ罪ヲ犯サシムル目的ヲ以テ人ヲ煽動シタル者ハ一年以下ノ禁錮又ハ五百圓以下ノ罰金ニ處ス但シ新聞紙及雜誌ニ在リテハ仍其ノ編輯人及實際編輯ヲ擔當シタル者ヲ罰ス

第百二十六條　演說又ハ新聞紙、雜誌、引札其ノ他何等ノ方法ヲ以テスルニ拘ラス左ノ各號ニ掲クル行爲ヲ爲シタル者ハ二年以下ノ禁錮又ハ千圓以下ノ罰金ニ處ス新聞紙及雜誌ニ在リテハ前條但書ノ例ニ依ル

一　當選ヲ得又ハ得シムル目的ヲ以テ議員候補者ノ身分、職業又ハ經歷ニ關シ虛僞ノ事項ヲ公ニシタルトキ

二　當選ヲ得シメサル目的ヲ以テ議員候補者ニ關シ虛僞ノ事項ヲ公ニシタルトキ

第百二十七條　選擧人ニ非サル者投票ヲ爲シタルトキ

ハ一年以下ノ禁錮又ハ五百圓以下ノ罰金ニ處ス
氏名ヲ詐稱シ其ノ他詐僞ノ方法ヲ以テ投票ヲ爲シタル者ハ二年以下ノ禁錮又ハ千圓以下ノ罰金ニ處ス
投票ヲ僞造シ又ハ其ノ數ヲ增減シタル者ハ三年以下ノ懲役若ハ禁錮又ハ二千圓以下ノ罰金ニ處ス
選擧事務ニ關係アル官吏、吏員、立會人又ハ監視者前項ノ罪ヲ犯シタルトキハ五年以下ノ懲役若ハ禁錮又ハ二千圓以下ノ罰金ニ處ス
第百二十八條　立會人正當ノ事故ナクシテ本法ニ定メタル義務ヲ缺クトキハ百圓以下ノ罰金ニ處ス
第百二十九條　第九十六條若ハ第九十八條ノ規定ニ違反シタル者又ハ第九十四條ノ規定ニ依ル命令ニ從ハサル者ハ一年以下ノ禁錮又ハ五百圓以下ノ罰金ニ處ス
第百三十條　第九十條第一項第二項ノ規定ニ依ル定數ヲ超エ若ハ第九十一條ノ規定ニ違反シテ選擧事務所ヲ設置シタル者又ハ第九十二條ノ規定ニ違反シテ休憩所其ノ他之ニ類似スル設備ヲ設ケタル者ハ三百圓以下ノ罰金ニ處ス
第九十三條ノ規定ニ依ル定數ヲ超エテ選擧委員又ハ選擧事務員ノ選任ヲ爲シタル者亦前項ニ同シ
第百三十一條　第八十九條第一項、第九十九條又ハ第百九條ノ規定ニ違反シタル者ハ六月以下ノ禁錮又ハ三百圓以下ノ罰金ニ處ス
第百三十二條　第八十八條第五項乃至第七項又ハ第八十九條第四項ノ屆出ヲ怠リタル者ハ百圓以下ノ罰金ニ處ス
第百條ノ規定ニ依ル命令ニ違反シタル者亦前項ニ同シ
第百三十三條　選擧事務長又ハ選擧事務長ニ代リ其ノ職務ヲ行フ者第百二條第二項ノ規定ニ依リ告示セラレタル額ヲ超エ選擧運動ノ費用ヲ支出シ又ハ第百一

條第一項但書ノ規定ニ依ル承諾ヲ與ヘテ支出セシメタルトキハ一年以下ノ禁錮又ハ五百圓以下ノ罰金ニ處ス

第百三十四條　第百一條ノ規定ニ違反シテ選擧運動ノ費用ヲ支出シタル者ハ一年以下ノ禁錮ニ處ス

第百三十五條　左ノ各號ニ揭クル行爲ヲ爲シタル者ハ六月以下ノ禁錮又ハ三百圓以下ノ罰金ニ處ス

一　第百五條ノ規定ニ違反シテ帳簿ヲ備ヘス又ハ帳簿ニ記載ヲ爲サス若ハ之ニ虛僞ノ記入ヲ爲シタルトキ

二　第百六條第一項ノ屆出ヲ怠リ又ハ虛僞ノ屆出ヲ爲シタルトキ

三　第百七條第一項ノ規定ニ違反シテ帳簿又ハ書類ヲ保存セサルトキ

四　第百七條第一項ノ規定ニ依リ保存スヘキ帳簿又ハ書類ニ虛僞ノ記入ヲ爲シタルトキ

五　第百八條ノ規定ニ依ル帳簿若ハ書類ノ提出若ハ檢査ヲ拒ミ若ハ之ヲ妨ケ又ハ說明ノ求ニ應セサルトキ

第百三十六條　當選人其ノ選擧ニ關シ本章ニ揭クル罪ヲ犯シ刑ニ處セラレタルトキハ其ノ當選ヲ無效トス選擧事務長第百十二條又ハ第百十三條ノ罪ヲ犯シ刑ニ處セラレタルトキ亦同シ但シ選擧事務長ノ選任及監督ニ付相當ノ注意ヲ爲シタルトキハ此ノ限ニ在ラス

第百三十七條　本章ニ揭クル罪ヲ犯シタル者ニシテ罰金ノ刑ニ處セラレタル者ニ在リテハ其ノ裁判確定ノ後五年間、禁錮以上ノ刑ニ處セラレタル者ニ在リテハ其ノ裁判確定ノ後刑ノ執行ヲ終ル迄又ハ刑ノ時效ニ因ル場合ヲ除クノ外刑ノ執行ノ免除ヲ受クル迄ノ間及其ノ後五年間衆議院議員及選擧ニ付本章ノ規定ヲ準用スル議會ノ議員ノ選擧權及被選擧權ヲ有セス

禁錮以上ノ刑ニ處セラレタル者ニ付其ノ裁判確定ノ後刑ノ執行ヲ受クルコトナキニ至ル迄ノ間亦同シ

前項ニ規定スル者ト雖情狀ニ因リ裁判所ハ刑ノ言渡ト同時ニ前項ノ規定ヲ適用セス又ハ其ノ期間ヲ短縮スル旨ノ宣告ヲ爲スコトヲ得

前二項ノ規定ハ第六條第五號ノ規定ニ該當スル者ニハ之ヲ適用セス

第百三十八條　第百二十七條第三項及第四項ノ罪ノ時效ハ一年ヲ經過スルニ因リテ完成ス

前項ニ掲クル罪以外ノ本章ノ罪ノ時效ハ六月ヲ經過スルニ因リテ完成ス但シ犯人逃亡シタルトキハ其ノ期間ハ一年トス

第百四十條　第二項

公立學校其ノ他勅令ヲ以テ定ムル營造物ノ設備ハ勅令ノ定ムル所ニ依リ演說ニ依ル選擧運動ノ爲其ノ使用ヲ許可スヘシ

第百四十二條　第十二章ニ掲クル罪ニ關スル刑事訴訟ニ付テハ上告裁判所ハ刑事訴訟法第四百二十二條第一項ノ期間ニ依ラサルコトヲ得

衆議院議員選擧法施行令抄

（大正十五年一月勅令第三號）

第八章　選擧運動

第五十三條　選擧事務長ノ選任（議員候補者又ハ推薦屆出者自ラ選擧事務長ト爲リタル場合ヲ含ム以下之ニ同シ）ノ屆出ハ文書ヲ以テ之ヲ爲シ選擧事務長ノ氏名、職業、住居、生年月日及選任年月日竝議員候補者ノ氏名ヲ記載シ且選擧事務長カ選擧權ヲ有スル者ナルコトヲ證スヘキ書面ヲ添附スヘシ

推薦屆出者選擧事務長ノ選任ヲ爲シタル場合ニ於テハ前項ノ屆出ニハ推薦屆出者數人アル時ハ其ノ代表者タルコトヲ證スヘキ書面ヲ、其ノ選任ニ付議員候

補者ノ承諾ヲ要スルトキハ其ノ承諾ヲ得タルコトヲ證スヘキ書面ヲ添附スヘシ

第五十四條　選擧委員又ハ選擧事務員ノ選任ノ届出ハ文書ヲ以テ之ヲ爲シ選擧委員又ハ選擧事務員ノ氏名、職業、住居、生年月日及選任年月日ヲ記載シ且選擧委員又ハ選擧事務員カ選擧權ヲ有スル者ナルコトヲ證スヘキ書面ヲ添附スヘシ

第五十五條　選擧事務所ノ設置ノ届出ハ文書ヲ以テ之ヲ爲シ選擧事務所ノ所在地及設置年月日ヲ記載スヘシ

第五十六條　選擧事務長、選擧委員、選擧事務員又ハ選擧事務所ニ異同アリタルコトノ届出ハ前三條ノ例ニ依リ之ヲ爲スヘシ

前項ノ届出ニシテ解任又ハ辭任ニ因ル異動ニ關スルモノニハ衆議院議員選擧法第八十八條第三項若ハ第四項又ハ第八十九條第二項若ハ第三項ノ通知アリタルコトヲ證スヘキ書面ヲ添附スヘシ選擧事務長ヲ選任シタル推薦届出者選擧事務長ヲ解任シタル場合ニ於テハ併セテ其ノ解任ニ付議員候補者ノ承諾アリタルコトヲ證スヘキ書面ヲ添附スヘシ

第五十七條　選擧事務長故障アルトキ之ニ代リテ其ノ職務ヲ行フコトノ届出ハ文書ヲ以テ之ヲ爲シ選擧事務長ノ氏名（選擧事務長ノ選任ヲ爲シタル推薦届出者モ亦故障アルトキハ併セテ其ノ氏名）、故障ノ事實及其ノ職務代行ヲ始メタル年月日ヲ記載シ且故障ノ生シタルコトヲ證スヘキ書面ヲ添附スヘシ

選擧事務長故障アルトキ之ニ代リテ其ノ職務ヲ行フ者之ヲ罷メタルコトノ届出ハ文書ヲ以テ之ヲ爲シ故障ノ止ミタル事實及其ノ職務代行ヲ罷メタル年月日ヲ記載シ且故障ノ止ミタルコトヲ證スヘキ書面ヲ添附スヘシ

第九章　選擧ノ費用

第五十八條　選擧事務長選擧運動ノ費用ノ支出ノ承諾ヲ與ヘタル場合ニ於テ承諾ニ係ル費用ノ支出終了シタルトキ又ハ選擧ノ期日經過シタルトキハ選擧事務長ハ遲滯ナク其ノ承諾ヲ受ケタル者ニ就キ支出金額（財産上ノ義務ノ負擔又ハ金錢以外ノ財産上ノ利益ノ使用若ハ費消ノ承諾ヲ與ヘタル場合ニ於テハ其ノ負擔シタル義務又ハ其ノ使用シ若ハ費消シタル利益）其ノ用途ノ大要、支出先、支出年月日及支出者ノ氏名ヲ記載シタル精算書ヲ作成スヘシ

第五十九條　演說又ハ推薦狀ニ依ル選擧運動ノ費用ニシテ議員候補者、選擧事務長、選擧委員又ハ選擧事務員ニ非サル者カ議員候補者又ハ選擧事務長ト意思ヲ通シテ支出シタルモノニ付テハ選擧事務長ハ其ノ都度遲滯ナク議員候補者又ハ支出者ニ就キ前條ノ例ニ依リ精算書ヲ作成スヘシ

前項ノ費用ニシテ議員候補者ト意思ヲ通シテ支出シタルモノニ付テハ其ノ意思ヲ通シタル都度議員候補者ハ直ニ其ノ旨ヲ選擧事務長ニ通知スヘシ

第六十條　立候補準備ノ爲ニ要シタル費用ニシテ議員候補者若ハ選擧事務長ト爲リタル者カ支出シ又ハ他人カ其ノ者ト意思ヲ通シテ支出シタルモノニ付テハ選擧事務長ハ其ノ就任後遲滯ナク議員候補者又ハ支出者ニ就キ第五十八條ノ例ニ依リ精算書ヲ作成スヘシ

第六十一條　選擧事務長ハ左ニ掲クル帳簿ヲ備フヘシ

一　承諾簿
二　評價簿
三　支出簿

第六十二條　選擧事務長選擧運動ノ費用ノ支出ノ承諾ヲ與ヘタルトキハ直ニ承諾ニ係ル金額（財産上ノ義務ノ負擔又ハ金錢以外ノ財産上ノ利益ノ使用若ハ費消ノ承諾ヲ與ヘタル場合ニ於テハ承諾ニ係ル義務又

ハ利益）其ノ用途ノ大要、承諾年月日及承諾ヲ受ケタル者ノ氏名ヲ承諾簿ニ記載スヘシ

選擧事務長選擧運動ノ費用ノ支出ノ承諾ヲ與ヘタル後未タ支出セラレサル費用ニ付テハ文書ヲ以テ其ノ承諾ノ取消ヲ爲スコトヲ得此ノ場合ニ於テハ其ノ旨ヲ前項ノ例ニ依リ承諾簿ニ記載スヘシ

選擧事務長第五十八條ノ規定ニ依リ精算書ヲ作成シタルトキハ直ニ支出總金額（財産上ノ義務ノ負擔又ハ金錢以外ノ財産上ノ利益ノ使用若ハ費消ニ付テハ其ノ種類別總額）其ノ用途ノ大要、精算年月日及承諾ヲ受ケタル者ノ氏名ヲ承諾簿ニ記載スヘシ

第六十三條　左ニ掲クル場合ニ於テハ選擧事務長ハ直ニ財産上ノ義務又ハ金錢以外ノ財産上ノ利益ヲ時價ニ見積リタル金額、其ノ用途ノ大要、支出先、支出年月日及見積リノ詳細ナル根據ヲ評價簿ニ記載スヘシ

一　選擧事務長選擧運動ノ費用トシテ財産上ノ義務ヲ負擔シ又ハ金錢以外ノ財産上ノ利益ヲ使用シ若ハ費消シタルトキ

二　選擧事務長第五十九條第一項又ハ第六十條ノ規定ニ依リ財産上ノ義務ノ負擔又ハ金錢以外ノ財産上ノ利益ノ使用若ハ費消ニ關スル精算書ヲ作成シタルトキ

三　選擧事務長前條ノ規定ニ依リ財産上ノ義務ノ負擔又ハ金錢以外ノ財産上ノ利益ノ使用若ハ費消ニ關スル承諾簿ノ記載ヲ爲シタルトキ

第六十四條　左ニ掲クル場合ニ於テハ選擧事務長ハ直ニ支出金額其ノ用途ノ大要、支出先及支出年月日ヲ支出簿ニ記載スヘシ

一　選擧事務長金錢ヲ以テ選擧運動ノ費用ノ支出ヲ爲シタルトキ

二　選擧事務長第五十九條第一項又ハ第六十條ノ規

定ニ依リ金錢ノ支出ニ關スル精算書ヲ作成シタルトキ

三　選擧事務長第六十二條第三項ノ規定ニ依リ金錢ノ支出ニ關スル承諾簿ノ記載ヲ爲シタルトキ

四　選擧事務長前條ノ規定ニ依リ評價簿ノ記載ヲ爲シタルトキ

第六十五條　衆議院議員選擧法第百九條ノ規定ニ依リ事務ノ引繼ヲ爲ス場合ニ於テハ第六十六條ニ定ムル精算屆書ノ樣式ニ準シ選擧運動ノ費用ノ計算書ヲ作成シテ引繼ヲ爲ス者及引繼ヲ受クル者ニ於テ之ニ引繼ノ旨及引繼年月日ヲ記載シ共ニ署名捺印シ第六十八條ニ定ムル帳簿及書類ト共ニ其ノ引繼ヲ爲スヘシ

第六十六條　衆議院議員選擧法第百六條第一項ノ規定ニ依ル選擧運動ノ費用ノ精算ノ屆出ハ文書ヲ以テ之ヲ爲シ內務大臣ノ定ムル精算屆書ノ樣式ニ依ルヘシ

第六十七條　選擧運動ノ費用ノ支出ヲ爲シタルトキハ其ノ都度領收書其ノ他ノ支出ヲ證スヘキ書面ヲ徵スヘシ但シ之ヲ徵シ難キ事情アルトキ又ハ一口五圓未滿ノ支出ヲ爲シタルトキハ此ノ限ニ在ラス

第六十八條　衆議院議員選擧法第百七條第二項ノ規定ニ依リ帳簿及書類ノ種類ヲ定ムルコト左ノ如シ

一　第五十八條乃至第六十條ノ精算書

二　第六十一條ニ揭クル帳簿

三　第六十五條ノ計算書

四　前條ノ領收書其ノ他ノ支出ヲ證スヘキ書面

第十二章　公立學校等ノ設備ノ使用

第七十六條　衆議院議員選擧法第百四十條第二項ノ營造物ノ設備ハ左ニ揭クルモノニシテ道府縣、市町村、市町村組合、町村組合、商業會議所又ハ農會ノ管理ニ屬スルモノニ限ル

一　公會堂

二　議事堂

三　前各號ノ外地方長官ノ指定シタル營造物ノ設備議事堂ニシテ國又ハ公共團體ノ他ノ營造物ノ設備ト同一ノ建物內ニ在リ又ハ之ニ接續シ若ハ近接シ其ノ使用ニ依リ國又ハ公共團體ノ事務ニ著シキ支障アリト認ムルモノニ付テハ地方長官ハ豫メ之ヲ指定シ其ノ使用ヲ制限シ又ハ禁止スルコトヲ得

前二項ノ指定ヲ爲シタルトキハ地方長官ハ直ニ之ヲ告示スヘシ

第七十七條　公立學校及前條ノ營造物ノ設備ノ使用ハ選擧事務長ノ選任ヲ爲シタル議員候補者又ハ推薦屆出者ニ限リ之ヲ申請スルコトヲ得

第七十四條第二項ノ規定ハ前項ノ申請ニ之ヲ準用ス

第七十八條　公立學校ヲ使用セムトスルトキハ其ノ使用スベキ學校ノ設備及日時ヲ記載シタル文書ヲ以テ當該公立學校管理者ニ之ヲ申請スヘシ

同一議員候補者ノ爲二回以上同一公立學校ヲ使用セムトスルトキハ先ノ申請ニ對シ許可セラレタル使用ノ日ヲ經過シタル後ニ非サレハ更ニ申請ヲ爲スコトヲ得ス

第七十九條　同一公立學校ヲ同一日時ニ使用スヘキ二以上ノ申請アリタルトキハ公立學校管理者ハ先ニ到達シタル申請書ノ申請ニ對シ、其ノ到達同時ナルトキハ既ニ使用ヲ許可セラレタル度數ノ少キ議員候補者ノ爲ノ申請ニ對シ其ノ使用ヲ許可スヘシ其ノ度數モ亦同シキトキハ申請者又ハ其ノ代人立會ノ上抽籤ニ依リ其ノ使用ヲ許可スキヘ者ヲ決定スヘシ

第八十條　第七十八條ノ規定ニ依ル申請書ノ到達アリタルトキハ公立學校管理者ハ當該公立學校長ノ意見ヲ徵シテ其ノ許否ヲ決定シ到達ノ日ヨリ二日以內ニ申請者又ハ其ノ代人及當該公立學校長ニ通知スヘシ

第八十一條　公立學校ノ使用ノ許可ハ左ノ各號ノ規定

ニ依ル

一　公立學校長ニ於テ學校ノ授業又ハ諸行事ニ支障アリト認ムル場合ニ於テハ其ノ使用ヲ許可スルコトヲ得ス

二　職員室、事務室、宿直室、器械室、標本室其ノ他公立學校長ニ於テ著シキ支障アリト認ムル設備ニ付テハ其ノ使用ヲ許可スルコトヲ得ス

三　使用ヲ許可スヘキ期間ハ選擧ノ期日ノ公布又ハ告示アリタル日ヨリ選擧ノ期日ノ前日迄トス

四　使用ノ時間ハ一囘ニ付五時間ヲ超ユルコトヲ得ス

第八十二條　道廳府縣立學校管理者タル地方長官ハ前四條ニ規定スル管理者ノ權限ヲ學校長ニ委任スルコトヲ得

地方長官前項ノ委任ヲ爲シタルトキハ直ニ之ヲ告示スヘシ

第八十三條　前五條ノ規定ハ第七十六條ノ營造物ノ設備ノ使用ニ之ヲ準用ス但シ公立學校長ニ該當スル者ナキ場合ニ於テハ第八十一條中公立學校長トアルハ管理者トス

第八十四條　第七十六條ノ營造物ノ設備ノ使用ニ付一般ニ使用ニ關スル料金徵收ノ定アルモノニ關シテハ其ノ料金ヲ徵收スルコトヲ妨ケス

第八十五條　公立學校又ハ第七十六條ノ營造物ノ設備ノ使用ノ準備及其ノ後片付等ニ要スル費用ハ使用ノ許可ヲ受ケタル者ノ負擔トス

公立學校又ハ第七十六條ノ營造物ノ設備ノ使用ニ因リ其ノ設備ヲ損傷シタルトキハ使用ノ許可ヲ受ケタル者ニ於テ之ヲ賠償シ又ハ原狀ニ復スヘシ

第八十六條　地方長官ハ公立學校又ハ第七十六條ノ營造物ノ設備ノ管理者カ本章ノ規定ニ違反シテ又ハ不當ニ使用ノ許可ヲ爲シ又ハ爲サヽルトキハ使用ノ許

可ヲ取消シ又ハ使用ノ許可ヲ爲スコトヲ得

第八十七條 地方長官ハ選擧運動ノ爲ニスル公立學校又ハ第七十六條ノ營造物ノ備設ノ使用ニ關シ本章ニ定ムルモノノ外必要ナル規定ヲ設クルコトヲ得

府縣制抄（大正十五年六月法律第七十三號改正）

第十三條ノ二 議員候補者タラムトスル者ハ選擧ノ期日ノ告示アリタル日ヨリ選擧ノ期日前七日目マテニ其ノ旨ヲ選擧長ニ屆出ツヘシ

選擧人名簿ニ登錄セラレタル者他人ヲ議員候補者ト爲サムトスルトキハ前項ノ期間内ニ其ノ推薦ノ屆出ヲ爲スコトヲ得

前二項ノ期間内ニ屆出アリタル議員候補者其ノ選擧ニ於ケル議員ノ定數ヲ超ユル場合ニ於テ其ノ期間ヲ過經シタル後議員候補者死亡シ又ハ議員候補者タルコトヲ辭シタルトキハ前二項ノ例ニ依リ選擧ノ期日ノ前日マテ議員候補者ノ屆出又ハ推薦屆出ヲ爲スコトヲ得

議員候補者ハ選擧長ニ屆出ヲ爲スニ非サレハ議員候補者タルコトヲ辭スルコトヲ得ス

前四項ノ屆出アリタルトキ又ハ議員候補者ノ死亡シタルコトヲ知リタルトキハ選擧長ハ直ニ其ノ旨ヲ告示スヘシ

第十三條ノ三 議員候補者ノ屆出又ハ推薦屆出ヲ爲サムトスル者ハ議員候補者一人ニ付二百圓又ハ之ニ相當スル額面ノ國債證書ヲ供託スルコトヲ要ス

議員候補者ノ得票數其ノ選擧區ノ配當議員數ヲ以テ有效投票ノ總數ヲ除シテ得タル數ノ十分ノ一ニ達セサルトキハ前項ノ供託物ハ府縣ニ歸屬ス

議員候補者選擧ノ期日前十日以内ニ議員候補者タル

コトヲ辭シタルトキハ前項ノ規定ヲ準用ス但シ被選擧權ヲ有セサルニ至リタル爲議員候補者タルコトヲ辭シタルトキハ此ノ限ニ在ラス

第二十九條ノ三　第十三條ノ二第一項乃至第三項ノ規定ニ依ル屆出アリタル議員候補者其ノ選擧區ニ於ケル議員ノ定數ヲ超エサルトキハ其ノ選擧區ニ於テハ投票ヲ行ハス

前項ノ規定ニ依リ投票ヲ行フコトヲ要セサルトキハ選擧長ハ直ニ其ノ旨ヲ投票管理者ニ通知シ併セテ之ヲ告示シ且府縣知事ニ報告スヘシ

投票管理者前項ノ通知ヲ受ケタルトキハ直ニ其ノ旨ヲ告示スヘシ

第一項ノ場合ニ於テハ選擧長ハ選擧ノ期日ヨリ五日以內ニ選擧會ヲ開キ議員候補者ヲ以テ當選者ト定ムヘシ

前項ノ場合ニ於テ議員候補者ノ被選擧權ノ有無ハ選擧立會人ノ意見ヲ聽キ選擧長之ヲ決定スヘシ

第三十四條ノ二　衆議院議員選擧法第百十條ノ規定ノ準用ニ依リ當選ヲ無效ナリト認ムルトキハ選擧人又ハ議員候補者ハ當選者ヲ被告トシ第三十一條第一項告示ノ日ヨリ三十日以內ニ控訴院ニ出訴スルコトヲ得

衆議院議員選擧法第百三十六條ノ規定ノ準用ニ依リ選擧事務長カ同法第百十二條又ハ第百十三條ノ規定ノ準用ニ依ル罪ヲ犯シ刑ニ處セラレタルニ因リ當選ヲ無效ナリト認ムルトキハ選擧人又ハ議員候補者ハ當選者ヲ被告トシ其ノ裁判確定ノ日ヨリ三十日以內ニ控訴院ニ出訴スルコトヲ得

前二項控訴院ノ判決ニ不服アル者ハ大審院ニ上告スルコトヲ得

衆議院議員選擧法第八十五條、第八十七條及第百四十一條ノ規定ハ前三項ノ規定ニ依ル訴訟ニ之ヲ準用ス

終

昭和四年七月二十五日印刷
昭和四年七月二十八日發行

（定價金五拾錢）

著作權所有

編輯權發行者　東京市芝區田村町六番地　市町村雜誌社
右代表者　野田千太郎
印刷者　東京市神田區錦町三丁目十七番地　白井赫太郎
印刷所　東京市神田區錦町三丁目十七番地　精興社印刷所

發行所　東京市芝區田村町六番地　市町村雜誌社
電話芝二七七五番
振替東京八八八七番

市制町村制 及 関係法令〔昭和4年初版〕

日本立法資料全集 別巻 1091

2019(令和元)年11月25日　復刻版第1刷発行　7691-6:012-005-005

編　輯　市町村雑誌社
発行者　今井　貴
　　　　稲葉文子
発行所　株式会社信山社

〒113-0033 東京都文京区本郷6-2-9-102東大正門前
Ⓣ03(3818)1019　Ⓕ03(3818)0344
来栖支店〒309-1625 茨城県笠間市来栖2345-1
Ⓣ0296-71-0215　Ⓕ0296-72-5410
笠間才木支店〒309-1611 笠間市笠間515-3
Ⓣ0296-71-9081　Ⓕ0296-71-9082

印刷所　ワイズ書籍
製本所　カナメブックス
用　紙　七洋紙業

printed in Japan　分類 323.934 g 1091

ISBN978-4-7972-7691-6 C3332 ¥34000E